旅游管理教学综合改革及校外实践基地建设（391002）
北京哲学社会科学规划项目——北京市休闲产业吸引力测度及制度建设研究2017年（545001/003）
2017年校级专业综合改革试点项目——旅游管理（200200）
北京休闲大会休闲城市分论坛

中国休闲城市发展报告（2018）

Annual Report on Leisure City Development of China (2018)

吕宁 著

北京·旅游教育出版社

责任编辑：刘彦会

图书在版编目（CIP）数据

中国休闲城市发展报告. 2018 / 吕宁著. -- 北京：旅游教育出版社，2018.10
　ISBN 978-7-5637-3844-1

Ⅰ. ①中… Ⅱ. ①吕… Ⅲ. ①城市旅游－旅游业发展－研究报告－中国－2018 Ⅳ. ①F592.3

中国版本图书馆CIP数据核字（2018）第226962号

中国休闲城市发展报告（2018）
吕宁 著

出版单位	旅游教育出版社
地　　址	北京市朝阳区定福庄南里1号
邮　　编	100024
发行电话	（010）65778403　65728372　65767462（传真）
本社网址	www.tepcb.com
E - mail	tepfx@163.com
排版单位	北京旅教文化传播有限公司
印刷单位	北京玺诚印务有限公司
经销单位	新华书店
开　　本	787毫米×1092毫米　1/16
印　　张	13.625
字　　数	179千字
版　　次	2018年10月第1版
印　　次	2018年10月第1次印刷
定　　价	59.00元

（图书如有装订差错请与发行部联系）

前 言
FOREWORD

当地时间2018年8月31日，在巴西圣保罗举办的第十五届世界休闲大会闭幕式上奏响了中国乐章，2020北京·平谷世界休闲大会执行委员会向全世界发出诚挚邀请，世界休闲大会正式进入"北京时间"。早在3年前，2015年9月的青岛莱西第二届世界休闲体育大会召开之际，获得下一届举办权的北京就承诺要用5年时间将世界休闲大会办成国际国内联动、业内业外互动、近期远期牵动的盛会。

2017年9月，首届中国（北京）休闲大会在北京平谷成功举行，在"中国休闲城市发展分论坛"上，课题组发布了2017年中国城市休闲指数综合评价和中国休闲示范城市的研究成果。本书就是在这个成果的基础上所形成的报告。本报告对中国290个地级以上城市的休闲发展状况进行分析和评价，总结出中国当代休闲城市发展的新特征以及休闲城市的建设经验，并对我国休闲城市的发展趋势做出判断。

报告总体分为十章，包括休闲城市的发展综述，休闲城市发展环境，休闲城市评价体系的构建，中国城市休闲指数排名，省域空间休闲城市发展，基于区域视角的城市休闲发展特征，国内典型休闲城市建设案例探析，国外典型休闲城市建设案例探析，休闲城市旅游度假区案例探析以及中国休闲城市发展趋势。

第一章主要是休闲城市发展综述，包括休闲和休闲城市的概念、城市休闲化发展的进程、休闲城市的特征及研究休闲城市发展的意义。第二章探讨休闲城市发展的环境，通过对休闲城市的经济、社会、政策环境的分析，发现我国的工业经济运行、资产投资结构、服务行业发展、居民收入支出情况、民众休闲需求以及政策环境都有利于我国休闲城市的发展。第三章主要介绍了休闲城市评价体系如何建构以及解释城市休闲指数各个层次的指标。城市休闲指数评价指标体系主要分为指标性评价和市场性评价，指标性评价分为城市形象与美誉、休闲空间与环境、休闲设施与服务、休闲经济与产业、休闲生活与消费5个方面，市场性指标是消费者对城市休闲的关注度。通过同专家商定统计性指标和市场性指标两者权重分别设置为80%和20%。第四章主要对290个城市进行排名分析，并分析最佳休闲环境城市建设、最佳休闲服务城市建设、最佳休闲经济城市建设、最佳休闲经济城市建设、最佳休闲消费城市建设、最具关注度休闲城市建设的总体特征和建设经验。

第五、六章主要从省域空间和东中部区域空间两个维度分析各个地区休闲城市各个方面的发展情况，并对31个城市情况进行了分析。第七章主要分析了国内5个典型休闲城市的建设经验，有着浓厚休闲文化底蕴的成都、清新现代的杭州、充满活力的深圳、走在时尚前端的上海和现代与古韵相碰撞的北京在城市休闲化方面都有各自城市的创新亮点和能为其他城市提供借鉴的地方。第八章主要是分析奥兰多、维也纳、威尼斯和新加坡4个国家城市休闲化建设的经验，为国内城市休闲建设提供宝贵经验。第九章主要介绍了东部华侨城旅游度假区、汤山温泉旅游度假区、长白山旅游度假区三个典型案例。最后一章主要介绍了中国休闲城市发展的趋势，并提供了未来休闲城市发展的建议。

本书具有深厚的研究基础，2007年至今，除有作者本人博士论文的成果及专著外，还有权威机构连续几年的发布数据作支撑。因种种原因所设想的一年一本研究报告的宏愿虽未实现，却也积累了不少拓展方向和结构框架，才使得这本书能一气呵成。在此要特别感谢韩禹文、韩霄和赵亚茹三位研究生对本书所做的数据收集、分析整理、案例研究等方面的工作；感谢吴新芳、陈丽嘉、张劲丽为本书提供的旅游度假区相关资料和内容梳理；特别感谢旅游管理教学综合改革及校外实践基地建设（391002），北京哲学社会科学规划项目——北京市休闲产业吸引力测度及制度建设研究2017年（545001/003），2017年校级专业综合改革试点项目——旅游管理（200200），提供的项目支持和出版经费；感谢旅游教育出版社刘彦会编辑在本书校对、编撰过程中所做的工作。

亚里士多德提出"休闲是一切事物围绕的中心"，"只有休闲的人才是幸福的"，"我们需要崇高的美德去工作，同样需要崇高的美德去休闲"。休闲赋予了生命真、善、美，具有非凡的价值意义。城市，作为特定区域内经济社会生活的中心，是休闲主体的活动地、是休闲经济的发展地、是休闲文化的培育地、是休闲环境的生发地，应该在推动休闲发展、满足公众休闲需求方面走在前列。

　　休闲是城市生活的一部分，是现代人生活的基本方式，满足居民的休闲需求是城市的基本功能之一，也是城市发展水平提高的重要内容和居民生活质量提升的必要组成部分。城市与休闲的关系越好，越有利于城市质量的提升。得天独厚的自然环境、悠久深厚的文化底蕴、丰富多彩的休闲设施，都有利于城市休闲功能的发展，而城市休闲功能的发展也有利于塑造良好的城市形象，形成城市的休闲文化，实现城市的可持续发展。随着中国国民经济持续稳定地向好发展，休闲会成为人们日常生活越来越重要的部分。城市建设要促进城市生态改善与优化，拓展人文关怀的休闲空间，把握信息时代的潮流风尚，梳理产业发展范围和脉络，让城市更加宜居、宜业、宜交流。

2018 年 9 月 30 日 于北京
吕　宁

目 录
CONTENTS

第一章　休闲城市发展综述 ································· 1
  一、休闲的概念 ··· 1
  二、休闲与城市 ··· 4
  三、休闲城市的特征 ····································· 6
    （一）拥有得天独厚的自然环境 ······················· 6
    （二）拥有悠久深厚的文化底蕴 ······················· 6
    （三）拥有丰富多彩的休闲产品 ······················· 7
  四、城市休闲发展的意义 ································· 8
    （一）城市休闲发展有利于塑造良好的城市形象 ········· 8
    （二）城市休闲发展有利于促进社会经济发展 ··········· 9
    （三）城市休闲发展有利于实现可持续发展 ············· 9
  五、休闲城市评价的意义 ································ 10

第二章　休闲城市发展环境分析 ···························· 12
  一、宏观经济环境 ····································· 12
  二、社会环境分析 ····································· 13
    （一）居民休闲消费现状 ···························· 13
    （二）居民主要休闲消费趋势分析 ···················· 15
  三、政治法律环境分析 ································· 17
    （一）全国性政策文件 ······························ 17
    （二）地方性政策文件 ······························ 19

第三章　休闲城市评价体系的构建 ……………………………………… 21
  一、城市休闲指数的概念 ………………………………………………… 21
  二、工作基础及研究意义 ………………………………………………… 21
  三、城市休闲指数评价指标体系设计 …………………………………… 22
  四、城市休闲指数指标解释 ……………………………………………… 24
    （一）指标性评价 ……………………………………………………… 24
    （二）市场性评价 ……………………………………………………… 28
  五、城市休闲指数计算方法与流程 ……………………………………… 29

第四章　中国城市休闲指数排名及发展经验 …………………………… 30
  一、中国休闲城市发展指数排行分析 …………………………………… 30
  二、最佳休闲环境城市建设 ……………………………………………… 33
    （一）总体特征及排行分析 …………………………………………… 34
    （二）建设经验 ………………………………………………………… 36
  三、最佳休闲服务城市建设 ……………………………………………… 38
    （一）总体特征及排行分析 …………………………………………… 39
    （二）建设经验 ………………………………………………………… 41
  四、最佳休闲经济城市建设 ……………………………………………… 44
    （一）总体特征及排行分析 …………………………………………… 45
    （二）建设经验 ………………………………………………………… 47
  五、最佳休闲消费城市建设 ……………………………………………… 49
    （一）总体特征及排行分析 …………………………………………… 50
    （二）建设经验 ………………………………………………………… 52
  六、最具关注度休闲城市建设 …………………………………………… 55
    （一）总体特征及排行分析 …………………………………………… 56
    （二）建设经验 ………………………………………………………… 58

第五章　省域空间上的城市休闲发展分析 ……………………………… 62
  一、城市休闲空间与环境发展 …………………………………………… 63
    （一）东部 ……………………………………………………………… 63

（二）中部 ………………………………………………………… 65
　　（三）西部 ………………………………………………………… 67
二、城市休闲设施与服务发展 ………………………………………… 68
　　（一）东部 ………………………………………………………… 69
　　（二）中部 ………………………………………………………… 70
　　（三）西部 ………………………………………………………… 72
三、城市休闲经济与产业发展 ………………………………………… 73
　　（一）东部 ………………………………………………………… 74
　　（二）中部 ………………………………………………………… 75
　　（三）西部 ………………………………………………………… 77
四、城市休闲生活与消费发展 ………………………………………… 79
　　（一）东部 ………………………………………………………… 79
　　（二）中部 ………………………………………………………… 81
　　（三）西部 ………………………………………………………… 83
五、城市休闲发展在全国的关注度 …………………………………… 84
　　（一）东部 ………………………………………………………… 84
　　（二）中部 ………………………………………………………… 86
　　（三）西部 ………………………………………………………… 88

第六章　基于区域视角的城市休闲发展特征 ………………………… 90
一、全国城市休闲指数总体分析 ……………………………………… 93
二、全国城市休闲分指数分析 ………………………………………… 93

第七章　国内典型休闲城市建设案例探析 …………………………… 97
一、天生休闲之都——成都 …………………………………………… 97
　　（一）案例背景 …………………………………………………… 97
　　（二）建设方案 …………………………………………………… 99
　　（三）创新亮点 …………………………………………………… 103
二、清新休闲之都——杭州 …………………………………………… 104
　　（一）案例背景 …………………………………………………… 104

（二）建设方案 ··· 106
（三）创新亮点 ··· 110
三、活力休闲之都——深圳 ··· 111
（一）案例背景 ··· 111
（二）建设方案 ··· 113
（三）创新亮点 ··· 117
四、时尚休闲之都——上海 ··· 118
（一）案例背景 ··· 118
（二）建设方案 ··· 120
（三）创新亮点 ··· 122
五、古韵休闲之都——北京 ··· 123
（一）案例背景 ··· 123
（二）建设方案 ··· 125
（三）创新亮点 ··· 128

第八章 国外典型休闲城市建设案例探析 ································· 131
一、主题公园之都——奥兰多 ··· 131
（一）充分利用得天独厚的自然条件 ······································· 131
（二）大力发展城市交通形成便捷的交通体系 ···························· 132
（三）以主题公园为起点逐步形成多元化的休闲产业群 ··············· 132
（四）注重休闲娱乐文化的培养 ··· 134
（五）舒心的购物环境 ··· 134
（六）打造会议的理想地 ·· 134
（七）科技和休闲的充分结合 ·· 135
（八）打造旅游IP，注重城市品牌营销 ··································· 135
二、文化艺术之都——维也纳 ·· 136
（一）优良的自然环境和生活条件为休闲奠定基础 ····················· 136
（二）灵活多层次的城市交通建设为旅游休闲提供保障 ··············· 136
（三）以独特的城市文化和鲜明的城市定位为核心吸引力 ············ 137
（四）本地居民的日常休闲带动了外来游客的旅游休闲 ··············· 138

（五）以观光为引领带动形成综合型休闲产业体系 ………………139
　　（六）城市建设高度重视休闲空间和休闲设施布局 …………………140
三、现代文明之都——新加坡 ……………………………………………141
　　（一）城市绿色建设提供休闲空间 ………………………………………143
　　（二）利用有限资源将资源最大化 ………………………………………144
　　（三）开发旅游主题产品发展新业态 ……………………………………144
　　（四）推行政府动员和全民参与的模式 …………………………………145
　　（五）法律法规健全与严格执法 …………………………………………146
　　（六）树立良好的旅游国家形象 …………………………………………146
四、时尚浪漫之都——威尼斯 ……………………………………………147
　　（一）旅游标识设计给人"轻松感" ……………………………………147
　　（二）节事营销传播城市形象 ……………………………………………148
　　（三）慢行的城市街道设计 ………………………………………………149
　　（四）游客管理提供高质量的休闲环境 …………………………………150
　　（五）独特的艺术魅力和氛围 ……………………………………………150
　　（六）多水环境造就浪漫的城市景观 ……………………………………151

第九章　休闲城市旅游度假区案例探析 …………………………………152
一、引言 ……………………………………………………………………152
二、东部华侨城旅游度假区 ………………………………………………152
　　（一）区位分析 ……………………………………………………………153
　　（二）板块组合 ……………………………………………………………153
　　（三）业态组合 ……………………………………………………………155
　　（四）开发时序 ……………………………………………………………156
　　（五）东部华侨城模式分析 ………………………………………………158
　　（六）与西溪天堂国际旅游综合体的对比 ………………………………162
　　（七）国家级旅游度假区之东部华侨城模式的启示 ……………………165
三、汤山温泉旅游度假区 …………………………………………………166
　　（一）发展历程 ……………………………………………………………166
　　（二）旅游发展分析 ………………………………………………………168

(三）旅游发展对比分析 …… 174
(四）存在问题 …… 181
(五）未来发展措施 …… 182

四、长白山旅游度假区 …… 185
(一）世界滑雪度假目的地分布 …… 185
(二）项目概况 …… 185
(三）惠斯勒（Whistler）度假村案例分析 …… 190
(四）借鉴之处 …… 193

第十章 中国休闲城市发展趋势 …… 196

一、发展趋势 …… 196
(一）生态环境保护与优化成为休闲城市发展的必备条件 …… 196
(二）多元文化与人文关怀是休闲城市独特魅力的体现 …… 196
(三）提高居民幸福感成为增强休闲城市竞争力的途径 …… 197
(四）移动互联网通过改变休闲需求重构城市休闲风格 …… 197
(五）休闲品质与层次的提升将成为休闲城市发展方向 …… 197
(六）政府主导有力促进休闲相关产业的发展 …… 198
(七）东部地区一枝独秀，中、西部地区奋起直追 …… 198

二、对策建议 …… 199
(一）促进城市生态改善与优化，创造宜居休闲环境 …… 199
(二）拓展人文关怀的休闲空间，促进城市和谐发展 …… 199
(三）全方位保障城市安全环境，提高居民幸福指数 …… 200
(四）把握信息时代的潮流风尚，契合城市休闲风格 …… 200
(五）梳理产业发展范围和脉络，重视休闲品质提升 …… 201

参考文献 …… 202

第一章　休闲城市发展综述

一、休闲的概念

休闲,是余暇时的休息和娱乐的书面用语,生动地表达了一种安逸、娴静的生活状态。休,不仅是身体的放松,更是心理的放松和情操的陶冶,当然更是生活方式的体现;闲也是忙碌的日常生活中的间隙,忙与闲是生活方式的对立面,当然只有忙的存在才可以体现闲的价值①。中国古代的先哲们普遍认为"休闲"不同于"闲暇""空闲""消闲",他们认为"休闲"既表达了人类生存过程中劳作与休憩的辩证关系,又暗示着物质生命活动之外的精神生命活动,休闲的主要功能还在于让精神得到全面休整,进而使身体的颐养活动得以充分进行,最终达到人与自然浑然一体的境界②,因此,休闲赋予了生命真、善、美,具有非凡的价值意义,是人们生活中重要的一部分。哲学家可以在休闲中发现自由、美和人生真谛;社会学家在休闲中发现个性、生活方式,觉察生活变迁;经济学家从中发现消费和产业;神学家则把它当作存放灵魂的地方。将哲学思考应用于休闲价值观问题是古希腊哲学家柏拉图和亚里士多德等在2000多年前所做的事情③,柏拉图认为闲暇乃智慧的主要条件,休闲可以影响个人和社会④。休闲在亚里士多德的政治思想中具有重要的地位,他认为闲暇并不仅仅是展现伦理目标和文化目标,也是通向个人的与城邦的幸福的必要途径,还是实现个人政治理想的基础和

---

① 冯磊.休闲文化的内在意蕴及对我国道德建设的启示[J].赤峰学院学报(哲学社会科学版),2017,38(11):99-102.
② [2018-1-19] https://baike.baidu.com/item/%E4%BC%91%E9%97%B2/9014859?fr=aladdin
③ 杨振之,齐镉,蔡克信,蔡寅春,等.休闲度假研究——旅游业转型升级发展之路[M].经济出版社.2017.
④ 柏拉图.理想国[M].译林出版社.2014.

途径。因此，亚里士多德提出"休闲是一切事物围绕的中心""只有休闲的人才是幸福的""我们需要崇高的美德去工作，同样需要崇高的美德去休闲"。

同样，在英文词汇中也能看到极其相似的释义。英文"Leisure"一词来源于法语，而法语受希腊语和拉丁语的影响颇深。希腊语的"休闲"为"Skole"，拉丁语的"休闲"为"Scola"，这两个词语都解释为休闲和教育，强调人从娱乐中得益，这个过程与人文化水平的提高相辅相成。需要注意的是，这种娱乐过程要求人必须具备一定的教育水平，也由此暗示了休闲是具有社会价值的娱乐。可见，英文中的"Leisure"其实并不是指单纯的休息，词义中的消遣成分也不大，主要还是指"在必要劳动之外的闲暇时间实现自我发展"。所以，"休闲"一词无论是在中国还是在西方，都具有独特的文化底蕴和精神内涵。

有关休闲的现代研究，在西方距今也将近有120年的历史，目前形成了比较成熟的研究体系和较为丰富的研究成果，而关于休闲的概念最早可以从制度经济学派的开山鼻祖凡勃仑算起。凡勃仑认为"休闲是非生产性的时间消费"，这个概念出自其在1899年出版的著作《有闲阶级论》，该书不仅引起文艺界的广泛兴趣，还造成了学术界的轰动。现代哲学家伯特伦·罗素（Bertram Russell）在20世纪30年代撰写的《悠闲颂》中提出每个人理应过上一种闲适的生活，因此，将工作视为美德的观念应当受到批评……采用一种能够均衡地分配工作的休闲伦理是一种更为理想的选择，人们将拥有追求文化和知识兴趣的自由[1]此后，布莱特比尔以时间为基础认为，休闲是去掉生理必需时间和维持生计所必需的时间之后，自己可以判断和选择的自由支配时间[2]；基思特和弗瓦同样认可这个定义，他们也认为休闲是人们从劳动或其他义务工作中解放出来，自由地放松、转换心情，取得社会成就并促进个人发展的可利用的时间[3]。杰弗瑞·戈比在《你生命中的休闲》中提到，休闲是从文化环境和物质环境的外在压力中解脱出来的一种相对自由的生活，它使个体能够以自己所喜爱的、本能地感到有价值的方式，在内心之爱的驱动下行动，并为信仰提供一个基础。杜马兹迪埃则从休闲的特征出

---

[1] 伯特兰·罗素. 悠闲颂[M]. 北京：中国工人出版社. 1993.
[2] Brightbill, Chalas K. The Challenge of Leisure, New Jersey: Prentice Hall, 1963, P4.
[3] Noel P. Gist, S. F. Feva, Urban Society, 5th Ed. New York: Thomas Y. Crowell Company, 1964, P411.

发，认为休闲是随心所欲的总称，休闲意味着个人从工作岗位、家庭、社会义务中解脱出来，其目的可以是休息、消遣，或者培养和谋生无关的智能，或是自发地去参与社会活动和自由地发挥创造力[1]。皮尔斯认为，休闲是自愿性而非强迫性的活动，其目的在于获得真正的快乐，而不是维持生计。约翰·凯利认为休闲的本质，从人本主义的角度看，不仅仅是一种个人意识状态或社会条件，也是一个可能进行创造的整体环境。它摆脱了必然性，却并不与有助于实现人类生存的生产分离；它是美学，但不仅限于狭义的艺术；它是自由，但并不远离他人，而是益于他人；它是改造世界的开放空间，却不诉诸破坏的手段，休闲也是这种环境中的创造活动；它既有"成为"过程中的风险，又有助于至少部分地实现行为者的人性。

在中国，对休闲的认识主要以旅游的相关研究为基础开始，而后才逐渐引渡到对休闲的本质研究[2]，整个过程伴随着改革开放所带来的国民经济高速发展和居民生活水平显著提升，所以，与休闲间接和直接相关的研究历史也有40年了。国内学者梁颖从发展的角度来看待休闲，认为休闲是"有计划地暂时停止日常工作，以刻意安排参加各种与本职工作完全不同或毫无关系的活动来摆脱日常工作、劳动带来的各种精神压力，并利用这些活动与日常工作之间的极大差异性来恢复消耗的体力和精神，弥补智力磨损。获得新的知识和新的灵感，增强创造力"[3]；季国清指出"休闲是指争取生存时间之外的体悟人生和领略自我的时间"[4]；于光远在其著作《论普遍有闲的社会》中特别指出"休闲是人们对可以不劳动的时间的一种利用，它是人的行为，是可以自我做主的，人们可以选择这种或那种休闲方式"[5]；孙林叶对于休闲一词的理解为"休闲不仅是人与自然、人与人、人与自身的一种和谐状态，而且需要在和谐的人与自然、人与人、人与自身的关系中进行，更是达到人与自然、人与人、人与自身的和谐的过程"[6]。近年

---

[1] Dumazedier, J., Toward a Society of Leisure [M].Trans by S. Mc Clure. New York: The Free press, 1967, 16–17.
[2] 袁箐.国内休闲制约（1990—2014年）研究进展与启示[J].现代商贸工业, 2016, 37（13）: 127-13.
[3] 梁颖.娱乐设施经营管理[M].浙江摄影出版社, 1998.
[4] 季国清, 刘啸霆, 吴卫东, 等.休闲笔谈（一组）[J].自然辩证法研究, 2001, 17（5）.
[5] 于光远.论普遍有闲的社会[M].中国经济出版社.2005.
[6] 孙林叶.休闲理论与实践[M].知识产权出版社, 2010, P21.

来，国内有关休闲的定义越来越接近人的现实生活和体现个性，认为休闲就是个体在相对自由的状态下，以自己喜爱的方式进行所选择的活动，并获得身心放松与自由体验的生活[1]。

当前，国内外对于休闲的概念并没达成共识，因为休闲与个人的生活感悟联系密切，"什么是休闲"的问题确实是仁者见仁，智者见智。不管休闲有无统一的定义，根据国内外的发展现状来看，休闲经济和休闲产业在促进一个国家或地区的国民经济协调发展方面具有举足轻重的作用。每个人的休闲方式不同，需要社会提供不同的休闲产品和服务，"闲"是生产力发展的根本目的之一，闲暇时间的长短与人类的文明进步同样也是并行发展的[2]。因此，休闲不仅是当前时代的主要特征之一，同时也成为衡量一个地区居民生活水平、社会进步程度、经济发达程度的重要指标[3]。

二、休闲与城市

1933年8月，国际现代建筑学会在其拟定的《雅典宪章》（城市规划大纲）中指出，"城市的四大活动——居住、工作、游憩与交通，是研究及分析现代城市设计时最基本的分类"，这是首次从国际法层面确认了游憩（即休闲）是城市的重要功能之一。早期的城市形式和功能简单而又基础，随着第三次技术革命的发展，城市人口快速增长，城区建筑如雨后春笋般拔地而起，随着时间的流逝，城市发生了翻天覆地的变化，其早已不停留于原先的四大基本功能，虽然不同的城市有其不同的核心功能，如政治中心、文化中心、经济中心等，不过它们都有共同的形态，那就是城市是人口居住、商务贸易、旅游休闲、教育就业、交通中转等功能的集中地。城市作为居民生活的核心空间，城市的文化品位和生活功能的提升越来越受到人们的重视[4]，因为身处喧闹的城市之中，尤其是快节奏的城市中，人们渴望一种别样的生活方式来释放真我，因此，对休闲的需求孕育了城

---

[1] 庞学铨.休闲学研究的几个理论问题[J].浙江社会科学，2016（3）：110-119.
[2] 于光远.论普遍有闲的社会[M].北京：中国经济出版社.2005.
[3] 刘飞瀑.城市休闲产业发展水平评价研究——以长沙市为例[D].株洲：湖南工业大学，2015.
[4] 唐建军.从旅游城市到休闲城市——基于青岛问卷调查数据的分析[J].河南大学学报（自然版），2015（1）：48-54.

市的休闲功能,满足居民的休闲需求也成为城市的基本功能之一,是城市发展水平提高的重要内容,也是居民生活质量提升的必要组成部分。

从柏拉图的"理想国"、亚里士多德的"理想城邦"到莫尔德的"乌托邦"、安德里亚的"基督城",再到工业革命后霍华德的"明日的田园城市",都表现出人们对于休闲的渴望,更反映了人类对理想的居住地的憧憬与向往。如今休闲已成为国内人们日常生活的一种常态,甚至已成为衡量城市居民生活幸福感及城市宜居度的一个重要指标[①]。许多城市的政府都相继致力于提供公共空间、完善产业政策、推动非营利组织建设、培育市场主体等方式突出城市的休闲功能,统筹考虑居住、工作、交通、休闲等配套设施的发展,更加注重城市建筑形态的休闲化设计,通过扩展城市休闲功能,建设休闲城市,提升城市品牌,提高市民的生活质量,形成城市的休闲文化,提升城市的文化品位,创造独特的城市魅力。国际上认为,一个国家或地区人均国内生产总值(GDP)达到3000~5000美元时,这个国家或地区就将逐步进入休闲时代,而我国人均GDP在2017年已达到8582.94美元,远超国际水平,这就为我国步入休闲时代提供了强有力的支撑。同时,居民的休闲意识日益增强,国内休假制度也更加完善,与休闲相关的法律法规相继出台,这些都为居民进行休闲提供了时间和制度保障[②]。在此时代背景下,城市的休闲功能愈加重要,城市休闲化应运而生。

每个城市在其休闲化进程中,所呈现出的状态是不一样的,包括城市休闲主体的休闲意识、休闲配套设施及休闲产业等的发展程度,每个城市都有"城市休闲化"的特征,但并不是具备休闲功能的城市就能成为休闲城市。魏小安曾将休闲城市(Leisure city)的内涵界定为"在城市生活中,休闲活动普遍,具有丰富的休闲设施;同时,休闲产业在城市发展中占据重要地位,形成了品牌,并构成强大的市场吸引力"[③]。休闲城市是城市休闲化发展到一定阶段的高级产物[④],此时,拥有发达的休闲系统是最基本的要求,更重要的是,休闲城市有自己的特色休闲文化,休闲文化不仅是这座城市区别于其他城市的风格元素,还肩负了提高

---

① 赵春艳,陈美爱.突围与重构:城市休闲供给优化的理念走向[J].学术论坛,2016,39(4):73-77.
② 许鹏,毛润泽.上海城市休闲化发展协调度评价研究[J].旅游论坛,2017(1):111-121.
③ [2018-1-21] http://weixiaoan.blog.sohu.com/109048759.html.
④ 黄秀寅.温州城市休闲发展中的政府管理研究[D].福建农林大学,2016.

城市影响力和旅游竞争力的使命。

三、休闲城市的特征

尽管国内有多个著名的休闲城市，如丽江、上海、厦门等，它们都表现出专属于自身的特点，包括城市休闲环境、城市休闲文化、城市休闲消费力、城市休闲产业等多个方面，但纵观这些休闲城市，其实都具备了一些共性。

（一）拥有得天独厚的自然环境

我国传统意义上的休闲城市大多位于亚热带季风气候区，温暖湿润的气候和肥沃的土壤既为开展农业生产奠定了基础，又为天然植物生长提供了优越的条件，丰富的物产造就了适宜人居的环境。对于一座城市而言，宜居的自然环境是成为休闲城市的必备条件，因为只有在清新惬意、优美舒适的自然环境下，当地居民才会"自发"地开展休闲活动，逐渐营造出"天生的"休闲氛围。当休闲内化为居民的日常生活方式时，会吸引更多的外地游客专门来到这个地方进行旅游休闲。无论是当地居民，还是外地游客，城市拥有怡人的自然环境是让人倾心的前提，优越的自然环境激发了人们进行更多类型的休闲消费，并让城市有可能诱导人们进行重复的休闲消费。自然环境也是评价休闲城市的标准之一，没有良好的自然环境，很难形成舒适的休闲氛围，休闲活动的空间和时间维度也会受到限制。成都和杭州都是著名的休闲城市，两地在自然环境特征上非常相似：同处于北纬30度范围，四季分明；雨量充沛，河网纵横；杭州素有"鱼米之乡""人间天堂"的美誉，成都拥有中国南方最为肥沃的紫色土耕地，享有"天府之国"的美誉。

（二）拥有悠久深厚的文化底蕴

休闲的根本作用是满足人们的身心需求，尤其是精神享受要求城市深挖休闲文化的内涵，用创新的理念和手段去展现城市的传统文化和地域文化，创造属于自己的休闲元素，满足居民和游客的心理体验和精神需求。如果一个城市只是照搬"××模式"，纵使修建再多豪华的休闲设施，也吸引不了人们。城市文化是城市的灵魂，有灵魂的生命体才有活力，它是城市发展不可缺少的一大动力[1]，

---

[1] 芒福德，宋俊岭．城市文化／刘易斯．芒福德经典著作系列［M］．北京：中国建筑工业出版社，2009.P473．

也是休闲城市的核心竞争力。文化是休闲城市的支撑,一座拥有独特文化的城市必定具有独一无二的城市个性,尤其是城市化进程中,国内很多城市都趋向于同质化,直接抛弃原有的文化底蕴,单纯追求现代化城市设计,造成了"千城一面"的现象。休闲城市发展的第一要旨就是"以人为本",通过融入历史人文,展现地方风貌,从而塑造出美好的城市形象,最终形成响亮的休闲城市美誉。作为 7000 年前"河姆渡文化"的发祥地、唐代"海上丝绸之路"的起点之一、近代的"东方大港",宁波就是这样一座人文荟萃、历史悠久、经济发达的文化名城,海鲜味的海风又时时刻刻传递着这座江南都市的灵秀与时尚。此外,成都可以说是国内休闲文化、休闲传统较为深厚、浓郁的城市之一。自秦汉以来,成都便形成了一种闲适享乐的生活方式。休闲是成都重要的文化性格,休闲生活是成都人的基本诉求。

(三)拥有丰富多彩的休闲产品

完整而又成熟的产业体系是休闲城市增强核心竞争的重要条件。在当下休闲城市竞争激烈的情况下,想要获得强大的感召力,就必须以市场需求为导向,在配置休闲设施、开发休闲产品时就要充分考虑原生自然环境、本土特色文化、城市社区建设、城市规划设计等,与城市休闲功能协同发展。这个观念使得城市在环境、产业、设施、空间等建设方面充分考虑人们的休闲诉求,城市发展也由此进入一个具有新的闲暇伦理观和娱乐道德观的时代[①],一个城市,只有当其拥有类型多样且具有地方特色的休闲产品时才能切实提高城市居民和外来游客的休闲生活品质,如城市休闲旅游街区、大型购物中心、城市公园、主题公园、体育娱乐场所等多种类型的城市游憩中心皆融入了较多的休闲、旅游元素,既带动了休闲娱乐、都市观光、商务会展、文化创意等产品的发展,又促进了城市功能的完善[②]。上海既是中国的经济、金融、贸易和航运中心,也是一座新兴的旅游城市,目前已发展成为一个闪耀全球的国际化大都市,不仅拥有缤纷的时尚文化,还具有浓郁的商业气息,不胜枚举的特色商业休闲街区、文化节日、旅游景点令人眼

---

① Roberts K, Parker S, Downes D M, et al. The Sociology of Leisure [J]. British Journal of Sociology, 1976, 29 (3): 396.

② 虞虎,刘青青,张希月. 成长型城市旅游地休闲旅游与城市发展耦合机理研究——以合肥市为例 [J]. 中国名城, 2017 (2): 38-45.

花缭乱，精彩的城市休闲氛围深深地影响了每一个居民和游客。

四、城市休闲发展的意义

众所周知，当前促进城市经济发展的方式已从对工业转为第三产业，而休闲业在第三产业中所占的比重巨大，因此，休闲业的发展水平能在很大程度上反映城市的经济发展水平、城市居民的休闲需求及消费水平。以休闲产业和休闲空间布局为主要内容的休闲经济是城市经济发展的重要推动力[①]，另外，城市休闲发展也是解决城市化问题的有效途径，包括吸纳大量人口就业、统筹城乡二元经济、保护生态环境等。城市休闲发展无论是对社会经济还是自然生态，都具有促进作用，尤其是以休闲产业为主导的城市发展战略，对城市的经济结构转型、居民生活品质提升、城市可持续发展起到的作用不容小觑。具体来说，城市休闲业的发展对城市的推动作用体现在以下几方面。

（一）城市休闲发展有利于塑造良好的城市形象

在城市中，休闲业的发展程度能反映这个城市的经济发展水平：休闲业发展程度越高，说明这个城市的社会经济发展水平越高，这个城市给人的印象就越优秀，城市竞争力也能得到显著提升。另外，城市经济实力的增强也为休闲业的发展提供了充足的资金基础、市场需求和良好的环境，休闲业发展的方向更加注重人文关怀，具体可以体现在休闲设施的人性化设计和安全性能考虑。发达的休闲产业、较完善的休闲设施、大型的休闲活动、良好的自然环境和文化设施等物质形态内容，是衡量休闲城市的重要指标，也是成为休闲城市的重要基础和条件，更是城市形象的组成部分。休闲是居民愉悦自我、放松身心的方式，科学规划的休闲设施更方便居民；城市形象涉及城市建筑景观、城市居民精神面貌、城市政治风采等方面，而休闲设施的使用与居民的日常生活状态关系密切，传递着城市具有高水平生活品质的信号，传递了符合城市形象的品牌内容，因此，城市休闲发展对城市形象的提升具有重要的意义。

---

① 吕宁.中国城市休闲和休闲城市发展研究［M］.北京：旅游教育出版社，2010.P114.

（二）城市休闲发展有利于促进社会经济发展

丰富的休闲产品和完善的休闲设施在给予居民精神享受的同时也在带动居民产生更多的休闲消费，并拉动与休闲业有关的行业发展，促使城市传统经济模式逐渐发生转变，不断通过扩大城市内需促进当地 GDP 的增长。休闲产业的发展不断壮大，形成了餐饮购物、休闲娱乐、体育运动、旅游度假等多种以劳动密集型为特征的业态，从而为城市提供了更多的就业岗位和潜在的就业岗位，吸纳了更多乡村剩余劳动力和城市待业或无业人群，在一定程度上缓解了社会就业压力，有利于社会安定、和谐。

在数次全球金融危机后，世界上许多国家和地区都试图找到一种低碳、无污染的经济发展模式，相较于第一、第二产业，休闲产业总体来说是一个污染较低的产业，是绿色环保的产业，所以，休闲业受到了不少国家和地区的青睐。对于我国而言，很多城市的经济发展在很长一段时间尤其是在大力培育重工业的时期陷入"大消耗、重污染、高破坏、长周期"的怪圈，经济增长方式极其粗放，形成掠夺型经济发展模式。休闲产业围绕旅游度假、体育运动、文化娱乐等行业，有机结合第一、第二产业，因此，城市休闲发展从城市环境构筑和产业培育两方面都能产生积极的作用，带来城市产业结构的转型，同时，休闲的社会氛围和成熟的产业环境促进了城市招商引资，增强了城市发展潜力，符合现代城市发展规律。

（三）城市休闲发展有利于实现可持续发展

自从城市可持续发展这一命题提出后，不同的学者从资源及其开发利用、生态环境保护、经济结构与模式、社会人文发展等角度对其内涵进行了深入的讨论，在此过程中，城市可持续发展理念也变得深入人心，所有人都意识到只有城市走上可持续发展之路，才会实现国家乃至全球的可持续发展。以休闲为导向的城市发展，会更加充分地发挥人的能动力和创造力，构造城市与自然、文化共生的文明环境，使城市更加宜居。树立了休闲城市的品牌，标志着城市在生活质量、服务质量、环境质量、建设质量等方面达到领先水平。城市的休闲功能越强，越有利于国民生活品质和城市综合竞争力的提升。发达的休闲服务和繁荣的休闲市场不仅是城市现代化的重要象征，还是城市文明化的孵化器、城市国际化的加速器、城市和谐化的推进器。因此，建立一个能够自由而又全面发展的、文化繁荣的、环境友好的和谐城市,是城市实现可持续发展的要求,也是城市休闲发展必须遵循的原则[①]。

五、休闲城市评价的意义

近年来,国内很多城市都打出"建设休闲城市"的旗号,如杭州率先举办了世界休闲组织的世界休闲大会,并取得往后5届的主办权,还击败成都等4个城市,成功获选世界旅游联盟总部落户城市;成都在休闲文化上处于全国行列,"自我休闲"的天然氛围浓厚,其独特的休闲魅力无论是对本地居民还是外地游客都有极强的吸引力;厦门、珠海、宁波凭借独特的区位条件和自然优势,在城市休闲空间和管理上取得突破成绩;上海和北京的城市经济休闲化现象在全国处于领先地位。同时也应该看到,以休闲为发展方向的休闲城市建设过程中,一方面,需要有体系化的、可量化的休闲城市理论和评价模型为指导,以解决当前休闲城市发展中存在或出现的现实问题;另一方面,需要从理论上宣传和贯彻城市休闲功能和休闲城市建设的作用,从而扭转过去因未确立基本城市休闲理念、过度重视工业快速增长和唯GDP论等忽视城市规划和设计休闲功能所带来的整体城市竞争力下降的问题。然而,目前国内对全国城市的休闲发展程度的研究数量不多,并且地域覆盖、数据来源等方面存在一定的局限。因此,对全国城市的休闲化水平进行指标评价具有十分重要的理论意义和现实意义,从宏观到微观来看,城市休闲评价的意义主要涉及城市发展战略、企业发展策略及个人休闲实现3个方面。

从城市发展战略来看,休闲城市评价能为政府决策提供比较客观的、量化的、科学的分析方法,有助于预测同类型休闲城市的发展前景,进而指导政府更好地做出未来的休闲发展战略,包括如何定位城市休闲功能、如何有效提供休闲供给和拓展休闲空间、如何促进休闲产业健康发展等。休闲城市评价恰好为政府决策提供了有价值的参考依据,通过比较来寻找城市之间的差距,共同谋求发展。

---

① 吕宁.中国城市休闲和休闲城市发展研究[M].北京:旅游教育出版社,2010.P116.

从企业发展策略来看，休闲城市评价为企业在城市经济发展转型期制定发展策略提供依据。企业所提供的休闲设施、休闲产品和休闲服务必须与城市居民的休闲需求相匹配，这是休闲企业融入城市休闲发展和城市价值体系的根本。因此，休闲城市评价为休闲企业提供了一个了解所在城市休闲发展现状、所在城市居民休闲需求、不同城市休闲发展所处阶段等信息的平台，使企业能明晰自己在"休闲城市"发展中的位置，以及未来发展的目标定位和市场细分。

从个人休闲实现来看，休闲城市评价有利于个人更好地发展自我。随着个人收入和生活品质的提高，城市休闲已经成为每个人日常生活中不可缺失的一部分，针对休闲领域的法律与制度也为个体更充分地享受休闲提供了保障，而休闲城市评价又为个人进行更高层次的休闲提供了信息指南，让个人能全面了解所在城市的休闲发展情况、个人休闲消费水平、个人休闲教育程度及休闲职业选择等内容，帮助个人实现更全面、更自由、更充分、更平衡的发展。

第二章　休闲城市发展环境分析

一、宏观经济环境

2017年，全年国内生产总值为827 122亿元，比2016年增长6.9%。其中，第一产业增加值为65 468亿元，增长3.9%；第二产业增加值为334 623亿元，增长6.1%；第三产业增加值为427 032亿元，增长8.0%。第一产业增加值占国内生产总值的比重为7.9%，第二产业增加值占国内生产总值的比重为40.5%，第三产业增加值占国内生产总值的比重为51.6%。全年全社会固定资产投资641 238亿元，分区域看，东部地区投资265 837亿元，比2016年增长8.3%；中部地区投资163 400亿元，增长6.9%；西部地区投资166 571亿元，增长8.5%；东北地区投资30 655亿元，增长2.8%。其中，文化、体育和娱乐业等行业的固定资产投资8732亿元，比2016年增长12.9%，全年人均国内生产总值为59 660元，国民总收入为825 016亿元[①]。

2017年，全国服务业增加值比上年增长8%，比国内生产总值和第二产业增加值增速分别高出1.1和1.9个百分点，已连续5年在三次产业中领跑。统计显示，全年服务业生产指数累计比上年增长8.2%，较上年加快0.1个百分点；各月服务业生产指数基本都在8%以上，呈现出平稳较快的运行态势。在主要行业中，除房地产业、金融业外，其他行业的服务业生产指数均高于上年，信息传输、软件和信息技术服务业，租赁和商务服务业，交通运输、仓储和邮政业等行业增长较快，增速达到或接近两位数[②]。

[①] 中华人民共和国2017年国民经济和社会发展统计公报.http：//www.stats.gov.cn/tjsj/zxfb/201802/t20180228_1585631.html.
[②] 2017年我国服务业继续领跑三次产业.http：//www.gov.cn/xinwen/2018-02/15/content_5267016.htm.

全年国内游客达50亿人次，比2016年增长12.8%；国内旅游收入45 661亿元，增长15.9%。入境游客13 948万人次，增长0.8%。其中，外国人2917万人次，增长3.6%；中国香港、澳门和台湾同胞11 032万人次，与上年持平。在入境游客中，过夜游客6074万人次，增长2.5%。国际旅游收入1234亿美元，增长2.9%。国内居民出境14 273万人次，增长5.6%。其中因私出境13 582万人次，增长5.7%；赴中国港澳台地区8698万人次，增长3.6%。

二、社会环境分析

2017年，全国居民人均可支配收入25 974元，比上年增长9.0%，扣除价格因素，实际增长7.3%。城镇居民人均可支配收入36 396元，比上年增长8.3%，扣除价格因素，实际增长6.5%。农村居民人均可支配收入13 432元，比上年增长8.6%，扣除价格因素，实际增长7.3%。全国居民人均消费支出18 322元，比上年增长7.1%，扣除价格因素，实际增长5.4%。按常住地分，城镇居民人均消费支出24 445元，增长5.9%，扣除价格因素，实际增长4.1%；农村居民人均消费支出10 955元，增长8.1%，扣除价格因素，实际增长6.8%。恩格尔系数为29.3%，比上年下降0.8个百分点，其中城镇为28.6%，农村为31.2%。

2017年，全国居民人均食品烟酒消费支出5374元，增长4.3%，占人均消费支出的比重为29.3%；人均衣着消费支出1238元，增长2.9%，占人均消费支出的比重为6.8%；人均居住消费支出4107元，增长9.6%，占人均消费支出的比重为22.4%；人均生活用品及服务消费支出1121元，增长7.4%，占人均消费支出的比重为6.1%；人均交通通信消费支出2499元，增长6.9%，占人均消费支出的比重为13.6%；人均教育文化娱乐消费支出2086元，增长8.9%，占人均消费支出的比重为11.4%；人均医疗保健消费支出1451元，增长11.0%，占人均消费支出的比重为7.9%；人均其他用品及服务消费支出447元，增长10.0%，占人均消费支出的比重为2.4%。

（一）居民休闲消费现状

随着我国经济的快速发展和国内生活水平不断提高，人们对休闲生活的需求越来越强烈。据中国旅游研究院发布的《中国休闲发展年度报告（2016—

2017)》显示，近年来，我国居民休闲呈"两增一减"的发展态势，即休闲空间在不断扩大，休闲活动日趋丰富，但人们能支配的休闲时间在持续减少。从休闲空间看，城乡居民的户外休闲比重均不断增加，休闲空间范围不断扩大，远距离（离家10千米以上）休闲进入快速增长期；从休闲活动看，近年来我国居民休闲意识不断增强、休闲需求持续释放，休闲活动"积极化"趋势明显，休闲活动带来的消费、养生、健康、文化、社交、教育等经济社会功能也在不断增强；然而，从休闲时间来看，2012年至2017年我国居民休闲时间不断减少、工作时间稳中有升，我国居民休闲时间与发达国家相比存在明显差距。2017年我国城乡居民的年平均休闲时间分别为1407小时和1441小时，比2012年分别减少了367小时和325小时，与德国、英国、美国等发达国家2190小时、2050小时和1900小时的平均水平差距较大[1]。

目前，我国居民休闲消费按照消费内容来划分，可以分为旅游度假休闲消费、文化娱乐休闲消费、运动健身休闲消费、工艺技艺休闲消费、社会活动休闲消费。

1. 旅游度假休闲消费

旅游度假休闲一般分为短距离郊游和长距离旅游。由于目前旅游正在朝着休闲度假方向发展，因此，这种休闲方式不仅能让人们感受自然，还能修身养性、开阔视野。人们在进行旅游度假休闲时，往往包含食宿、交通、娱乐、健身等消费。旅游度假是休闲消费最主要的形式之一，也是人们经常消费的一种形式。

2. 文化娱乐休闲消费

文化娱乐休闲一般分为文化教育和游戏娱乐两种。文化教育主要是指人们在工作闲暇之余，根据兴趣爱好进行的知识、技能的学习掌握，这种休闲教育不仅能充实人们的业余生活，还能让人们受益终身，包括参观博物馆（展览馆）、报培训班、听讲座、在图书馆阅读等。游戏娱乐主要是指人们在紧张疲惫的工作后，所进行的游戏、嬉戏、娱乐、游乐等活动，这些活动往往与人们的喜好紧密联系，既包括去KTV、跳舞、玩棋牌、散步、逛街等，也包括养殖宠物、集邮、收藏古董字画、参加音乐节等。近年来随着电竞、动漫的发展，网游、手游等极大地丰富了人们的休闲需求。

---

[1] 我国居民休闲呈"两增一减"态势. http://travel.cctv.com/2017/09/21/ARTIe9LiJXvTQefNFALKK3yM170921.sht。

3. 运动健身休闲消费

运动健身休闲主要是指人们参与各种体育运动活动，达到强身健体的目的或者观看体育赛事，满足个人喜好等。近年来，比较流行的休闲体育包括骑行、登山、滑翔、滑雪、滑冰及各种水上运动等，而人们观看赛事的方式除了看电视，也有人专门去现场观看，顺便在当地进行旅游。随着物质生活水平的不断提高，人们更加重视身体健康的价值与意义，更加愿意在运动健身上消费，包括金钱和时间，并愿意在运动健身上投入更多的精力去维持或做进一步的提升。

4. 工艺技艺休闲消费

工艺技艺休闲消费类似于休闲教育消费，但工艺技艺消费更加侧重于培养人们的动手能力，包括插花、书法、棋艺、茶道、乐器等，这种技艺具有极强的专业性，需要人们花费更多的精力、时间来学习，去体会其中的乐趣，尤其是琴棋书画，在古代就是人们陶冶情趣的方法和重要的休闲方式。

5. 社会活动休闲消费

社会活动休闲消费通常是和亲朋好友或社会大众进行的，结构上以群体为主，时间大多集中在节假日或周末。尤其是在中国传统的、重大的节假日，社会活动休闲消费通常具有浓郁的民族民俗风情和传统文化色彩。人们进行社会休闲活动不仅仅是为了放松，更多是为了增进人与人之间的感情。

（二）居民主要休闲消费趋势分析

1. 旅游度假休闲消费

全球旅游正在由传统的观光旅游向以休息减压、放松身心为目的，以个人散客和家庭小团体为主，一地停留时间长，以个性化私人定制为特征，以大平台大APP为渠道的休闲度假旅游转变[①]。对于中国而言，旅游度假休闲消费的发展伴随着以下几个特征：一是用于休闲度假的时间比过去更加充裕了，尤其是一年国民法定休假日目前达到115天，这是整个旅游度假时间的主体。二是旅游度假的发展基础更加牢固，首先是中国已逐渐进入工业化中后期，产业趋于合理，尤其是第三产业在国民经济中的比重逐步增加；其次是中国已步入中等收入国家行列，居民用于旅游休闲的可支配收入也变得更多，旅游人均消费水平也随之

---

① 《2017中国休闲旅游度假指数》：六大趋势、十大特征 .http://www.sohu.com/a/203523393_99957503。

增加，加上整个社会大环境的改善，包括交通、通信、政策制度等方面的优化，客观上能促进消费者敢于从旅游中获得休闲和放松。三是旅游度假产品更加丰富，首先是数量上，不仅国家级旅游度假区从最早的 12 个到现在的 26 个（截至 2018 年），省级度假区也发展迅猛；其次是类型上，山地度假、湖泊度假、温泉度假、滨海度假、乡村度假、森林度假等多元发展，汽车露营、户外运动、主题公园、旅游演艺、城市休闲区（商区、街区、公共运动区等）、邮轮旅游等百花齐放，除此以外，还有很多新兴的度假产品也在快速发展。四是旅游度假的目的更加多样化，随着旅游目的地和旅游度假产品的丰富化，消费者的旅游需求面也越来越宽，对产品内容的深度也会提出更多要求，尤其是深度游和主题游的兴起，消费者的旅游度假目的也呈现出度假休闲和观光旅游并重的态势，尤其是以亲子游、爸妈游为代表的家庭旅游成为旅游消费市场主力。

2. 文化娱乐休闲消费

近年来，随着国内经济快速发展及政策对文化娱乐产业的重视，文娱休闲在资本市场中受到的关注度大幅上升，同时，居民可支配收入的提升，人均文化娱乐支出金额也在不断提高。国内正在迎来新一轮消费升级的浪潮，消费者的消费行为从传统的生存型物质性消费逐步转向发展型、服务型等新型消费。同时，移动互联网的进一步发展进一步推动文娱消费。在消费升级背景下，以 90 后、00 后为代表的消费者对于网络服务产品的付费意识与意愿大幅提升，使得泛娱乐领域的付费规模快速增长，多个新兴付费行业崛起，诸如发展较为成熟的游戏和影视，尤其以移动游戏及视频网站为代表收入增长迅猛，网络文学、网络音乐领域的市场上升空间也变得越来越大。

除了网络文化休闲，消费者在艺术表演方面的精神需求更加多元化，这也使得演出市场潜力逐渐得到释放。2016 年，演出市场增速超过电影市场，除戏曲等个别演出外，话剧、音乐会、演唱会等多数演出均呈现较好的增长态势，艺术表演消费市场快速发展[①]。

3. 运动健身休闲消费

面对新的经济形势和政策指导，国内运动健身休闲消费在今后的一段时间

---

① 2017 新消费趋势洞察.http://www.sohu.com/a/194971425_617676。

里，特别是在接下来的十年里将会出现大幅度的增加，具体表现为消费总量会继续增加，消费结构必将更加合理，同时也会出现以下几种新的趋势。

第一，区域不均衡发展将进一步加剧。首先，东部及沿海省份的运动休闲消费增长进一步加快，特别是消费总量上将大幅度增加，沿海一个城市或者县城体育消费的总量就能超过西部一个省份的量；其次，经济发达省份内部体育消费也将出现巨大的差异，落后地区也将出现差异化发展。

第二，消费结构将进一步优化。运动健身用品等实物型消费的总量将会继续增加，但是在体育消费总体构成中的比例将会有所下降；非物质体育消费和体验式体育消费总量将大幅度增长，所占比例也将进一步提高，但是增长的幅度还是非常有限的。非物质体育消费和体验式体育消费总量的进一步增加，有赖于我国高品质体育赛事的举办和广大居民体育意识的不断提高。

第三，个性化消费将成为新的热点。为满足广大居民个性化需求的运动休闲消费将成为亟待开采的"金矿"，特别是一些新兴体育项目，如户外运动（登山、远足、露营、徒步旅行）、自行车运动、冰雪项目、潜水、垂钓、高尔夫球、皮划艇、攀岩、龙舟等项目，将成为消费热点。

第四，体育旅游将成为运动休闲消费的主要内容。自2016年年底国务院办公厅、国家旅游局等部门发布了一系列关于促进、推动体育旅游发展的文件，体育旅游迎来政策风口。同时，随着我国居民收入水平的提升和消费水平的升级，体育与旅游的结合，顺应了消费式体验旅游发展的趋势，体育旅游有望成为消费者的一种休闲生活方式。

三、政治法律环境分析

（一）全国性政策文件

以旅游业、娱乐业、服务业为龙头形成的休闲业，已成为国家经济发展的重要支柱产业。尤其是作为休闲业重要组成部分的旅游业，近年来得到国家的高度重视，国家出台了一系列政策文件来推动和促进旅游休闲产业的发展，进一步规范旅游休闲产业。改革开放以来，我国旅游业虽然在促进对外开放，推动国民经济增长，提高人民生活质量上取得了一定的成就，但是还存在旅游基础设施落后、旅游资源开发和保护的总体水平较低、市场秩序和服务质量差等一系列问题。鉴于以上情况，2001年4月11日，国务院下发《关于进一步加快旅游业发展的通知》，提出加大对旅游业的支持力度，提高旅游业的整体水平，促进旅游业的可持续发展，把我国建设成为世界旅游强国；2009年12月1日，国务院印发《关于加快发展旅游业的意见》（以下简称《意见》），对旅游业进行全新定位，指出把旅游业培育成国民经济的战略性支柱产业和人民群众更加满意的现代服务业。《意见》所提出的抓紧旅游综合立法，加快制定旅游市场监管、资源保护、从业规范等专项法规，不断完善相关法律法规，使得旅游立法问题得到实质性的突破；2013年2月，国务院办公厅印发《国民旅游休闲纲要（2013—2020年）》，明确提出要到2020年，职工带薪年休假制度基本得到落实，城乡居民旅游休闲消费水平大幅增长，健康、文明、环保的旅游休闲理念成为全社会的共识，国民旅游休闲质量显著提高，与小康社会相适应的现代国民旅游休闲体系基本建成的目标；酝酿了30多年，历经3次审议，2013年4月25日，全国人民代表大会常务委员会发布《中华人民共和国旅游法》，自2013年10月1日起施行。《中华人民共和国旅游法》注重保护旅游者的合法权利，规范旅游市场，为整治旅游行业乱象提供了法律依据，将促进旅游业的可持续发展；2014年8月9日，国务院发文《关于促进旅游业改革发展的若干意见》，与以往的旅游休闲相关文件相比，其针对性更强、更细、更实，规定了由具体部门在明确的时限里完成旅游发展相关的重点任务，对进一步激发市场推动旅游业发展的活力和潜力、促进旅游业健康持续发展具有重要的现实意义；2015年8月4日，国务院办公厅发布《关于进一步促进旅游投资和消费的若干意见》，提出要改善旅游消费环境，新辟旅游消费市场，培育新的消费热点，开拓旅游消费空间，激发旅游消费需求，促进旅游投资消费持续增长。中南财经政法大学教授邓爱民认为，《关于进一步促进旅游投资和消费的若干意见》的出台，有助于解决旅游供需不平衡、旅游基础设施投入不足、新的旅游业态缺乏扶持、潜在的旅游需求难以转化为现实的旅游消费等问题，为旅游投资消费指明方向；2016年12月7日，《"十三五"旅游业发展规划》总结了"十二五"期间我国旅游业所取得的重大成就，指出我国旅游业已经全面融入国家战略体系，走向国民经济建设的前沿，成为国民经济的战略性支柱产业。同时，针对"十三五"期间，我国旅游业的发展机遇和发展趋势，做出了战略部署。

在以上政策文件中，多次明确提出了要发展休闲旅游：《关于加快发展旅游业的意见》中提出要积极发展休闲度假旅游，引导城市周边休闲度假带建设，有序推进国家旅游度假区发展及明确提出要制定国民旅游休闲纲要；《国民旅游休闲纲要（2013-2020年）》重点强调要保障国民旅游休闲时间，改善国民旅游休闲环境，推进国民旅游休闲基础设施建设，完善国民旅游休闲公共服务；《关于促进旅游业改革发展的若干意见》提出要积极发展休闲度假旅游，在城乡规划中要统筹考虑国民休闲度假需求，营造居民休闲度假空间；《关于进一步促进旅游投资和消费的若干意见》中提出要大力开发休闲度假旅游产品，鼓励社会资本大力开发温泉、滑雪、滨海、海岛、山地、养生等休闲度假旅游产品。重点依托现有旅游设施和旅游资源，建设一批高水平旅游度假产品和满足多层次多样化休闲度假需求的国民度假地。加快推动环城市休闲度假带建设，鼓励城市发展休闲街区、城市绿道、骑行公园、慢行系统，拓展城市休闲空间。

除了以上直接提出要发展旅游休闲产业的政策文件外，还有一些相关政策文件极大地促进了休闲产业的发展。例如，在2007年12月7日通过的《职工带薪年休假条例》（2008年1月1日施行），规定了职工在年休假期间享受与正常工作期间相同的工资收入，维护了职工休息休假的权利，使得国民的休闲时间得以增加，为城市休闲产业的发展奠定了基础；2012年7月24日，国务院发布了《重大节假日免收小型客车通行费实施方案》，规定了在法定节假日（春节、清明节、劳动节、国庆节，以及当年国务院办公厅文件确定的上述法定节假日连休日）期间对于7座以下（含7座）载客车辆，包括允许在普通收费公路行驶的摩托车免收通行费。这一方案为国民的休闲度假出行带来了极大的便利，间接促进了休闲产业的发展；2015年11月，国土资源部、住房和城乡建设部及国家旅游局联合印发《关于支持旅游业发展用地政策的意见》，支持旅游业发展用地，也极大地促进了旅游休闲产业的发展。

（二）地方性政策文件

近年来，各省市积极响应国家的号召，大力发展旅游休闲产业，根据中央的政策文件，结合本地的情况，因地制宜地制定了相关的实施细则。2004年11月8日，中共浙江省委、浙江省人民政府制定了《关于建设旅游经济强省的若干意见》，提出要充分发挥浙江省的旅游资源优势，加快发展旅游经济，建设旅游经济强省。2008年12月1日，江苏省旅游局为了保护和合理开发利用旅游资源，规范旅游市场秩序，维护旅游者和旅游经营者的合法权益，促进旅游业的发展，根据国家有关法律、法规，结合实际，制定了《江苏省旅游管理条例》。2011年7月31日，山东省人民政府印发《山东省国民休闲发展纲要（2011—2015）》，提出严格落实国务院《职工带薪年休假条例》，依法保障职工休假权利。重点提出要加强公共休闲设施建设，大力发展休闲产业，打造休闲精品综合体，开发乡村休闲资源，培育区域特色休闲产品，开展群众性休闲活动。这是我国首个以"纲要"形式颁布实施的全民休闲促进性文件，对于城市休闲产业的发展有着重大的意义。2012年7月1日，四川省根据国家有关法律、法规，结合四川省实际，制定了《四川省旅游条例》（2012年7月1日起施行）。该条例的实施有利于保护和合理开发利用旅游资源，规范旅游市场秩序，保障旅游者和旅游经营者的合法权益，促进旅游业的健康发展。2016年11月3日，陕西省印发《陕西省"一带一路"建设2016年行动计划》，提出要搭建旅游综合信息服务平台，打造"智慧旅游城市"品牌，建设陕西省智慧旅游指挥中心。2017年3月1日，安徽省人民政府印发《安徽省"十三五"旅游业发展规划》，总结了安徽省旅游业在"十二五"期间取得的成就，并对安徽省旅游业在"十三五"期间的战略部署及具体的任务目标做出了安排。提出要实施"美好安徽"一体化旅游新战略，加强省内旅游板块开放融合，形成同频共振、协同发展的大格局；实施"畅游安徽"智慧化旅游新战略，政企共建"畅游安徽"网络信息服务平台、智慧旅游公共服务平台；实施"国际安徽"品牌化旅游新战略，将旅游业打造成为带动安徽国际化发展的先导产业。

第三章 休闲城市评价体系的构建

一、城市休闲指数的概念

成为休闲城市不一定是每个城市休闲发展的目的，但城市休闲发展一定是为了谋求城市可持续发展，并为城市中的每个人创造更美好的生活环境，建设和培育宜居和谐、人文丰富、环保健康、特色时尚的城市氛围。休闲城市评价和参与城市休闲的主体都是人，因此，在评价过程中，始终要充满人文关怀，将居民的积极的休闲需求作为最重要的评价指向，所以，无论是理解城市休闲指数内涵，构建城市休闲评价指标体系，还是进行休闲城市评价，都不能像做通常意义上的城市竞争力衡量一样，过度重视城市经济发展的优劣程度，而是要做出一个有综合性质的判断，强调人与人、人与社会、人与自然的和谐相处，能反映城市社会经济、城市基础设施、城市休闲系统、城市生态保护、城市人文风貌、城市公共管理等发展水平。

休闲城市评价体系的构建基础是城市休闲指数（City Leisure Index），故而正确理解城市休闲指数的概念非常重要。城市休闲指数是一种定量指标，它是对城市的休闲功能发展状况的综合性测算，是对不能直接相加的城市休闲化程度方面的复杂现象在数量上综合变动情况的相对数据综合测评的反映。通过城市休闲指数方式，能准确深刻地反映一个城市的休闲系统发育情况和发展潜力。

二、工作基础及研究意义

中国城市休闲指数评价的原始数据全部来源于最新版《中国城市统计年鉴》、各省市国民经济统计公报、各省市统计网站、各省市文化旅游等部门官方网站、各省市专业型报表、百度指数等公布的最新统计信息,确保所计算的数据准确无误和研究结果的科学性。城市休闲指数所涵盖的城市范围以《中国城市统计年鉴》为主,选取了4个直辖市、15个副省级城市和271个地级以上城市的数据,因此,能全面地展现城市间休闲发展竞争力。

在此次工作全面开展前,课题组负责人吕宁在休闲领域的研究已硕果累累,他先后主持和参与了多项国家级和省部级的休闲与旅游方面的课题,主持和参与起草了多个休闲标准,同时参与了多个地方与旅游、休闲相关的规划,在核心期刊上发表了多篇休闲研究论文,参与了多部休闲著作的编写,更重要的是其出版的独著——《中国城市休闲和休闲城市发展研究》,为课题组此次研究起到了非常重要、关键的作用,指导课题组更深入地挖掘城市休闲的内涵和更客观地评价休闲城市竞争力。

同时,课题组也在积极汲取休闲领域其他学者的成果精华,包括魏小安、张凌云、吴必虎、楼嘉军等,这主要体现在课题组在设置指标时,认真考究了名称设定和所包含的内容。此外,其他研究者的成果也为课题组带来了很多帮助,如基于休闲业对城市经济的推动作用探讨、中日新韩城市休闲化发展质量评价研究、关于休闲问题的哲学分析、城市文化和城市休闲功能的定位等内容,这使得课题组看问题的视角更多元化,而不仅仅局限于自己所处的领域。

近年来,中国城市休闲发展发生了巨大的变化,尽管课题组已具备了扎实的研究基础,但仍然需要在研究过程中不断增加一些与时俱进的内容,同时悉心请教多位休闲领域专家,力求这份研究报告更有权威性和前瞻性。这份中国城市休闲指数综合评价体系,是建立一个科学、适用的评估方法,通过衡量全国290个地级以上城市的休闲功能,树立休闲城市的示范品牌,促进城市休闲产品和服务的创新,体现休闲创造快乐、休闲创造价值的核心理念,为城市找到科学发展的新路径。

三、城市休闲指数评价指标体系设计

城市休闲指数评价指标体系是由若干个相互联系的评价指标组成的有机整体,侧重点在于考核能满足人休闲需求的经济基础、设施建设、政府职能、居民关注度等,在遵循指标体系构建基本原则的基础上,运用定性描述、定量分析、经验选择、专家咨询等方法，构建出能切实反映城市休闲发展水平的指标体系，该体系共分为如下 4 个层次，如图 3-1 所示。

第一层次，目标层（A）：城市休闲指数。

第二层次，系统层（B）：在第一层次下按垂直式分为指标性评价和市场性评价，它们是城市休闲指数评价的两大主要系统。

第三层次，领域层（C）：在第二层次下按平行式再分类，指标性评价包括城市形象与美誉、休闲空间与环境、休闲设施与服务、休闲经济与产业、休闲生活与消费；市场性评价则包含消费者对休闲城市的关注程度。

第四层次，指标层（D）：本层次由能够直接被测量的具体指标组成，共选取了 30 个指标（消费者对休闲城市的关注程度的数据直接从网络获取，所以，其名下无具体指标）。

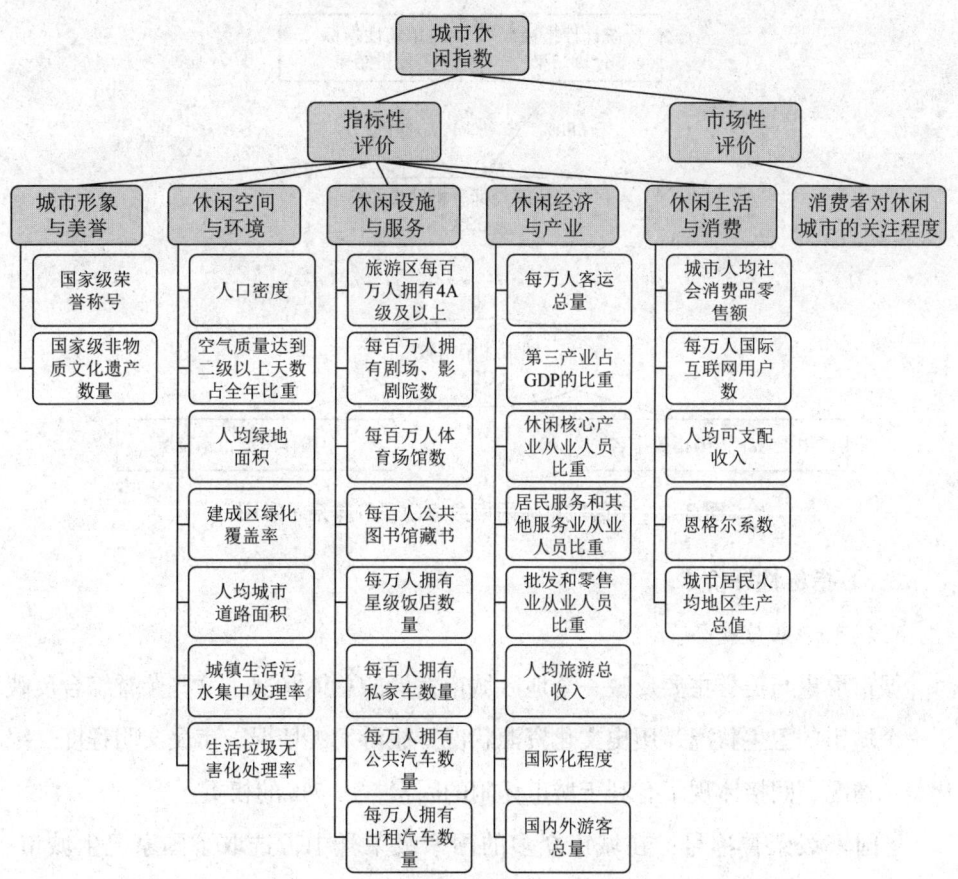

图 3-1　城市休闲指数评价指标体系层次示意图

四、城市休闲指数指标解释

课题组邀请的专家在分别比较统计性指标和市场性指标的构成及计算方法时，一致认为将两者权重分别设置为80%和20%，更符合休闲城市的发展实际。另外，城市休闲指数的测算范围都限定在市辖区内（包括城区和郊区），并且除"人口密度"以外，所有指标都是正向指标（即数据越大越好）。将统计性评价结果与市场性评价结果进行整合，加总为休闲指标分析结果（LSA），再经过整理，最终形成中国城市休闲指数，如图3-2所示。

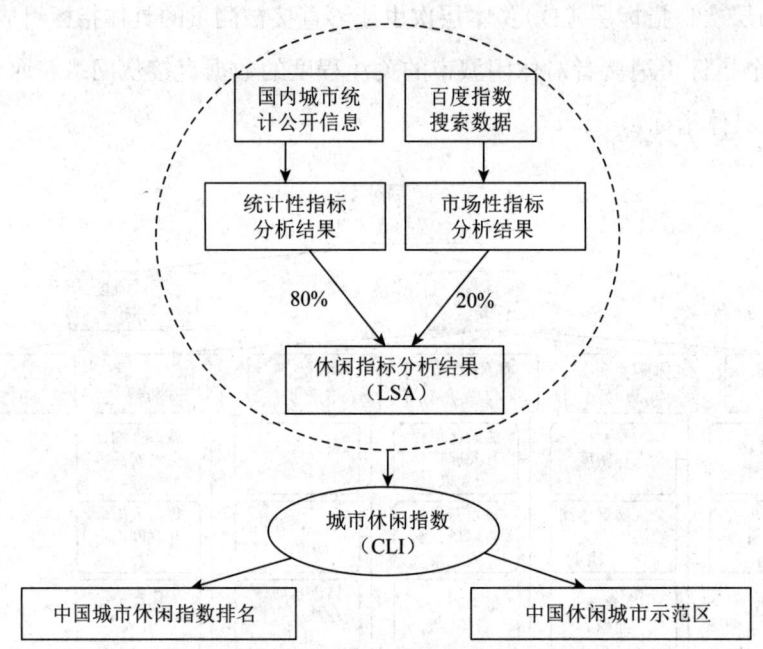

图3-2 中国城市休闲指数综合评价体系示意图

（一）指标性评价

1.城市形象与美誉

城市形象与美誉主要反映一个地区城市发展的总体状况。这些荣誉综合反映了一个城市的卫生状况、历史文化资源状况、旅游发展情况、市民文明程度、绿化美化情况，间接体现了有利于城市休闲的因素，占7%的权重。

● 国家级荣誉称号：在城市众多的国家级荣誉中，选取了国家卫生城市、国家历史文化名城、中国优秀旅游城市、国家级文明城市、国家园林城市5项荣誉。

评分原则：按照每获取其中一项荣誉称号得 0.2 分的原则，满分为 1 分，最低分为 0 分。

● 国家级非物质文化遗产数量：反映一个城市有影响力、有传统魅力的文化资源，是一个城市重要的文化财富，同时这些资源也是进行高品质休闲活动的有力支撑。

特别说明，对于以省级名义申报成功的非物质文化遗产，如果存在评选城市较为典型的情况，也可以计算进入（如"昆曲"）；但是具有全国普世性的非物质文化遗产不再计算入某城市（如"中药"）。

评分原则：为简化起见，每拥有 1 项非物质文化遗产，计 0.1 分，10 项及以上计 1 分。

2. 休闲空间与环境

休闲空间与环境从自然、生活、环卫等方面反映一个城市适宜休闲的总体状况。本项包括 7 个二级指标，共占 21% 的权重。

● 人口密度：反映一个城市拥挤的程度。一般而言，城市人口密度越低，休闲的空间相对更大。

● 空气质量达到二级以上天数占全年比重：反映出一个城市开展休闲活动的空气状况。良好的空气质量是开展休闲活动的有利因素。

评分原则：基于可行性和简便性，直接把这一比重作为各城市的分值。

● 人均绿地面积：反映一个城市绿地的总体状况。更多的绿地面积能给休闲活动带来更好的环境。

● 建成区绿化覆盖率：建成区是指市政区范围内经过征用的土地和实际建设发展起来的非农业生产建设地段，包括市区集中连片的部分和分散在近郊区与城市有着密切联系，具有基本完善的市政公用设施的城市建设用地。一般而言，城市建成区绿化覆盖率更能反映城市中心及周边地区的绿化覆盖率和林木覆盖率。

● 人均城市道路面积：反映道路的拥挤程度和交通基础设施的供给状况。人均道路面积越高，意味着休闲的交通基础条件越好。

● 城市生活污水集中处理率：反映城市生活污水处理厂集中处理的生活污水占城市生活污水排放总量的比例。该指标可以说明城市所具备的处理生活污水能力，以及对受纳水体的影响程度。更高的处理率意味着休闲的环境质量更高。

● 生活垃圾无害化处理率：反映城市生活垃圾处理厂集中处理的垃圾占城市生活垃圾总量的比例。更高的处理率意味着休闲的环境质量更高。

3. 休闲设施与服务

休闲设施与服务通过国家评定的各类国家级休闲资源、文化资源、体育资源、旅游软硬件条件、交通设施等方面反映一个城市是否具备开展大规模休闲活动的条件。本项包括8个二级指标，共占21%的权重。

● 每百万人拥有4A级及以上旅游区：4A、5A级旅游景区代表高品质的休闲资源，其数量的高低可以直接反映一个城市能够为本市居民和外地游客提供高品质休闲资源的能力。

● 每百万人拥有剧场、影剧院数：可以反映一个城市电影和文艺演出的平均规模。电影和文艺表演是休闲活动的重要内容之一。

● 每十万人体育场馆数：在一定程度上，反映居民在休闲时间参加体育活动的设施保障。

● 每百人公共图书馆藏书：一方面可以大致反映出城市居民进行休闲阅读的状况；也可以从另一个侧面反映一个城市总体的文化氛围。

● 每万人拥有星级饭店数量：由于住宿星级饭店的主体是外来人员，因此，该指标可以在一定程度上反映城市为外来旅游者提供住宿设施的规模。

● 每百人拥有私人汽车数量：私家车是提供居民出行的有利交通工具，私人汽车的数量既可以反映城市居民自主的休闲活动，又可以从侧面反映城市为居民提供休闲活动的丰富度。

● 每万人拥有公共汽车数量：反映一个城市公共交通的发达程度，同时也反映了城市休闲活动的便利程度。

● 每万人拥有出租车数量：出租车是绝大多数城市除了公共汽车以外重要的交通选择，该指标可以反映城市休闲活动的便利程度。

4. 休闲经济与产业

休闲经济与产业是一级指标。休闲经济是休闲环境和休闲条件在经济方面的集中体现。一般而言，休闲环境和休闲条件为休闲提供了一种可能的条件，如果在此基础上，城市能够提供丰富多样的休闲类产品，休闲经济就可以得到充分的发育。本项包括8个二级指标，共占21%的权重。

- 每万人客运总量：反映城市内部及城市之间人员交往的频繁度，在一定程度上可以反映出休闲活动的频繁度。
- 第三产业占GDP的比重：第三产业包括生产性服务业和生活类服务业。一般来说，生活类服务业更能体现休闲经济的发展状况，尽管无法分解出生活类服务业的产值，但是用第三产业也可以大体反映休闲经济在城市中的位置。
- 休闲核心产业从业人员比重：按照国民经济行业分类，无法把休闲产业的数据分离出来。为简便计算，将住宿和餐饮、文化娱乐和体育视为休闲产业的核心产业。另外，由于无法获取这两类产业的生产总值，因此，通过从业人员的比重来间接反映休闲核心产业在城市的发展程度。

特别说明，从业人员是指在机关、团体、企事业单位中工作，并取得劳动报酬的全部人员。

- 居民服务业和其他服务业从业人员比重：居民服务业和其他服务业的发达程度也能较好地体现休闲经济的状况。一是该产业越发展，就意味着居民的家务活动越社会化，这将给居民带来更多的休闲时间；二是该产业中有一部分本身就是城市居民休闲活动的消费对象。
- 批发和零售业从业人员比重：反映城市商业的发展程度。
- 人均旅游总收入：既包括城市为外来旅游者提供服务产生的各项收入，也包括本市居民在进行短距离旅游时产生的花费。其数值是旅游外汇收入和国内旅游收入的加总。
- 国际化程度：反映城市在世界范围内的知名度和吸引力。在一定程度上，国际化程度也是从国际视角对城市休闲经济的总体评价。计算方式为入境旅游人数除以城市居民人数。
- 国内外游客总量：反映了城市旅游业发达程度，游客接待量越大越能体现城市休闲要素和服务接待设施的齐全程度。

5. 休闲生活与消费

收入是休闲的基础，本项主要反映城市居民的收入水平和消费力，以及互联网普及程度。本项包括5个二级指标，共占10%的权重。

- 城市人均社会消费品零售额：购物是休闲活动的重要内容之一，这一指标可以反映商业的总体发展规模。

- 每万人国际互联网用户数：一方面，网上冲浪本身是休闲活动的组成部分；另一方面，互联网用户数还可以反映出城市的信息化水平。总体而言，更多的互联网用户更加有利于休闲经济的发展。

- 人均可支配收入：人均可支配收入是进行休闲消费开支的最重要的决定性因素，因而，可被用来衡量一个地区的休闲水平情况。

- 恩格尔系数：随着家庭收入的增加，家庭收入中（或总支出中）用来购买食物的支出比例则会下降，因而，个人进行满足健康娱乐和精神需要的开支会得以增长，而休闲消费就包含这两个层次。

- 城市居民人均地区生产总值：反映的是城市总体的富裕程度。由于城市休闲市场的主体消费人群是本市居民，因此，较高的人均产值，一般而言也意味着较大的休闲消费潜力。

（二）市场性评价

消费者对城市休闲的关注程度：由于无法直接获取此指标数据，因此，通过全年全国网民对所有城市搜索趋势的平均值来间接反映全国消费者对各休闲城市的关注度。

此次指数统计更加重视城市的休闲环境、休闲设施基础与休闲经济发展程度，尤其是加强了近年来消费者普遍对空气质量、绿化率、绿地面积、排污处理率等指标的关注。此外，指数还强化了休闲核心产业从业人员比重，从而更能直观反映一个城市的休闲产业发展现状。同时，指数也紧跟时代潮流，更加重视一个城市的对外交流情况，所以，加大了城市"国际化程度"指标权重。指数也细致地考虑到一个城市休闲程度的提升很大程度上是居民消费能力的增强，因此，在指标中特地增加对城市"恩格尔系数""人均生产总值""人均社会消费品零售额"等指标的重视。因此，统计性指标分析结果在指数中共占80%的权重。另外，全国用户在线搜索时对各个城市产生的主动搜索量的相对值，仅在一定程度上反映消费者对各休闲城市的关注程度，因此，市场性指标分析结果占20%的权重。

五、城市休闲指数计算方法与流程

1. 数据得分

首先，对单个指标设定基期年份的指标得分的最大值和最小值分别是 1 和 0，并根据各个城市的指标值确定它在 0 和 1 之间的得分。除了有明确评分原则的指标以外，正向指标计算得分的方法如下：

$$\text{第} i \text{个指标得分} = \frac{V_i - V_{\min}}{V_{\max} - V_{\min}}$$

逆向指标（仅用来计算"人口密度"）计算得分的方法如下：

$$\text{第} i \text{个指标得分} = 1 - \frac{V_i - V_{\min}}{V_{\max} - V_{\min}}$$

其中，V_i 是某个城市第 i 个指标的原始数据，$V_{\max}$ 是与所有比较城市第 i 个指标相对应的原始数据中数值最大的一个，$V_{\min}$ 则是最小的一个。

2. 指标权重

指标权重由专家根据各指标对休闲城市的重要性进行评定。

3. 项目评分

每个项目最终得分为数据得分 × 指标权重 ×100。例如，某城市在"休闲核心产业从业人员比重"项目上得分为 0.75 分，最终得分如下：数据得分 0.75 × 指标权重 5% × 100=3.75 分。

4. 休闲指数

综合基础性指标和市场性指标评价结果，城市休闲指数为各项目最终得分的加总，分值在 100 以内。

第四章 中国城市休闲指数排名及发展经验

一、中国休闲城市发展指数排行分析

表4-1所示为中国休闲城市发展指数排行前20名。

表4-1 中国休闲城市发展指数排行前20名

省份	城市	中国休闲城市发展指数		A 城市形象与美誉指数	B 休闲空间与环境指数	C 休闲设施与服务指数	D 休闲经济与产业指数	E 休闲生活与消费指数	F 休闲城市关注程度指数
		排行	得分	得分	得分	得分	得分	得分	得分
	北京	1	64.026	6	12.896	10.778	11.067	5.916	17.368
广东	深圳	2	63.197	3.2	18.405	12.552	6.539	8.440	14.061
	上海	3	60.996	6	11.385	6.869	10.920	5.823	20.000
浙江	杭州	4	54.377	6	14.598	6.679	8.828	5.336	12.935
海南	三亚	5	54.139	2.4	15.335	13.233	15.168	2.205	5.798
四川	成都	6	51.191	7	12.194	4.589	8.980	3.732	14.696
浙江	宁波	7	49.756	6	16.682	6.495	8.138	5.516	6.926
广西	桂林	8	48.869	3.2	18.177	7.061	9.052	4.072	7.308
广东	广州	9	47.986	4	14.596	6.791	7.525	5.108	9.967
湖南	长沙	10	47.641	4.8	15.336	7.791	5.665	5.211	8.838
	重庆	11	47.562	7	14.727	1.957	7.925	2.519	13.434

续表

省份	城市	中国休闲城市发展指数		A 城市形象与美誉指数	B 休闲空间与环境指数	C 休闲设施与服务指数	D 休闲经济与产业指数	E 休闲生活与消费指数	F 休闲城市关注程度指数
		排行	得分	得分	得分	得分	得分	得分	得分
江苏	苏州	12	47.558	6	14.249	5.762	5.259	5.794	10.494
江苏	南京	13	46.866	5	13.950	5.351	4.814	5.385	12.366
陕西	西安	14	46.700	6	12.414	7.660	5.702	3.835	11.088
福建	厦门	15	46.405	4	15.562	8.882	4.680	4.623	8.658
湖北	武汉	16	46.109	6	13.125	4.853	6.816	4.692	10.623
广东	珠海	17	45.499	3.2	17.437	8.257	7.005	5.522	4.078
	天津	18	45.302	6	12.861	4.806	7.502	5.084	9.049
内蒙古	鄂尔多斯	19	44.714	3.4	17.465	8.767	6.561	5.595	2.925
安徽	黄山	20	44.588	5	17.674	9.224	3.681	2.261	6.748

位居休闲城市发展指数排行前 10 名的城市依次为北京、深圳、上海、杭州、三亚、成都、宁波、桂林、广州、长沙。其中，东部地区的城市占据 8 席，且前 5 名皆为东部地区城市[①]，表现优异。相比之下，中部地区和西部地区仅各有 1 个城市入围前 10 名。在排行前 20 名中，东部地区有 13 个城市入围，比重高达 65%，中部地区和西部地区则分别有 4 个和 3 个城市入围，显示出东部地区强劲的休闲发展优势，中部地区和西部地区则要逊色于东部地区，尤其是西部地区，其休闲发展还有很大的发展空间。

从休闲城市发展指数的整体排行的区域分布来看，东部地区优势突出，表现

---

① 东部地区包括 12 个省、直辖市、自治区，分别是辽宁、北京、天津、河北、山东、江苏、上海、浙江、福建、广东、广西、海南，面积占全国国土总面积的 13.5%，人口占全国总人口的 41.2%，区内国内生产总值占全国国内生产总值的 60.7% 左右。西部地区指陕西、甘肃、青海、宁夏、新疆、四川、重庆、云南、贵州、西藏 10 个省、直辖市、自治区，土地面积约 540 万平方公里，占全国陆地国土面积的 56%，总人口 2.85 亿人，占全国的 23%。中部地区包括山西、内蒙古、吉林、黑龙江、安徽、江西、河南、湖北、湖南等 9 省、自治区，土地面积占全国的 29.5%，承载全国 35% 左右的人口，是我国主要的动力和原材料输出地区。

出了强劲的发展力,如图 4-1 所示。

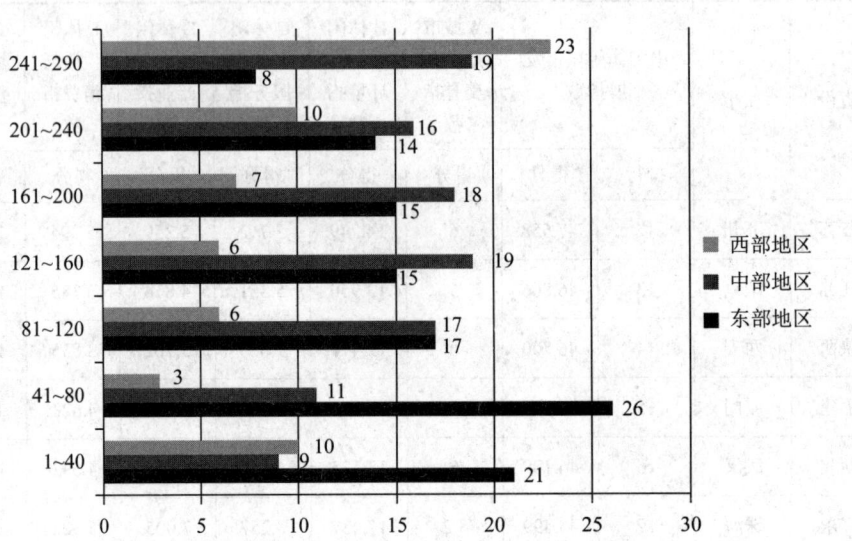

图 4-1　休闲城市发展指数不同排行区间各区域城市所占个数

在 1~40 的排名区间中,东部地区有 21 个城市上榜,占比 52.5%,如深圳、上海、杭州等城市;中部地区有 9 个城市上榜,占比 22.5%,如长沙、武汉、张家界、黄山、太原等城市;西部地区有 10 个城市上榜,占比 25%,如成都、重庆、西安、拉萨、丽江等城市。

在 41~80 的排名区间中,东部地区有 26 个城市进入,占比 65%,如秦皇岛、济南、福州、泉州、惠州等城市;中部地区有 11 个城市进入,占比 27.5%,如郑州、合肥、洛阳、包头、宜昌等城市;西部地区仅有 3 个城市进入,占比 7.5%,分别有泉州、贵阳、兰州。

在 81~120 的排名区间中,东部地区有 17 个城市进入,占比 42.5%,如潍坊、衢州、柳州、承德、盘锦等城市;中部地区有 17 个城市进入,占比 42.5%,如乌兰察布、大同、晋城、芜湖、宣城等城市;西部地区有 6 个城市进入,占比 15%,如延安、宝鸡、张掖、金昌、玉溪等城市。

在 121~160 的排名区间里,东部地区有 15 个城市进入,占比 37.5%,如丹东、邯郸、张家口、梅州、淮安等;中部地区有 19 个城市进入,占比 47.5%,如马鞍山、赣州、开封、岳阳、通辽等城市;西部地区有 6 个城市进入,占比 15%,如汉中、榆林、攀枝花、遵义、绵阳等城市。

在161~200的排名区间中，东部地区有15个城市进入，占比37.5%，如辽阳、保定、廊坊、德州、清远等城市；中部地区有18个城市进入，占比45%，如朔州、巴彦淖尔、许昌、安阳、淮南等城市；西部地区有7个城市进入，占比17.5%，如咸阳、安康、中卫、安顺、乐山等城市。

在201~240的排名区间中，东部地区有14个城市进入，占比35%，如阜新、铁岭、宿迁、玉林、茂名等城市；中部地区有16个城市进入，占比40%，如临汾、滁州、怀化、平顶山、鹤壁等城市；西部地区有10个城市进入，占比25%，如武威、天水、铜川、曲靖、保山等城市。

在241~290的排名区间中，东部地区有8个城市进入，占比16%，如衡水、崇左、来宾、贵港、汕尾等城市；中部地区有19个城市进入，占比38%，如辽源、白山、娄底、邵阳、黄冈等城市；西部地区有23个城市进入，占比46%，如海东、毕节、达州、眉山、商洛等城市。

从以上整体排名可知，东部地区的城市集中在排名的中前部分，中部地区的城市集中在排名的中等部分，西部地区的城市集中在排名的后半部分。整体而言，东部地区的城市休闲发展态势良好，占有极大的优势，中部地区次之，需要加大休闲城市发展建设力度，奋起直追，而西部地区的城市休闲基础薄弱，需要投入更多的努力来促进城市的休闲发展。

二、最佳休闲环境城市建设

表4-2所示为十大"最佳休闲环境城市示范区"排名。

表4-2 十大"最佳休闲环境城市示范区"排名

省份	城市	B 休闲空间与环境指数		B1 人口密度	B2 空气质量达到二级以上天数占全年比重	B3 人均绿地面积	B4 建成区绿地覆盖率	B5 人均城市道路面积	B6 城镇生活污水集中处理率	B7 生活垃圾无害化处理率
		排行	得分	得分	得分	得分	得分	得分	得分	得分
新疆	克拉玛依	1	18.530	4.934	5.412	1.547	1.471	1.340	1.852	1.975

续表

省份	城市	B 休闲空间与环境指数		B1 人口密度	B2 空气质量达到二级以上天数占全年比重	B3 人均绿地面积	B4 建成区绿地覆盖率	B5 人均城市道路面积	B6 城镇生活污水集中处理率	B7 生活垃圾无害化处理率
		排行	得分	得分	得分	得分	得分	得分	得分	得分
广东	深圳	2	18.405	4.656	5.802	1.306	1.535	1.212	1.895	2.000
广西	桂林	3	18.177	4.930	5.930	1.289	1.551	0.526	1.950	2.000
西藏	拉萨	4	17.861	4.976	5.754	0.408	1.463	1.635	1.750	1.876
辽宁	本溪	5	17.692	4.652	5.160	2.000	1.654	0.378	1.848	2.000
安徽	黄山	6	17.674	4.705	5.820	1.173	1.613	0.607	1.756	2.000
甘肃	嘉峪关	7	17.501	4.875	5.178	1.417	1.323	0.708	2.000	2.000
内蒙古	鄂尔多斯	8	17.465	4.975	5.280	0.964	1.059	1.463	1.835	1.890
广东	珠海	9	17.437	3.716	5.670	0.208	2.000	2.000	1.844	2.000
黑龙江	大庆	10	17.320	4.752	5.346	1.080	1.553	0.963	1.863	1.764

（一）总体特征及排行分析

最佳休闲环境城市的特征如下：一是人口密度小，如西藏的拉萨和内蒙古的鄂尔多斯，城市的人口密度分别只有17.96人/平方千米和18.1人/平方千米，城市人口密度越低，城市居民的休闲空间越大；二是空气质量好，如广东的深圳和安徽的黄山，空气质量二级以上天数占全年比重达到了97%，良好的空气质量更加有利于居民开展休闲活动；三是人均绿地面积大，如辽宁的本溪和新疆的克拉玛依，人均绿地面积分别达到了152.955m^2和118.352 m^2，更多的绿地面积能给居民的休闲活动带来更好的环境；四是建成区绿化覆盖率高，如广东的珠海和辽宁的本溪，建成区绿地覆盖率分别达到了57.94%和48.39%。一般而言，城市建成区绿化覆盖率越大，城市中心及周边地区的绿化覆盖率和林木覆盖率越大，其休闲环境越好；五是人均城市道路面积大，如内蒙古的鄂尔多斯的人均道路面积高达105.05平方米，人均道路面积越高，意味着休闲的交通基础条件越好；

六是城市生活污水处理率和生活垃圾无害化处理率高，如甘肃的嘉峪关，城市生活污水处理率和生活垃圾无害化处理率都达到了100%，广东深圳的城市生活污水处理率和生活垃圾无害化处理率分别达到了96.63%和100%。

就参评城市而言，如表4-2所示，在十大"最佳休闲环境城市示范区"排行中，东部地区有4个城市上榜，中部地区和西部地区各有3个城市上榜，在休闲空间与环境建设上，东部地区比中西部地区更有优势。从排行来看，新疆的克拉玛依排在第1位，广东省的深圳、珠海分别排在第2位和第9位，广西壮族自治区的桂林排在第3位，西藏自治区的拉萨排在第4位，辽宁省的本溪排在第5位，安徽省的黄山排在第6位，甘肃省的嘉峪关排在第7位，内蒙古的鄂尔多斯排在第8位，黑龙江的大庆排在第10位。

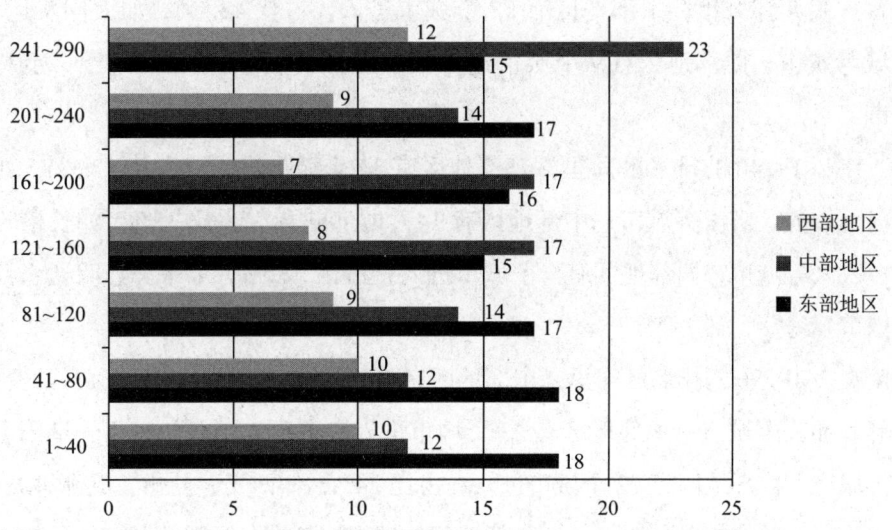

图4-2　休闲空间与环境指数不同排行区间各区域城市所占个数

图4-2所示为休闲空间与环境指数不同排行区间各区域城市所占个数。

从休闲空间与环境指数的总体排名来看，在1~40的排名区间中，东部地区有18个城市上榜，占比45%，如深圳、桂林、宁波等城市；中部地区有12个城市上榜，占比30%，如黄山、大庆、鄂尔多斯等城市；西部地区有10个城市上榜，占比25%，如克拉玛依、拉萨、嘉峪关等城市。

在41~80的排名区间中，东部地区有18个城市进入，占比45%，如福州、厦门、海口等城市；中部地区有12个城市进入，占比30%，如松原、吉安、景德镇等城市；西部地区有 10 个城市进入，占比 25%，如贵阳、遵义、丽江等城市。

在 81~120 的排名区间中，东部地区有 17 个城市进入，占比 42.5%，如梧州、盘锦、玉林等城市；中部地区有 14 个城市进入，占比 35%，如通化、佳木斯、九江等城市；西部地区有 9 个城市进入，占比 22.5%，如安康、酒泉、榆林等城市。

在 121~160 的排名区间里，东部地区有 15 个城市进入，占比 37.5%，如崇左、丹东、杭州、等城市；中部地区有 17 个城市进入，占比 42.5%，如滁州、常德、辽源等城市；西部地区有 8 个城市进入，占比 20%，如吴忠、延安、毕节等城市。

在 161~200 的排名区间中，东部地区有 16 个城市进入，占比 40%，如潍坊、烟台、莱芜等城市；中部地区有 17 个城市进入，占比 42.5%，如大同、运城、白城等城市；西部地区有 7 个城市进入，占比 17.5%，如商洛、遂宁、宝鸡等城市。

在 201~240 的排名区间里，东部地区有 17 个城市进入，占比 42.5%，如葫芦岛、嘉兴、济南等城市；中部地区有 14 个城市进入，占比 35%，如长治、临汾、武汉等城市；西部地区有 9 个城市进入，占比 22.5%，如平凉、昭通、德阳等城市。

在 241~290 的排名区间里，东部地区有 15 个城市进入，占比 30%，如唐山、邯郸、汕头等城市；中部地区有 23 个城市进入，占比 46%，如宿州、阜阳、郑州等城市；西部地区有 12 个城市进入，占比 24%，如西安、兰州、成都等城市。

从以上整体排名分析可知，东部地区的城市在各排名区间的分布较平均，说明东部地区的各个城市在休闲空间与环境的建设上水平参差不齐；中部地区的城市主要分布在排名的中后部分，中部地区的城市在休闲空间与环境上的建设尚不够好；西部地区的城市主要分布在排名区间的前面和后面，说明西部地区的城市在休闲空间与环境的建设上取得了一定的成绩，但是各城市之间有很大的差距，在休闲空间与环境排名落后的城市应积极学习排名靠前的城市的建设经验，使得整个地区在休闲空间与环境的建设上呈现出均衡发展的态势。

（二）建设经验

在"最佳休闲环境城市示范区"中排名第一的克拉玛依市近年来在生态休闲

环境的建设上投入巨大、收获颇丰。克拉玛依市2013年被国家环境保护部正式授予"国家生态区"称号，成为新疆第一个国家级生态区。为打造良好的休闲环境，克拉玛依市通过积极推进重点生态工程，构建生态安全屏障，加大污染防治力度，落实环境保护责任，使得克拉玛依市的自然资源和生态环境得到良好的保护。为提高人民群众生活质量，优化休闲生态人居体系，打造宜居都市区，克拉玛依市实施了"大绿化"工程，完成了防护林"大绿化"会战工程，以及城区10条道路7.19公顷和45块空地5.57公顷的绿化建设工作，截至2016年年底，全市新增绿地面积116.1公顷。克拉玛依市全面启动实施荒漠生态建设规划，计划用5年时间，通过自然封育、适度人工干预、植树造林等方式，形成荒漠植被、天然林、人工林有序结合，城市外围全覆盖的绿色屏障，实现绿海围城，力争在全市打造"森林城市"，环城市生态圈的生态格局。为改善空气质量，克拉玛依市重点实施"蓝天工程"，2014年3月，《克拉玛依市"蓝天工程"实施方案》正式出台，2016年，克拉玛依市空气质量优良率达到90.2%，中心城区空气质量优良率达93.7%，各类污染物浓度与2014年、2015年相比下降明显：可吸入颗粒物（PM10）分别下降14%、30%，细颗粒物（PM2.5）分别下降3%、29%，二氧化硫与2014年持平、较2015年下降了13%，二氧化氮分别下降了5%、3%，空气质量逐年改善。①

深圳市在休闲环境的建设上取得了很大的成就，以绿色GDP为引导，走出了一条具有深圳特色的绿色发展之路。目前深圳的建成区绿化覆盖率达到45.1%，人均绿地面积100平方米，公园总数达921个，各项森林资源和生态指标均位列国内大中城市前列。在大气治理方面，深圳市深入实施"蓝天工程"，定期发布环境空气质量状况，开展大气治理，空气质量二级以上天数占全年比重达到了97%。深圳市着力推进《大气十条》的实施，针对突出问题，采取更加有效的措施，确保各项目标任务全面如期完成，努力成为我国大气污染治理的排头兵；统筹水资源、水环境、水生态，加快黑臭水体等污染严重水体治理，持续提升饮用水安全保障水平，满足人民日益增长的对优美生态环境的需要。深圳市重视对生活污水及生活垃圾的无害化处理，其城市生活污水处理率和生活垃圾无害

---

① 新疆维吾尔自治区人民政府网站 http://www.xinjiang.gov.cn/xxgk/zwdt/dzdt/2016/263216.htm

化处理率分别达到了 96.63% 和 100%。为方便居民日常出行，营造更便利的休闲环境，深圳市积极完善城市路网，改善交通，建造更多的高速公路、主干道路等，极大地增加了居民的人均道路面积，方便了居民的休闲出行。

作为我国著名的旅游城市，桂林市在休闲环境建设上非常出色，尤其重视对空气、水、植被等生态环境的保护，先后获"全国绿化模范城市""国家园林城市""国家卫生城市""国家环境保护模范城市"等荣誉称号。为改善空气质量，桂林市环境保护局制定了《桂林市大气污染防治 2016 年度实施计划》《桂林市大气污染防治有奖举报实施办法》等一系列文件，加强部门联动，每月组织召开大气污染防治联席会议，对发现的问题协商解决；创新联动机制，创建"市大气污染防治群"，充分运用微信平台等新型媒体进行联动监管；创新监管机制，将桂林市环境监察支队人员等管理力量下沉到各城区环保分局，强化日常监管；开展有奖举报，鼓励民众积极参与大气污染防治监督；争取专项资金，用于扬尘污染防治、锅炉整改和机动车尾气污染防治；开展专项整治，对建筑工地、燃煤锅炉、渣土运输、机动车尾气等进行重点整治，开展砖厂、采石场、混凝土搅拌场站、现场预拌砂浆、堆场等专项整治；推进春节期间烟花爆竹禁限放；建立健全空气自动监测网络。"十二五"期间，桂林一直践行"还地于绿、还绿于景、还景于民"的原则，不断扩大总体绿量，完善绿地布局，优化绿地结构，增强桂林生态效益。桂林市建成区绿化覆盖率达到 40.2%，使得园林绿地分布更均衡、结构更合理、功能更完善、景观更优美，人居生态环境更加舒适宜人，城市综合竞争力显著提升。[①]

三、最佳休闲服务城市建设

表 4-3 所示为十大"最佳休闲服务城市示范区"排名。

---

① 桂林环境保护网 http://www.glepb.gov.cn/

表4-3 十大"最佳休闲服务城市示范区"排名

省份	城市	C 休闲设施与服务指数		C1 每百万人拥有4A级以上旅游区	C2 每百万人拥有剧场影剧院数	C3 每十万人体育场馆数	C4 每百人公共图书馆藏书	C5 每万人拥有星级饭店数量	C6 每百人拥有私家车数量	C7 每万人拥有公共汽车数量	C8 每万人拥有出租车数量
		排行	得分	得分	得分	得分	得分	得分	得分	得分	得分
海南	三亚	1	13.233	4.059	0.558	0.569	0.188	4.968	0.873	0.437	1.581
广东	深圳	2	12.552	0.773	2.000	1.000	2.000	2.890	0.620	1.429	1.840
	北京	3	10.778	1.763	1.115	0.750	0.949	2.700	0.904	0.597	2.000
甘肃	嘉峪关	4	10.735	6.000	0.552	0.136	0.250	1.424	0.676	0.212	1.485
广东	东莞	5	9.664	1.528	1.625	0.857	1.120	1.400	0.677	0.884	1.572
安徽	黄山	6	9.224	5.995	0.224	0.077	0.125	2.333	0.218	0.116	0.137
新疆	克拉玛依	7	9.154	1.492	0.202	0.179	1.585	2.910	0.660	0.614	1.511
福建	厦门	8	8.882	1.993	0.705	0.583	0.548	2.530	0.680	0.777	1.065
内蒙古	鄂尔多斯	9	8.767	5.464	0.276	0.180	0.310	0.806	0.225	0.628	0.877
广东	珠海	10	8.257	0.795	0.812	0.341	0.624	2.997	0.994	0.577	1.116

（一）总体特征及排行分析

最佳休闲服务城市的特征如下：一是城市所拥有的4A、5A级旅游景区多，如北京市的4A级以上景区多达80家，拥有4A、5A级旅游景区代表高品质的休闲资源，其数量越多，城市越能够为本市居民和外地游客提供高品质休闲资源；二是城市人均拥有的剧场、影剧院数量多，如深圳市每百万人拥有196.16家剧场、影剧院，可以很好地为居民提供电影和文艺表演等休闲活动；三是城市拥有的体育场馆数量多，能为居民在休闲时间参加体育活动提供设施保障；四是城市所拥有的公共图书馆藏书量多，公共图书馆藏书量越多，越从侧面反映城市总体的休闲文化氛围好；五是城市所拥有的星级饭店数量多，能为外来旅游者提供很好的住宿服务；六是城市人均所拥有的私家车及公共交通数量多，城市居民可以进行灵活、自主的休闲活动。

就参评城市而言，如表4-3所示，在十大"最佳休闲服务城市示范区"排行中，东部地区有6个城市上榜，中部地区和西部地区各有两个城市上榜，在休闲服务建设上，东部地区的优势远超中、西部地区。从排行来看，海南省的三亚排在第1位，广东省的深圳、东莞和珠海分别排在第2位、第5位和第10位，北京市排在第3位，甘肃省的嘉峪关排在第4位，安徽省的黄山排在第6位，新疆维吾尔自治区的克拉玛依排在第7位，福建省的厦门排在第8位，内蒙古自治区的鄂尔多斯排在第9位。

如图4-3所示，从休闲设施与服务指数的总体排名来看，在1-40的排名区间中，东部地区有20个城市上榜，占比50%，如三亚、深圳等；中部地区有9个城市上榜，占比22.5%，如黄山、鄂尔多斯、太原等；西部地区有11个城市上榜，占比27.5%，如嘉峪关、克拉玛依、西安等。

在41~80的排名区间中，东部地区有22个城市进入，占比55%，如中山、大连、常州等；中部地区有12个城市进入，占比30%，如武汉、呼伦贝尔、景德镇等；西部地区有6个城市进入，占比15%，如成都、贵阳、昆明等。

在81~120的排名区间中，东部地区有15个城市进入，占比37.5%，如本溪、韶关、南宁等；中部地区有20个城市进入，占比50%，如阳泉、合肥、鹤岗等；西部地区有5个城市进入，占比12.5%，如铜川、银川、攀枝花等。

在121~160的排名区间中，东部地区有15个城市进入，占比37.5%；中部地区有15个城市进入，占比37.5%；西部地区有10个城市进入，占比25%。

在161~200的排名区间中，东部地区有16个城市进入，占比40%；中部地区有15个城市进入，占比37.5%；西部地区有9个城市进入，占比22.5%。

在201~240的排名区间中，东部地区有15个城市进入，占比37.5%，如宿迁、衡水、廊坊等；中部地区有17个城市进入，占比42.5%，如黄冈、岳阳、怀化等；西部地区有8个城市进入，占比20%，如咸阳、渭南、庆阳等。

在241~290的排名区间中，东部地区有13个城市进入，占比26%，如济宁、贺州、茂名等；中部地区有21个城市进入，占比42%，如阜新、周口、常德等；西部地区有16个城市进入，占比32%，如定西、昭通、资阳等。

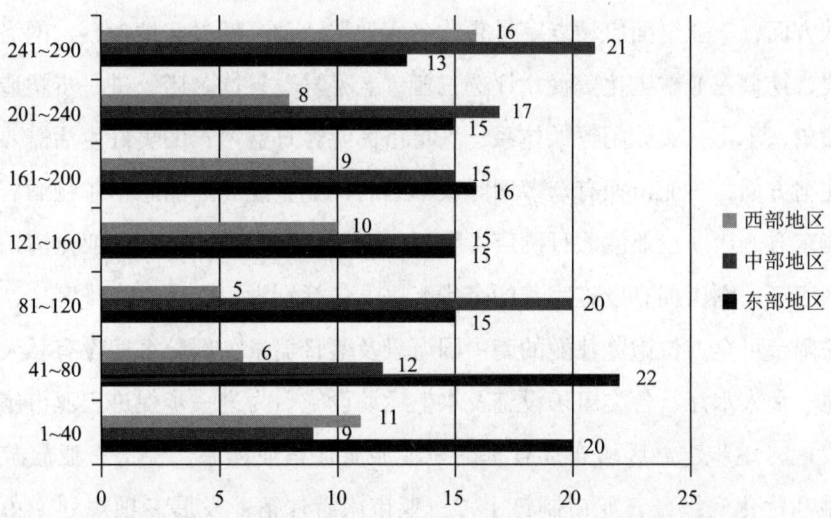

图4-3 休闲设施与服务指数不同排行区间各区域城市所占个数

从各地区的整体排名可以看出，在休闲设施与服务建设上，东部地区占有绝对优势，中部地区相较于东部地区稍显逊色，西部地区最为薄弱，这与3个地区的经济发展水平趋势相同。

（二）建设经验

在"最佳休闲服务城市示范区"中排名第一的三亚市是国内旅游城市中最早制订并实施旅游国际化方案的城市之一。三亚旅游业发达，其休闲设施与休闲服务在国内也处于领先地位，荣膺中国十大休闲城市、最佳度假目的地。自1996年以来，以万豪、喜来登、希尔顿等国际酒店品牌相继登陆三亚，使得三亚的休闲服务及管理与国际市场接轨，提升了海南三亚休闲服务人员的整体素质。近年来，三亚着力推动休闲基础设施建设，增加休闲场所数量。为了进一步提升三亚旅游产业素质，完善三亚城市服务功能，推进旅游产业和城市建设融合发展，三亚市制订了《三亚市旅游标准化发展规划（2016—2020）》。[①] 在旅游景区方面，三亚积极推进景区景点改造提升工作，推动凤凰谷乡村文化旅游区等景区，以及一批美丽乡村、特色产业小镇的建设，加快鹿回头风景区、蜈支洲岛、天涯海角等A级景区升级，推出了实景演出《田野狂欢》等系列新兴旅游产品。目前，三亚共有南山、大小洞天、蜈支洲岛5A级旅游景区3家，4A级旅游景区6家。

---

① 三亚旅游官网 http://www.sanyatour.com/news/qydt/2016/04/22/2943007.shtml。

在餐饮方面，三亚全面启动老字号餐饮名店评选活动，通过实地考察、网络票选等方式，挖掘三亚本土化美食，评选三亚"老字号"餐饮名店，进一步塑造餐饮品牌形象，丰富三亚休闲餐饮体系，满足市民游客日益增长的美好生活需要。在酒店住宿方面，三亚市拥有众多国际豪华酒店，如金茂三亚丽思卡尔顿酒店、三亚文华东方酒店、三亚湾假日酒店、金茂三亚希尔顿大酒店、三亚亚龙湾铂尔曼度假酒店等，酒店拥有设施完善的豪华客房，包括别墅、套房、豪华客房，通过酒店的阳台可全方位饱览壮丽的南中国海景及落日美景，部分客房设有私人室外游泳池、私人水疗、各类康乐设施及水上运动设施。为进一步促进三亚市旅游住宿业发展，逐步建立区域布局合理的三亚旅游住宿业体系，促进三亚旅游产业的转型和优化升级，三亚市制订了《三亚市旅游住宿业发展专项规划（2016—2025）》。在休闲体育方面，三亚先后成功举办了全国沙滩排球巡回赛、高尔夫球赛、帆船、赛艇等赛事，积累了举办大型赛事的丰富经验；休闲度假村、高尔夫会所、健身休闲俱乐部、户外拓展训练机构等不断涌现，为居民休闲健身提供了条件。在交通服务方面，三亚市提出《三亚市综合交通运输"十三五"发展规划》，服务"大三亚"一体化旅游经济圈区域一体化发展要求，加快完善三亚中心城区、凤凰机场、三亚站与琼南各市县的城际客运联系；积极推进城际公交系统建设，使城际客运服务在"大三亚"一体化旅游经济圈实现"同城化"。在旅游客运方面，构建海陆空"三位一体"的"大三亚"一体化旅游经济圈旅游交通网，重点开辟邮轮航线、海上巴士航线、"大三亚"精品旅游线路，完善乡村旅游公共交通系统及区域自驾车旅游体系。

深圳作为我国首座"国际花园城市"和"中国优秀旅游城市"之一，经济发展水平高，服务业发达，第三产业占当地生产总值的58.8%，且其旅游资源丰富、旅游接待设施完善，酒店数量及质量在全国领先。在旅游景区方面，深圳市有4A级以上景区9家，其中的5A级景区华侨城旅游度假区汇聚了中国最为集中的文化主题公园群、文化主题酒店群和文化艺术设施群，是中国首批5A级旅游景区、首批全国文明风景旅游区、国家级文化产业示范园区，以锦绣中华、中国民俗文化村、世界之窗、欢乐谷四大主题公园为核心，深圳华侨城旅游度假区形成了中国最具规模和实力的主题公园群，年均接待游客800万人次；深圳市另一家5A级景区——观澜湖休闲旅游区，发展了汇聚五大洲风格、拥有12

个国际级球场的观澜湖高尔夫球会，以216洞的规模，被"健力士世界纪录组织"认定为世界第一大高尔夫球会，其在体育休闲旅游业方面的投资已超过了100亿元。深圳市的星级酒店有138家之多，其中五星级酒店占25家，如阳光酒店、香格里拉大酒店、富临大酒店、骏豪酒店、南海酒店、彭年酒店、圣廷苑酒店、威尼斯酒店等。深圳市尤为重视居民的健康休闲活动，建设的体育场馆达674座，2015年举办1000人以上的群体健身活动200次，参加人数达到375万人。① 为促进体育产业的发展，深圳市文体旅游局根据《深圳市人民政府办公厅印发关于促进体育产业发展若干措施的通知》（深府办规〔2017〕3号）和《深圳市体育产业发展专项资金管理办法》（深文体旅〔2016〕286号）的有关规定，对深圳市体育产业给予专项资金扶持。② 深圳市的电影放映企业有160家，电影观众人数达4903万人次，群众艺术、文化馆8座，公共图书馆有620座，公共图书馆藏书的总藏量达3282万册。为满足广大居民的读书休闲需求，深圳市图书馆实行"全面开放、免证进馆、分层管理、一卡通行"方式，全面推行开架阅览、自助服务，并推广移动图书馆，开通图书馆官方微信、微博。深圳市尤其注重公共交通服务，早在2001年就提出："各级政府机构和全市公交企业要主动找出管理与服务上的不足，全方位提升服务素质和管理水平，向新加坡等城市的公交服务看齐。"实施了宝龙两区"绿的"投放工程、绿色公交发展工程、窗口地区公交优质服务工程、公交服务监管及评介工程、出租车规范管理工程等十大工程。深圳现有公交线路已经有1000条以上，与内地的大部分城市不同，深圳系统地对公交车线路进行了区分，分为干线（Main-Line）、支线（Branch）、快线（Express）、城际（Inter City-Bus）夜班（Night）、高峰、旅游专线（Holiday）等多类型的公交车。

北京作为我国的首都，是全国的政治中心、文化中心和国际交往中心。近年来为把北京建设成国际一流的和谐宜居之都，北京市尤为重视休闲产业、休闲活动的发展，取得了2020年世界休闲大会的举办权，并在2017年举办了第一届中国（北京）休闲大会。第一届中国（北京）休闲大会是一场精彩纷呈的休闲业盛会，搭建了休闲产业、休闲企业、休闲市民共同参与、互动、沟通的平台，提

---

① 2016深圳市统计年鉴。
② 深圳市文体旅游局 http://www.sz.gov.cn/wtlyjnew/。

升了"北京休闲"形象,推动了城市休闲产业健康发展,并为顺利举办2020北京·平谷世界休闲大会助力、备战。北京市致力于为居民提供更好的休闲场所和服务。2016年,北京实施疏解腾退建绿、大尺度城市绿地建设、城市休闲公园建设、百姓身边增绿、道路公园绿地提质增效等七大工程,计划新增城市绿地600公顷,建设15个城市休闲公园,人均公园绿地面积达到16.1平方米,使得城市的绿化覆盖率提高到48.2%,为居民增加新的游憩空间。在景区建设方面,北京市有A级景区227家,其中4A级以上景区有80家。北京市不断提升景区的服务质量和水平,为居民和游客提供更多的便利,如为方便游客购票,2017年故宫博物院实施全网购票。为维护旅游市场秩序,北京市旅游委同相关部门开展对旅馆、快捷酒店及小商店非法招揽游客专项检查活动,保障居民和游客的合法权益。北京市完善公共文化服务,推动首都公共文化服务示范区创建,提高文化综合服务效能,推进数字化图书馆、公共电子阅览室建设,提高基层公共文化设施水平。创新百姓周末大舞台等演出形式和内容,举办两万场次首都市民系列文化活动。在体育、文化方面,北京市的体育场馆及各种运动场所达20 075个,建设体育生活化社区2778个,建有公共图书馆25座,总藏书量达5943万册。[①] 北京市实施文化惠民工程,丰富群众性文化活动,搭建京津冀三地读者阅读推广交流展示服务平台,多次举办阅读推广交流展示活动。健全公共图书、文化活动、公益演出三大配送体系,把更多公共文化产品送到基层,倡导全民阅读。[②]

四、最佳休闲经济城市建设

表4-4所示为十大"最佳休闲经济城市示范区"排名。

---

① 2016年北京市统计年鉴。
② 首都图书馆官网 http://www.clcn.net.cn/。

表4-4 十大"最佳休闲经济城市示范区"排名

省份	城市	D 休闲经济与产业指数		D1 每万人客运总量	D2 第三产业占GDP比重	D3 休闲核心产业从业人员比重	D4 居民服务和其他服务业从业人员比重	D5 批发和零售业从业人员比重	D6 人均旅游总收入	D7 国际化程度	D8 国内外游客总量
		排行	得分	得分	得分	得分	得分	得分	得分	得分	得分
海南	三亚	1	15.168	0.012	1.498	5.000	0.047	0.086	2.447	6.013	0.066
浙江	舟山	2	11.897	0.016	0.016	4.275	0.212	0.599	3.000	2.713	0.198
	北京	3	11.067	1.000	2.000	2.255	0.110	0.385	1.652	2.424	1.241
	上海	4	10.920	0.628	0.628	1.116	0.079	0.369	1.184	4.621	1.352
广西	桂林	5	9.052	0.067	1.732	1.945	0.519	0.185	0.626	3.445	0.532
四川	成都	6	8.980	0.426	1.032	2.857	0.492	0.633	0.902	1.740	0.897
西藏	拉萨	7	8.956	0.021	1.253	3.612	0.351	0.644	1.289	1.742	0.045
浙江	杭州	8	8.828	0.350	1.228	0.763	0.032	0.183	1.574	3.933	0.765
浙江	宁波	9	8.138	0.319	1.760	0.325	0.024	0.203	1.486	3.310	0.710
安徽	池州	10	8.099	0.009	0.603	1.077	0.008	0.094	1.491	4.594	0.223

（一）总体特征及排行分析

最佳休闲经济城市的特征如下：一是城市的客运总量大，在休闲经济发达的城市，其休闲活动及城市内部，以及城市之间人员的交往也很频繁，从而城市的客源总量就大。二是城市的第三产业占GDP的比重高，由于第三产业包括生活类服务业，而生活类服务业能大概反映休闲经济的发展状况，因此，像北京、三亚等休闲经济发达的城市，其生活类服务业的产值较高，从而使得第三产业占GDP的比重也高。三是城市休闲核心产业从业人员比重高。在休闲经济与产业发达的城市，会有比一般城市更多的人员来从事休闲核心产业，为休闲人员提供服务，因此，城市的休闲核心产业从业人员的比重较高。四是居民服务业和其他服务业从业人员比重高。休闲经济越发达的城市，其居民的家务活动越社会化，使得该城市的居民服务业和其他服务业从业人员就越多。五是城市的批发和零售业从业人员比重高。在休闲经济发达的城市，其商业也很繁荣，批发和零售业的从业人员也就越多。六是城市国内外游客总量大及人均旅游总收入高。如桂林、成都等休闲经济与产业发达的城市，其旅游业也很发达，相应的国内外游客总量及人均旅游总收入也高。七是国际化程度高。国际化程度反映城市在世界范围内的知名度和吸引力，一定程度上，国际化程度也是从国际视角对城市休闲经济的总体评价，像三亚、成都等休闲经济发达的城市，在国际上也有一定的知名度。

就参评城市而言，如表4-4所示，在十大"最佳休闲经济城市示范区"排行中，东部地区有7个城市上榜，且包揽了前5名，分别是三亚、舟山、北京、上海、桂林，中部地区仅有一个安徽省的池州市上榜，西部地区有四川省的成都和西藏自治区的拉萨两个城市上榜。可见在最佳休闲经济城市建设上，东部地区占绝对优势，西部地区也小有成就，有突出的城市代表，中部地区则处于劣势。

如图4-4所示，从休闲经济与产业指数的总体排名来看，在1~40的排名区间中，东部地区有22个城市上榜，如三亚、舟山、珠海等，占比55%；中部地区有9个城市上榜，如张家界、武汉、池州等城市，占比22.5%；西部地区有9个城市上榜，如成都、重庆、西安等城市，占比22.5%。

在41~80的排名区间中，东部地区有20个城市进入，占比50%，如沈阳、无锡、泉州等；中部地区有16个城市进入，占比40%，如黄山、长春、洛阳等；西部地区有4个城市进入，全部位于甘肃省，分别是陇南、兰州、酒泉、嘉峪关，占比10%。

在81~120的排名区间中，东部地区有22个城市进入，占比55%，如丹东、南平、防城港等；中部地区有13个城市进入，占比32.5%，如十堰、芜湖、湘潭等；西部地区有5个城市进入，占比12.5%，如宝鸡、渭南、安顺等。

在121~160的排名区间中，东部地区有14个城市进入，占比35%，如扬州、南通、莆田等；中部地区有14个城市进入，占比35%，如运城、晋城、岳阳等；西部地区有12个城市进入，占比30%，如遵义、铜仁、自贡等。

在161~200的排名区间中，东部地区有12个城市进入，占比30%，如阳江、茂名、德州等；中部地区有21个城市进入，占比52.5%，如宣城、淮南、衡阳等；西部地区有7个城市进入，占比17.5%，如商洛、咸阳、平凉等。

在201~240的排名区间里，东部地区有17个城市进入，占比42.5%，如滨州、莱芜、泰州等；中部地区有13个城市进入，占比32.5%，如伊春、永州、益阳等；西部地区有10个城市进入，占比25%，如定西、遂宁、毕节等。

在241-290的排名区间里，东部地区有9个城市进入，占比18%，如百色、贵港、阜新等；中部地区有23个城市进入，占比46%，如娄底、绥化、商丘等；西部地区有18个城市进入，占比36%，如六盘水、广安、内江等。

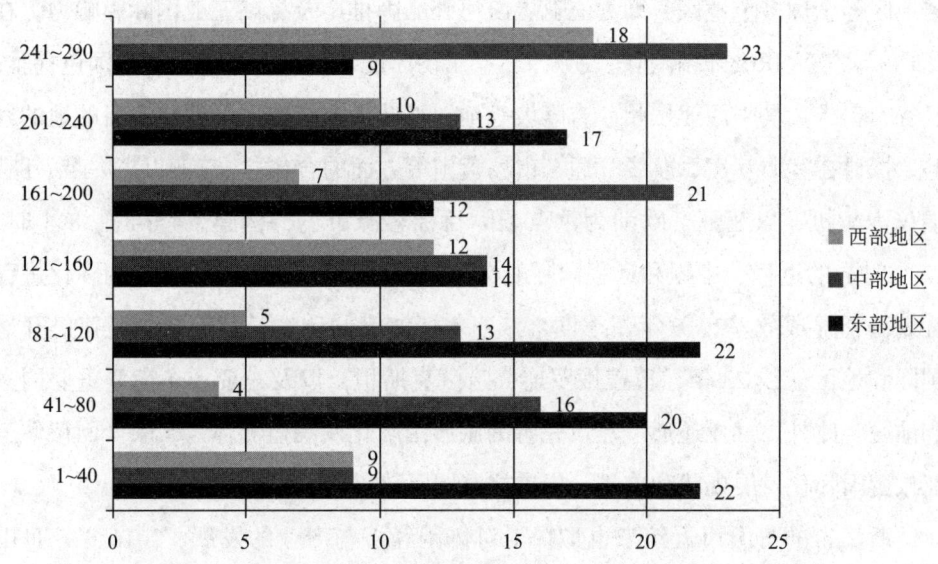

图4-4 休闲经济与产业指数不同排行区间各区域城市所占个数

从以上休闲经济与产业指数的整体排名来看，东部地区由于整体的经济发展水平高，所以占有绝对优势，中部地区的休闲经济也有一定的基础，但是发展很不平衡，西部地区的休闲经济则比较薄弱，不过也有一些起色。

（二）建设经验

三亚市不仅在休闲设施与服务方面表现突出，而且在休闲经济与产业方面表现亮眼，第三产业占GDP比重达65.72%，休闲核心产业从业人员比重高达10.26%，位列全国第一。作为国际著名的旅游城市，三亚市尤其注重旅游业的发展。旅游业作为休闲核心产业，为三亚市休闲经济的发展做出巨大的贡献。2015年，三亚市接待旅游总人数1652万人，其中入境旅游人数44.9万人，旅游总收入达到322亿元。[①] 为大力发展旅游产业，海南省在2016年成立了旅游推广中

---

① 三亚市人民政府2016年《政府工作报告》。

心，推动海南旅游宣传推广机制走向市场化、专业化、精细化，这在全国成为首创。三亚市抓住机遇，采取一系列措施，进一步将三亚推向国际化，从而带动三亚市一系列休闲产业的发展。[①]2017年，三亚在Facebook、Twitter等全球知名社交媒体上构建12大海外新媒体平台，涵盖英语、俄语、日语等语种，助力旅游业实现"线上"国际营销。三亚新媒体营销将全面覆盖东亚、东南亚、欧洲、俄语地区等全球多个地区，助力三亚旅游海外品牌推广及提高三亚国际影响力。在"线下"，三亚积极开拓国际"朋友圈"，出访印度新德里、果阿邦，泰国芭提雅、曼谷、普吉，马来西亚槟州、吉隆坡等地，彼此借鉴打造国际化旅游目的地的经验，探讨在客源互送、航线开通、市场营销等方面的合作。[②]三亚以"一带一路"倡议为契机，以亚洲、欧洲为重点国际目标客源市场，构建"4小时、8小时、12小时"的近程、中程和远程国际航空旅游网络。三亚2016年推出国际化进程计划已初显成效。2016年一季度，三亚入境游客同比增长达五成。三亚已开通国际和地区航线23条，覆盖俄罗斯、哈萨克斯坦，以及东亚、东南亚重要国家和地区。此外，三亚还通过建设完善的旅游国际化发展监测体系，来全面评估三亚旅游国际化发展现状和前景，推进旅游国际化进程。

浙江省的舟山市近年来也加快了对休闲经济与产业的发展，2016年，舟山市第三产业占GDP比重达48.7%，休闲核心产业从业人员的比重为8.78%，批发和零售业从业人员的比重高达11.61%，全市共接待境内外游客4610.61万人次，同比增长18.95%，其中入境旅游人数33.92万人次，旅游总收入达661.62亿元，同比增长19.82%，人均旅游总收入达67907.22元。这一系列成就与舟山市大力发展旅游业密不可分，2015年舟山市持续推进旅游项目建设，夯实产业基础，在建旅游项目共62个，总投资163.44亿元，累计完成投资42.83亿元，年度计划投资15.96亿元，实际完成投资25亿元。一是启动海岛旅游示范岛建设。二是着力推进海岛民宿建设，围绕"民宿推广年"主题，全市投入1亿多元建设海岛特色民宿。三是推进运动休闲设施建设，重点推进海岛绿道、慢行道、骑行道、登山道等运动休闲设施。2016年，舟山市成功举办国际海岛旅游大会，吸引了26个海岛国家、地区和国际旅游组织、国内沿海城市、省内各地市、国

---

① 三亚旅游官方政务网 http://tour.sanya.gov.cn/promotion_show.asp?id=293。
② 三亚旅游官方政务网 http://tour.sanya.gov.cn/promotion_show.asp?id=245。

际连锁酒店集团、国际旅行社、旅游投资商、旅游研究机构等近千名中外嘉宾参会参展,大会期间,旅游产品线上线下交易额达7130万元,有力推动了国际海岛旅游的合作与发展。其次,舟山市探索创新旅游体制机制,加大产业扶持,出台《关于加快海岛休闲旅游目的地建设的实施意见》,明确产业定位,强化产业统筹协调职能,设立市级旅游产业基金,扩大旅游专项资金规模。舟山市入选国家蓝色旅游示范基地和国家全域旅游示范区创建名单,创造了旅游发展品牌。为实现旅游经济功能区综合执法一体化,增强旅游业要素保障,舟山市对旅游行政体制进行改革,将10项处罚职能划转综合行政执法局,将旅游行政处罚职能划转管委会。

北京市的休闲经济与产业发展迅速,在全国处于领先地位,2016年,北京市第三产业占GDP比重高达80.3%,休闲核心产业从业人员的比重为4.67%,批发和零售业从业人员的比重达7.49%,全市共接待境内外游客28 000万人次,其中入境旅游人数416.6万人次,旅游总收入达5021亿元,人均旅游总收入达37 489.73元。北京市在京津冀协同发展大战略背景下,加快对旅游业、会展业、餐饮业等一系列休闲产业的发展,举办休闲大会、博览会等重大会议,促进世界各地休闲产业经济的交流与发展。为更好地进行旅游产业布局,促进休闲经济发展水平,北京市旅游发展委员会举办了2017年北京国际旅游博览会,80余个国家和地区、国内近30个省市自治区及旅游行业主流企业参展。

五、最佳休闲消费城市建设

表4-5所示为十大"最佳休闲消费城市示范区"排名。

表4-5 十大"最佳休闲消费城市示范区"排名

省份	城市	E 休闲生活与消费指数		E1 城市人均社会消费品零售额	E2 每万人国际互联网用户数	E3 人均可支配收入	E4 恩格尔系数	E5 城市居民人均地区生产总值
		排行	得分	得分	得分	得分	得分	得分
广东	深圳	1	8.440	2.000	2.000	1.786	1.155	1.499

续表

省份	城市	E 休闲生活与消费指数		E1 城市人均社会消费品零售额	E2 每万人国际互联网用户数	E3 人均可支配收入	E4 恩格尔系数	E5 城市居民人均地区生产总值
		排行	得分	得分	得分	得分	得分	得分
	北京	2	5.916	1.049	0.366	1.932	1.596	0.974
	上海	3	5.823	0.954	0.484	1.999	1.439	0.946
江苏	苏州	4	5.794	0.910	0.484	1.701	1.417	1.282
广东	东莞	5	5.740	1.545	1.033	1.528	0.976	0.659
内蒙古	鄂尔多斯	6	5.595	0.564	0.145	1.185	1.701	2.000
广东	珠海	7	5.522	1.115	0.765	1.462	1.021	1.160
浙江	宁波	8	5.516	0.873	0.519	1.632	1.460	1.032
浙江	舟山	9	5.467	0.571	1.521	1.515	1.002	0.858
江苏	南京	10	5.385	0.956	0.370	1.608	1.357	1.093

（一）总体特征及排行分析

最佳休闲消费城市的特征如下：一是城市人均社会消费品零售额高。购物是休闲活动的重要内容之一，在上海、三亚等休闲消费水平高的城市，其社会消费品零售额都很高。二是城市国际互联网用户数量多。网上冲浪本身是休闲活动的组成部分，且互联网用户数还可以反映出城市的信息化水平。总体而言，在休闲生活水平高的城市，其互联网用户数量更多。三是城市人均可支配收入高。人均可支配收入是进行休闲消费开支的最重要的决定性因素，因而，休闲消费水平高的城市的一个重要特征是人均可支配收入高。四是恩格尔系数低。随着家庭收入的增加，家庭收入中（或总支出中）用来购买食物的支出比例会下降，因而，个人进行满足健康娱乐和精神需要的开支会得以增长，而休闲消费就包含这两个层次，因而，休闲消费水平高的城市的恩格尔系数相对较低。五是城市的居民人均地区生产总值高，休闲消费潜力大。由于城市休闲市场的主体消费人群是本市居民，因此，较高的人均产值，一般而言也意味着较大的休闲消费潜力。

就参评城市而言，如表4-5所示，在十大"最佳休闲消费城市示范区"排行中，东部地区有9个城市上榜，几乎霸占了整个榜单，分别是深圳、北京、上海、苏州、东莞、珠海、宁波、舟山、南京，中部地区仅有一个内蒙古的鄂尔多斯上榜，排名第6，西部地区无一个城市上榜。可见在最佳休闲消费城市建设上，东部地区由于发达的经济和较高的人均可支配收入，占据绝对优势，尤其是广东省、浙江省和江苏省，而中部地区和西部地区的休闲消费水平明显不如东部地区，处于劣势地位。

图4-5所示为休闲生活与消费指数不同排行区间各区域城市所占个数。

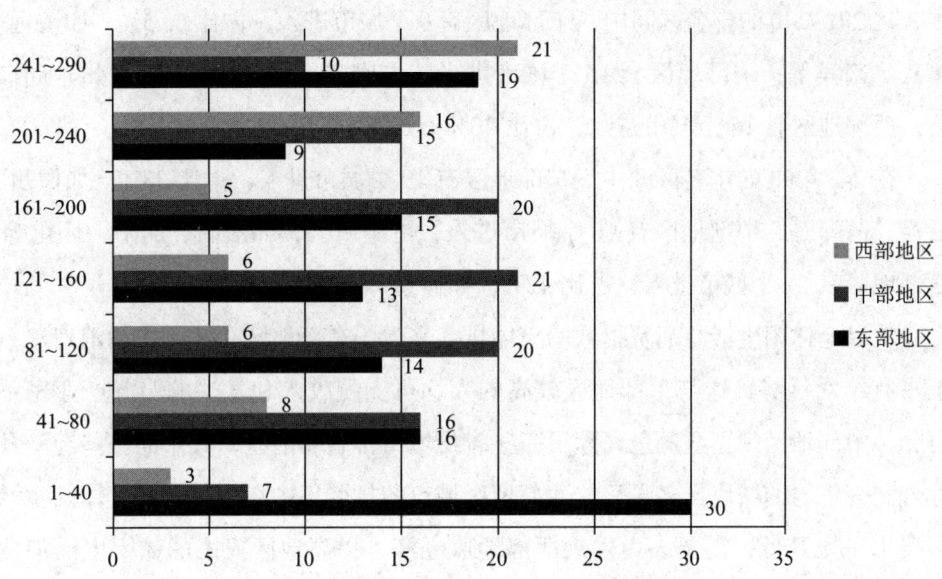

图4-5 休闲生活与消费指数不同排行区间各区域城市所占个数

从休闲生活与消费指数的总体排名来看，在1~40的排名区间中，东部地区多达30个城市上榜，占比75%，如苏州、深圳、宁波等；中部地区有7个城市上榜，占比17.5%，如长沙、武汉、郑州等；西部地区仅有克拉玛依、拉萨、西安3个城市上榜，占比7.5%。

在41~80的排名区间中，东部地区有16个城市进入，占比40%，如本溪、石家庄、泉州等；中部地区有16个城市进入，占比40%，如南昌、三门峡、宜昌等；西部地区有8个城市进入，占比20%，如乌鲁木齐、成都、攀枝花等。

在81~120的排名区间中，东部地区有14个城市进入，占比30%，如辽阳、秦皇岛、盐城等；中部地区有20个城市进入，占比50%，如通辽、哈尔滨、焦作等；西部地区有6个城市进入，占比15%，如宝鸡、铜川、榆林等。

在121~160的排名区间中，东部地区有13个城市进入，占比32.5%，如南宁、沧州、营口等；中部地区有21个城市进入，占比52.5%，如抚州、襄阳、佳木斯等；西部地区有6个城市进入，占比15%，如延安、绵阳、咸阳等。

在161~200的排名区间中，东部地区有15个城市进入，占比37.5%，如宿迁、防城港、韶关等；中部地区有20个城市进入，占比40%，如运城、赤峰、萍乡等；西部地区有5个城市进入，占比12.5%，如渭南、资阳、玉溪等。

在201~240的排名区间中，东部地区有9个城市进入，占比22.5%，如清远、肇庆、来宾等；中部地区有15个城市进入，占比37.5%，如鸡西、赣州、周口等；西部地区有16个城市进入，占比40%，如汉中、乐山、曲靖等。

在241~290的排名区间中，东部地区有19个城市进入，占比38%，如儋州、云浮、菏泽等；中部地区有10个城市进入，占比20%，如信阳、邵阳、怀化等；西部地区有21个城市进入，占比42%，如遵义、安顺、巴中等。

从以上休闲生活与消费指数的整体排名来看，东部地区在休闲生活消费水平上占有绝对优势，这与东部地区较高的人均可支配收入和发达的服务产业密不可分。中部地区则稍显逊色，除了一些省份城市排名靠前些，其余的一些经济及综合实力较弱的城市排名靠后。西部地区城市的排名集中在后部分，其休闲生活消费水平尤其低，需要大力发展西部地区经济，提高地区人民的休闲生活消费水平。

（二）建设经验

1. 深圳

近年来，深圳市的经济建设一直取得瞩目的成就。深圳是中国改革开放建立的第一个经济特区，是中国改革开放的窗口，已发展为有一定影响力的国际化城市，创造了举世瞩目的"深圳速度"。2016年，深圳市地区生产总值达19 492.60亿元，比上年增长9.0%，人均生产总值167 411元，增长3.7%。其中，第三产业增加值为11 785.88亿元，增长10.4%，在现代产业中，现代服务业增加值8278.31亿元，比上年增长11.6%，在第三产业中，交通运输、仓储和邮政业增加值594.81亿元，比上年增长10.0%；批发和零售业增加值2103.05亿元，增长3.7%；住宿和餐饮业增加值为359.36亿元，增长2.8%。随着经济的快速发展，深圳市居民的生活水平与休闲生活消费快速提升，2016年，深圳居民人均可支配收入48 695.00元，比上年增长9.1%，扣除价格因素，实际增长6.5%，居民人均消费支出36 480.61元，增长12.7%，扣除价格因素，实际增长10.1%，恩格尔系数为30.5%，人均社会消费品零售额为146 037.18元。①

深圳市为促进经济健康发展，刺激新兴消费需求加速释放，出台了一系列政策措施，如促进经济健康发展"18条"、外贸稳增长"22条"，加快重大基础设施、重大民生工程、重点片区，以及阿里国际总部等262个重大项目建设，实施健康养老、文化体育、旅游休闲等消费培育工程，推进国家信息惠民和信息消费试点城市建设。为方便居民的生活，深圳市加快提升城市综合服务功能，着力推进规划布局、基础设施和基本公共服务等"六个一体化"，提升城市承载力：建成深圳机场第二跑道、T3航站楼，使旅客年吞吐量达3972万人次；地铁运营和在建里程389千米，公交日均客流量突破千万人次；梅观高速等6条高速路、梧桐山隧道等11个收费站取消收费；蝉联国内"最互联网"城市，成为国家首批"宽带中国"示范城市和信息惠民试点城市，互联网普及率、无线宽带覆盖率分别为86.2%、90.2%，主要公共场所实现Wi-Fi上网免费。深圳市改善民生的力度不断加大，为进一步加强和改善公共服务供给，九大类民生的支出达到了2380.3亿元。为促进房地产市场的平稳健康发展，先后出台"深六条"和"深八条"楼市调控政策，并成立注册资本1000亿元的市人才安居集团，新开工及筹集人才和保障性住房6.2万套、竣工5.1万套、供应4.2万套。

2. 北京

北京作为我国的首都，其经济发展水平及休闲消费水平也是全国领先。2016年，北京市地区生产总值达24 899.3亿元，比上年增长6.7%，其中第三产业增加值为19 995.3亿元，增长7.1%，批发和零售业生产总值为2352.9亿元，增长2%，交通运输、仓储和邮政业生产总值为1060.7亿元，增长6.6%，住宿和餐饮业生产总值为411.8亿元，增长0.9%，信息传输、软件和信息技术服务业生产总值为2697.9亿元，增长11.3%，居民服务、修理和其他服务业生产总值为159.7

---

① 深圳市人民政府2017年《政府工作报告》。

亿元，增长9.1%，文化、体育和娱乐业生产总值为583.5亿元，增长7.8%。北京市在2016年实现市场总消费19 926.2亿元，比上年增长8.1%。其中，实现服务性消费8921.1亿元，增长10.1%；实现社会消费品零售总额11 005.1亿元，增长6.5%。限额以上批发和零售企业中，汽车类实现零售额1934亿元，增长6.9%；体育、娱乐用品类实现零售额110.2亿元，增长21.1%。2016年北京市居民人均可支配收入达到52 530元，比上年增长8.4%；扣除价格因素后，实际增长6.9%，居民人均消费支出达到35 416元，比上年增长4.8%，恩格尔系数为25%。① 北京市的经济能够健康平稳运行，与北京市政府实施的经济建设措施密不可分。北京市落实首都城市战略定位，建设国际一流的和谐宜居之都，大力推进供给侧结构性改革，促进首都经济提质增效升级。北京市政府研究制定促消费政策，实施消费品标准升级和质量提升规划，大力发展健康养老、文化体育、休闲旅游等新兴消费，进一步提高服务消费比重。北京市规划建设了一批特色旅游村镇和旅游休闲度假项目，推进昌平、延庆、平谷、怀柔、门头沟全域旅游示范区创建工作，并在京津冀协同发展、高精尖产业、生态环境、基础设施、民生改善等领域，实施了230项市级重点工程。在保障性住房建设上，2016年全年新开工、筹集各类保障性住房5.6万套，竣工6.4万套，公开配租配售9.7万户。

3. 上海

2016年，上海市地区生产总值达27 466.15亿元，比上年增长6.8%。其中，第三产业增加值19 362.34亿元，增长9.5%。第三产业增加值占上海市生产总值的比重为70.5%，比上年提高2.7个百分点。上海市人均生产总值为11.36万元，全年实现批发和零售业增加值4032.43亿元，比上年增长4.6%。社会消费品零售总额达10 946.57亿元，比上年增长8.0%，其中无店铺零售额达1584.00亿元，增长13.8%。网上商店零售额1249.77亿元，增长15.8%，占社会消费品零售总额的比重为11.4%，比上年提高0.5个百分点。全市居民人均可支配收入54 305元，比上年增长8.9%，扣除价格因素，实际增长5.5%。全市居民人均消费支出37 458元，比上年增长7.7%，恩格尔系数为27%。②

为促进经济健康发展、提升居民休闲消费水平，上海市采取了一系列措施。

---

① 北京市人民政府2017年《政府工作报告》。
② 2017年上海市政府工作报告。

加快产业结构优化升级，制订了"互联网+"推进方案，实施旅游、体育等服务业促进政策，支持生产性服务业、生活性服务业加快发展。上海市着力扩大消费，优化消费环境，培育消费热点，推进旅游、教育、文化、健康等服务类消费联动发展，实施境外旅客购物离境退税，极大地提升了社会消费品零售总额。积极发挥新消费引领作用，继续培育服务消费、信息消费、绿色消费、时尚消费、品质消费等新兴消费热点。新增了一批国家级电子商务示范基地，促进跨境电商发展，电子商务交易额保持高速增长，并推动文化贸易、技术贸易、服务贸易的发展。尤其注重保障基本民生，推动公共服务资源配置，加大群众基本生活保障力度。落实鼓励创业带动就业扶持政策，帮助1.1万人创业，统一城乡最低生活保障制度，提高最低保障标准，新建筹措各类保障性住房和实施旧住房综合改造19.7万套，过去5年累计完成87.8万套。推动智慧城市建设，建成宽带城市和无线城市，光纤宽带网络基本覆盖全市域。推动信息技术在各领域的深度应用，支持物联网、新硬件、大数据、云计算等新技术开发利用，加快建设智慧学习、智慧停车、智慧旅游等一批便民惠民的信息化应用平台。

六、最具关注度休闲城市建设

表4-6所示为十大"最具关注度休闲城市示范区"排名。

表4-6 十大"最具关注度休闲城市示范区"排名

排行	省份	城市	得分
1		上海	20
2		北京	17.368
3	四川	成都	14.696
4	广东	深圳	14.061
5		重庆	13.434
6	浙江	杭州	12.935
7	江苏	南京	12.366
8	湖南	张家界	11.777

续表

排行	省份	城市	得分
9	陕西	西安	11.088
10	湖北	武汉	10.622

（一）总体特征及排行分析

最具关注度城市的总体特征如下：一是经济发达，综合实力强大，如上海、北京、深圳等休闲关注度高的城市，其经济及综合实力也是全国领先。二是在国际上也有很高的知名度，如北京、上海被 GaWC 评为世界一线城市，成都被联合国教科文组织授予"世界美食之都"的称号。三是著名的旅游胜地，旅游业发达，如湖南张家界是世界著名的旅游目的地，每年都有大量的游客涌入，从而拥有极高的休闲关注度。

图 4-6 所示为休闲关注度不同排行区间各区域城市所占个数。

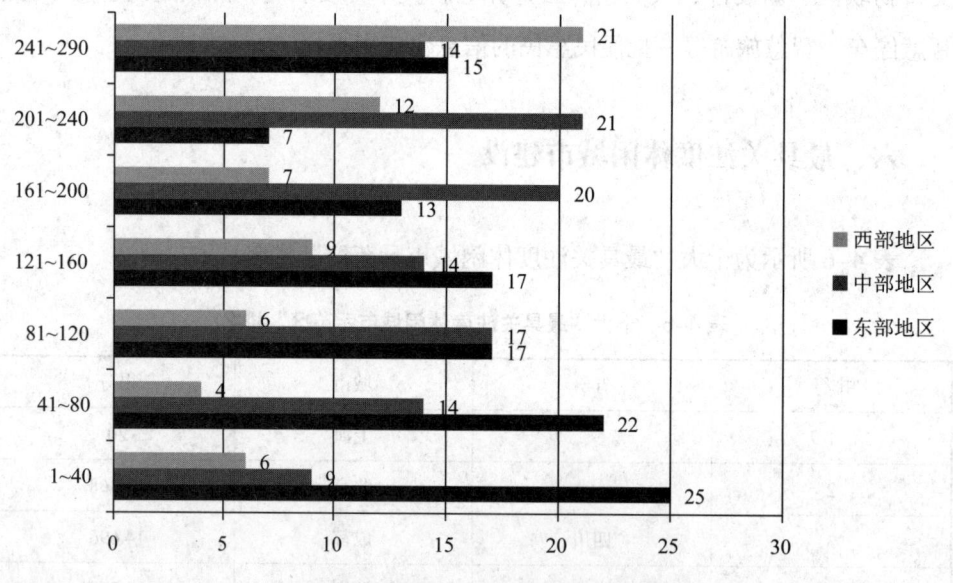

图 4-6 休闲关注度不同排行区间各区域城市所占个数

从休闲关注度的总体排名来看，在 1~40 的排名区间中，东部地区有 25 个城市上榜，占比 62.5%，如苏州、无锡、徐州等；中部地区有 9 个城市上榜，占比 22.5%，如武汉、合肥、郑州等；西部地区有 6 个城市上榜，占比 15%，如成都、重庆、兰州等。

在 41~80 的排名区间中，东部地区有 22 个城市进入，占比 55%，如扬州、嘉兴、珠海等；中部地区有 14 个城市进入，占比 35%，如赣州、南阳、宜昌等；西部地区有 4 个城市进入，占比 10%，如银川、乌鲁木齐、西宁等。

在 81~120 的排名区间中，东部地区有 17 个城市进入，占比 42.5%，如镇江、济宁、汕头等；中部地区有 17 个城市进入，占比 42.5%，如巴彦淖尔、景德镇、衡阳等；西部地区有 6 个城市进入，占比 15%，如绵阳、南充、拉萨等。

在 121~160 的排名区间中，东部地区有 17 个城市进入，占比 42.5%，如泰安、德州、锦州等；中部地区有 14 个城市进入，占比 35%，如大庆、运城、株洲等；西部地区有 9 个城市进入，占比 22.5%，如泸州、玉溪、宜宾等。

在 161~200 的排名区间中，东部地区有 13 个城市进入，占比 32.5%，如防城港、阳江、潮州等；中部地区有 20 个城市进入，占比 50%，如怀化、周口、牡丹江等；西部地区有 7 个城市进入，占比 17.5%，如遂宁、榆林、六盘水等。

在 201~240 的排名区间中，东部地区有 7 个城市进入，占比 17.5%，如汕尾、营口、朝阳等；中部地区有 21 个城市进入，占比 52.5%，如淮北、鹤壁、焦作等；西部地区有 12 个城市进入，占比 30%，如普洱、毕节、铜仁等。

在 241~290 的排名区间中，东部地区有 15 个城市进入，占比 30%，如河池、崇左、莱芜等；中部地区有 14 个城市进入，占比 28%，如鄂州、乌海、娄底等；西部地区有 21 个城市进入，占比 42%，如保山、临沧、海东等。

由以上休闲关注度的整体排名可知，排名靠前的城市皆为在国内综合实力强（如上海、北京）或是著名的旅游城市（如张家界），东部地区由于综合实力较强，并拥有众多、休闲旅游资源和服务，所以，休闲关注度很高，排名集中在前面部分；中部地区处于经济发展的上升时期，且拥有众多历史文化资源，休闲方面的设施服务及产业等也在加快发展，所以，也有相当的休闲关注度，排名集中在中间部分；西部地区的经济发展水平虽然较东部地区落后，但是拥有丰富的自然旅游资源，旅游业的发展也取得了一定的成绩，带动了一系列休闲相关产业的发展。东部地区虽然排名集中在后面部分，但是取得了很大的进步，在休闲关注度上有很大的提升空间。

（二）建设经验

1. 上海

上海作为中国的经济、交通、科技、工业、金融、贸易、会展和航运中心，其GDP居中国城市第一位，亚洲城市第二位，仅次于日本东京，不仅在国内具有很高的知名度，而且在国际上享有很高的声誉。上海是全球著名的金融中心，世界上人口规模和面积最大的都会区之一，被GaWC评为世界一线城市。[①]

上海在此次"最具关注度休闲城市示范区"中排名第一。上海每年举办的国际运动休闲赛事、国内外会展、文化艺术节，所拥有的众多高等学府、丰富的饮食文化、时尚的购物场所、多彩的旅游资源等使其成为国内休闲关注度最高的城市。

上海是首届东亚运动会的举办地，在2007年举办了女足世界杯决赛，在2008年协助举办北京奥运会，在2011年举办了世界游泳锦标赛，并每年举办F1（世界一级方程式锦标赛）、ATP1000网球大师赛、国际田联钻石联赛、世界高尔夫锦标赛－汇丰冠军赛、上海斯诺克大师赛等。上海举办的会展数量居全国前列，会展年总收入占全国近50%。上海国际车展是亚洲展出规模最大的车展之一，上海的ChinaJoy则是全球三大互动娱乐展之一，每次展出都会吸引无数来自国内外的眼光。上海有众多著名的、备受关注的国际文化节日，如上海国际电视节、上海国际电影节、上海国际艺术节、上海国际旅游节、上海之春国际音乐节等。上海的教育资源丰富，拥有众多国内著名的高等学府，10所211工程重点建设高校，其中4所为985工程高校，吸引着无数人前来求学或观光游览。上海拥有世界各国的饮食文化、经典时尚的购物激情和浓郁商业气息。西餐汇聚世界各地30多个国家的风味，一家三星级米其林餐厅就位于外滩18号。中餐汇聚中国几乎所有地方风味，著名的有老城隍庙、云南路、黄河路、仙霞路等饮食文化区。上海拥有众多闻名全国的商业大街及购物广场，云集顶级品牌，时尚商品、大众用品等，吸引人前来购物休闲。上海拥有众多的荣誉称号，如"2015中国十大智慧城市""2015中国最具幸福感城市""国家公交都市建设示范城市""2017世界特色魅力城市200强"等。

[①] 广州首次进入世界一线城市行列 仅次于北京和上海. 南方日报，2017-06-15。

上海尤其注重城市形象的推广，2016年在伦敦举办"魅力上海"城市形象推广活动，通过影像艺术展览、高层次圆桌对话和传统文化表演等铺陈开来，全面展示上海这座现代化东方大都市海纳百川、融贯中西的崭新风貌和迷人魅力，展望上海、伦敦双城之间的友好互动和合作前景。①

2. 北京

北京作为我国的首都和全国政治中心、文化中心、国际交往中心、科技创新中心，是一座古老与现代结合的国际性大都市，备受国内外瞩目，2008年奥运会使北京的国际名声更加响亮。北京被全球最权威的世界城市研究机构之一GaWC评为世界一线城市，联合国报告指出，北京人类发展指数居中国城市第二位。北京发达的经济、深厚的历史文化底蕴、优美的自然人文景观、时尚的休闲购物场所、丰富的饮食文化、发达的教育资源等无不令人向往，有文化休闲之都、中国特色魅力城市的称号。

北京是首批国家历史文化名城和世界上拥有世界文化遗产数最多的城市，3000多年的历史孕育了故宫、天坛、八达岭长城、颐和园等众多名胜古迹。在历史上，北京先后成为辽陪都、金中都、元大都，以及明、清国都，在从燕国起的2000多年里，建造了许多宫廷建筑，使北京成为中国拥有帝王宫殿、园林、庙坛和陵墓数量最多的城市。北京故宫，原为明、清两代的皇宫，住过24位皇帝，建筑宏伟壮观，完美地体现了中国传统的古典风格和东方格调，是中国乃至全世界现存最大的宫殿，是中华民族宝贵的文化遗产。天坛作为明、清两代皇帝"祭天"的场所，以其布局合理、构筑精妙而扬名中外。北京有很多具有地方特色的民风习俗，如北京小吃、京剧、京韵大鼓、相声、舞台剧、铁板快书、景泰蓝、牙雕、毛猴、漆雕、赛蝈蝈和蝈蝈笼、吹糖人、捏面人等。北京是世界第八大"美食之城"，居内地之首。北京的风味小吃历史悠久、品种繁多、用料讲究、制作精细，堪称有口皆碑，如豆汁儿、豆面酥糖、酸梅汤、茶汤、小窝头、茯苓夹饼、果脯蜜饯、冰糖葫芦、艾窝窝、豌豆黄、驴打滚、灌肠、爆肚、炒肝等。北京还有很多老字号，饭店业的全聚德、便宜坊、东来顺，绸缎行的瑞蚨祥、内联升，医药行业的同仁堂，茶庄的吴裕泰、元长厚等。

---

① http://sh.qq.com/a/20160614/055411.htm。

北京也是全国教育最发达的地区之一,有北京大学、清华大学、中国人民大学、北京师范大学等全国最为著名的学府,吸引无数人前往参观游览。北京拥有世界第三、亚洲第一大图书馆:中国国家图书馆。北京是全国最大的科学技术研究基地,有中国科学院、中国工程院等科学研究机构和号称中国硅谷的北京中关村科技园区,自1998年以来,每年都成功举办以高新技术产业为主题的大型国际活动——北京高新技术产业国际周。北京是"博物馆之都",注册博物馆多达151座。国家博物馆是世界最大的博物馆,故宫博物院是世界五大博物馆之一。

在休闲运动方面,北京市曾举办第一、二、三、四、七届全国运动会,以及1990年北京亚运会、第二十一届世界大学生运动会、2008年北京奥运会及2008年北京残奥会、2014国际泳联花样游泳大奖赛。北京市拥有众多的休闲运动场所,如国家体育场(鸟巢)、国家游泳中心(水立方)、国家网球中心、北京奥林匹克水上公园、奥体中心体育馆等。2015年北京获得2022年冬季奥林匹克运动会的举办权,成为全球首个既举办过夏季奥运会又将举办冬季奥运会的城市。

3. 成都

成都是四川省的省会,中国西南地区的科技、商贸、金融中心和交通枢纽,优越的自然条件和富庶的经济使成都在东汉末年就已赢得"天府之国"的美誉。21世纪以来,成都一方面以其经济的快速增长和城市核心竞争力的迅速提升而引起世界的关注;另一方面,也与素有"人间天堂"之称的杭州并称为休闲之都。当现代城市生活节奏越来越快,生活压力越来越大,钢筋水泥般的城市森林令人窒息之时,成都人的生活态度和生活方式开始被人们重新认识,被越来越多的现代都市人所称道。

随着"休闲之都"城市品牌的确立,成都市在休闲与旅游方面所受到的关注度越来越高,成都市也越来越注重休闲方面的建设。成都市将都江堰—青城山打造为"国际休闲度假旅游区",将邛崃定位为"文君故里,休闲天堂",打造西岭雪山、龙门山景区等,成都休闲度假产品逐渐走向规模化、产业化、精品化。成都是首批国家历史文化名城、中国最佳旅游城市和世界优秀旅游目的地。成都拥有武侯祠、杜甫草堂、永陵、望江楼、青羊宫、文殊院、明蜀王陵、昭觉寺等众多历史名胜古迹和人文景观。成都也是四川大熊猫栖息地,拥有名扬四海的大熊猫基地。

成都市同时也注重文化休闲、体育休闲产业的发展，例如，召开了被称为摄影奥运会的FIAP，400多位各国摄影家们穿梭在成都大熊猫繁育研究基地、黄龙溪古镇、都江堰、武侯祠及成都的大街小巷；举办第十届亚洲跳伞锦标赛；举行了F1摩托艇世界锦标赛中国大奖赛，近20个国家和地区的300多名赛艇手前来参赛；举办中国古琴国际艺术节暨文君文化节，10多个国家和地区330多名古琴名家同台竞技；成功举办第九届全国残疾人运动会暨第六届全国特殊奥林匹克运动会。

在休闲购物方面，成都努力建设国际购物天堂，着力提升春熙路盐市口等商圈业态。2016年，新增离境入境退税商店41个，全球80%以上的知名品牌落户成都，成都商业综合体数量居全国第一，在建购物中心面积居全球第二，实现社会消费品零售总额5647.4亿元。[①]

在休闲饮食方面，成都拥有众多美味的当地小吃，成都的川菜是中国四大菜系之一，名扬海外。成都被联合国教科文组织授予"世界美食之都"的称号，并成功举办旧金山成都美食文化节，荣获2016中餐国际化推广示范城市奖。

---

① 2017年成都市政府工作报告。

第五章　省域空间上的城市休闲发展分析

本章将对东、中、西部地区的城市在休闲空间与环境指数、休闲设施与服务指数、休闲经济与产业指数、休闲生活与消费指数、休闲关注度5个方面的排名分布情况进行详述。

本书中，东部地区包括北京、上海、天津、辽宁、河北、山东、江苏、浙江、福建、广东、广西、海南12个省、自治区、直辖市，在报告中，东部地区有116个城市参评，包括辽宁省的沈阳、大连、鞍山、本溪、盘锦等14个城市，河北省的石家庄、邯郸、保定、承德、秦皇岛等11个城市，山东省的青岛、淄博、烟台、潍坊、济南等17个城市，江苏省的扬州、苏州、南通、常州、南京等13个城市，浙江省的绍兴、杭州、宁波、温州、舟山等11个城市，福建省的泉州、漳州、福州、厦门、龙岩等9个城市，广东省的广州、东莞、深圳、珠海、汕头等21个城市，广西壮族自治区的南宁、桂林、玉林、防城港、来宾等14个城市，海南省的海口、三亚、儋州3个城市。

中部地区包括山西、内蒙古、吉林、黑龙江、安徽、江西、河南、湖北、湖南9个省、自治区；报告中有109个城市参评，包括山西省的太原、大同、长治、晋中、临汾等11个城市，内蒙古的鄂尔多斯、呼和浩特、包头、乌兰察布、呼伦贝尔等9个城市，吉林省的长春、吉林、松原、通化、白城等8个城市，黑龙江省的哈尔滨、齐齐哈尔、大庆、佳木斯、七台河等12个城市，安徽省的黄山、合肥、淮南、马鞍山、阜阳等16个城市，江西省的南昌、景德镇、鹰潭、抚州、新余等11个城市，河南省的郑州、洛阳、南阳、开封、商丘等17个城市，湖北省的武汉、孝感、黄冈、黄石、随州等12个城市，湖南省的长沙、岳阳、张家界、永州、娄底等13个城市。

西部地区包括陕西、甘肃、宁夏、新疆、四川、重庆、云南、贵州、西藏、青海 10 个省、自治区、直辖市；报告中有 65 个城市参评，包括陕西省的西安、宝鸡、咸阳、延安、铜川等 10 个城市，甘肃省的酒泉、兰州、天水、张掖、嘉峪关等 12 个城市，宁夏回族自治区的银川、吴忠、中卫、石嘴山、固原 5 个城市，新疆维吾尔自治区的克拉玛依、乌鲁木齐 2 个城市，四川省的成都、德阳、巴中、眉山、攀枝花等 18 个城市，云南省的丽江、昆明、曲靖、保山、玉溪等 7 个城市，贵州省的贵阳、遵义、安顺、六盘水、铜仁等 6 个城市，西藏自治区的拉萨，青海省的西宁、海东。

一、城市休闲空间与环境发展

城市休闲空间与环境重点考察了人口密度、自然环境和城市环境保护，从各省的排名中大致能看出南方城市的分数稍微比北方城市高一点，不存在太大的差异，分数相对较高的城市主要集中在云贵高原、两广地区及海南。

（一）东部

东部地区城市休闲空间与环境指数排行情况如图 5-1 所示，东部地区有 18 个城市在 1~40 的排名区间上，约占东部地区总参评城市的 15.51%，在前 5 名中，东部地区有 3 个城市上榜，分别是第 2 名的深圳、第 3 名的桂林和第 5 名的本溪；有 18 个城市在 41~80 的排名区间上，约占东部地区总参评城市的 15.51%，主要有阜新、韶关、泉州等城市；有 17 个城市在 81~120 的排名区间上，约占东部地区总参评城市的 14.66%，主要有盘锦、承德、秦皇岛等城市；有 15 个城市在 121~160 的排名区间上，约占东部地区总参评城市的 12.93%，主要有杭州、苏州、绍兴等城市；有 16 个城市在 161~200 的排名区间上，约占东部地区总参评城市的 13.79%，主要有中山、烟台、佛山等城市；有 17 个城市在 201~240 的排名区间上，约占东部地区总参评城市的 14.66%，主要有锦州、嘉兴、滁州等城市；有 15 个城市在 241~290 的排名区间上，约占东部地区总参评城市的 12.93%，主要有泰州、贵港、汕头等城市。由此可见，东部地区城市在休闲空间与环境指数上的排行在各排名区间上的分布较为平均，最多为 18 个城市，最少为 15 个城市，这表明东部地区各城市在城市休闲空间与环境的建设上水平参差不齐。

表5-1所示为东部地区省份（自治区、直辖市）及城市休闲空间与环境指数排名。

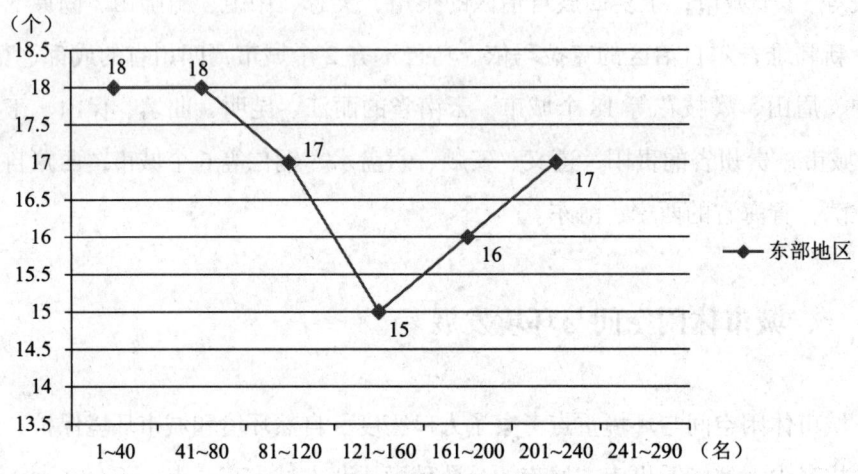

图5-1 东部地区休闲空间与环境指数排行分布

表5-1 东部地区省份（自治区、直辖市）及城市休闲空间与环境指数排名

省份	城市排名
北京	240
天津	243
上海	287
辽宁	本溪（5）、阜新（56）、辽阳（67）、大连（68）、盘锦（82）、抚顺（95）、朝阳（105）、铁岭（106）、丹东（125）、沈阳（137）、鞍山（199）、葫芦岛（204）、锦州（205）、营口（206）
河北	张家口（73）、秦皇岛（104）、承德（112）、沧州（227）、唐山（241）、邯郸（253）、邢台（262）、石家庄（270）、廊坊（279）、保定（280）、衡水（286）
山东	威海（17）、东营（29）、日照（98）、青岛（99）、潍坊（166）、烟台（168）、莱芜（170）、滨州（186）、济宁（193）、潍坊（208）、济南（223）、德州（224）、淄博（232）、菏泽（238）、聊城（251）、枣庄（276）
江苏	苏州（160）、盐城（173）、镇江（175）、南通（176）、南京（181）、连云港（192）、无锡（198）、淮安（212）、扬州（213）、常州（219）、宿迁（220）、滁州（237）、泰州（257）
浙江	宁波（12）、舟山（33）、丽水（34）、衢州（79）、台州（93）、温州（111）、杭州（128）、绍兴（136）、湖州（139）、金华（145）、嘉兴（209）
福建	三明（18）、南平（26）、龙岩（28）、漳州（32）、福州（41）、厦门（47）、泉州（50）、宁德（58）、莆田（157）

续表

省份	城市排名
广东	深圳（2）、珠海（9）、惠州（13）、梅州（40）、韶关（48）、阳江（64）、江门（65）、肇庆（87）、河源（89）、东莞（100）、云浮（123）、汕尾（126）、广州（129）、茂名（134）、湛江（158）、清远（184）、佛山（189）、潮州（217）、汕头（288）、揭阳（290）
广西	桂林（3）、南宁（30）、贺州（31）、百色（36）、北海（60）、河池（71）、梧州（80）、玉林（85）、防城港（109）、来宾（115）、钦州（119）、崇左（121）、柳州（135）、贵港（250）
海南	海口（52）、儋州（54）、三亚（62）

（二）中部

如图 5-2 所示，在休闲空间与环境指数排行中，中部地区有 12 个城市在 1~40 的排名区间上，约占中部地区总参评城市的 11.09%，在前 5 名中，中部地区无一个城市上榜，前 10 名中有安徽省的黄山、内蒙古的鄂尔多斯、黑龙江的大庆上榜，排名分布为第 6、第 8 和第 10，可见，中部地区城市的休闲发展水平较低，没有表现特别突出的城市；有 12 个城市在 41~80 的排名区间上，约占中部地区总参评城市的 11.09%，主要有松原、伊春、景德镇等城市；有 14 个城市在 81~120 的排名区间上，约占中部地区总参评城市的 12.84%，主要有佳木斯、九江、鹤岗等城市；有 17 个城市在 121~160 的排名区间上，约占中部地区总参评城市的 15.60%；有 17 个城市在 161~200 的排名区间上，约占中部地区总参评城市的 15.60%，主要有吉林、荆门、随州等城市；有 14 个城市在 201~240 的排名区间上，约占中部地区总参评城市的 12.84%；有 23 个城市在 241~290 的排名区间上，约占中部地区总参评城市的 21.10%，主要有新乡、濮阳、白山等城市。由此可见，中部地区在城市休闲空间与环境指数上的排行集中分布在 241~290 的排名区间上，城市休闲空间与环境的建设较为落后。中部崛起的大背景下，中部地区正处于经济发展的快速时期，有些城市只注重发展经济，而忽略了对环境的保护，拿休闲空间与环境来换取经济的增长。中部地区的各城市要在发展经济的同时，注重对城市的休闲空间与环境的保护。

表 5-2 所示为中部地区省份（自治区）及城市休闲空间与环境指数排名。

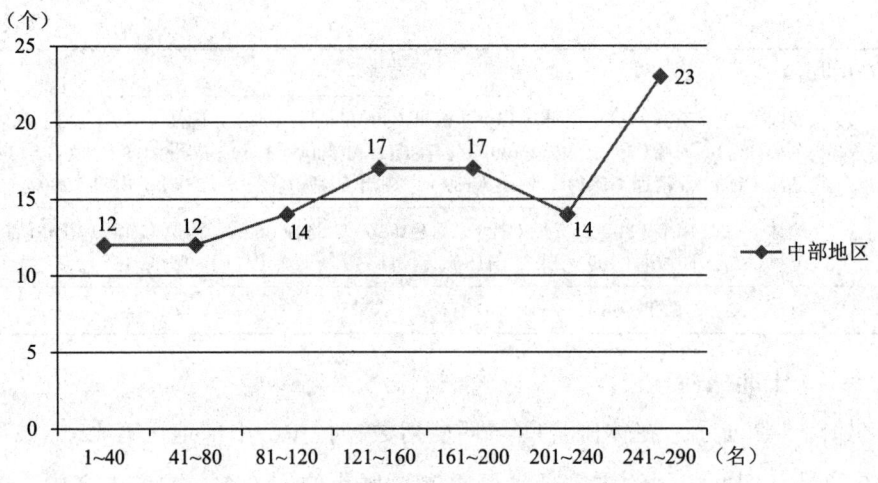

图5-2 中部地区休闲空间与环境指数排行分布

表5-2 中部地区省份（自治区）及城市休闲空间与环境指数排名

省份	城市排名
山西	太原（191）、大同（85）、运城（162）、晋城（150）、临汾（225）、长治（210）、朔州（148）、忻州（177）、阳泉（235）、吕梁（172）、晋中（185）
内蒙古	呼和浩特（35）、鄂尔多斯（8）、乌兰察布（11）、巴彦淖尔（24）、呼伦贝尔（55）、包头（52）、赤峰（49）、通辽（38）、乌海（27）
吉林	长春（97）、四平（239）、吉林（169）、松原（246）、白城（164）、通化（83）、辽源（138）、白山（258）
黑龙江	哈尔滨（144）、佳木斯（84）、齐齐哈尔（195）、大庆（10）、牡丹江（149）、双鸭山（23）、伊春（46）、七台河（156）、黑河（14）、绥化（103）、鸡西（194）、鹤岗（76）
安徽	合肥（147）、黄山（6）、芜湖（133）、蚌埠（200）、阜阳（285）、安庆（196）、马鞍山（141）、淮南（236）、滁州（124）、六安（153）、宿州（256）、亳州（229）、宣城（91）、铜陵（90）、池州（10）、淮北（226）
江西	南昌（114）、赣州（197）、景德镇（44）、九江（86）、上饶（69）、宜春（194）、吉安（43）、抚州（39）、萍乡（203）、新余（22）、鹰潭（57）
河南	郑州（283）、洛阳（265）、南阳（274）、开封（255）、信阳（243）、商丘（282）、安阳（271）、新乡（284）、平顶山（266）、驻马店（247）、三门峡（234）、许昌（260）、濮阳（289）、漯河（277）、周口（272）、焦作（281）、鹤壁（246）
湖北	武汉（230）、襄阳（249）、宜昌（146）、荆州（278）、十堰（155）、孝感（231）、黄石（188）、咸宁（140）、随州（165）、黄冈（267）、荆门（182）、鄂州（261）
湖南	张家界（108）、长沙（61）、衡阳（197）、郴州（45）、株洲（92）、怀化（117）、常德（131）、岳阳（178）、邵阳（202）、永州（107）、湘潭（151）、益阳（143）、娄底（247）

（三）西部

西部地区城市休闲空间与环境指数排行情况如图 5-3 所示，西部地区有 10 个城市在 1~40 的排名区间上，约占西部地区总参评城市的 15.38%，在前 5 名中，西部地区有 2 个城市上榜，分别是第 1 名的克拉玛依、第 4 名的拉萨；有 10 个城市在 41~80 的排名区间上，约占西部地区总参评城市的 15.38%，主要有贵阳、遵义、丽江等城市；有 9 个城市在 81~120 的排名区间上，约占西部地区总参评城市的 13.85%，主要集中在四川与甘肃省，有酒泉、张掖、雅安等城市；有 8 个城市在 121~160 的排名区间上，约占西部地区总参评城市的 12.31%；有 7 个城市在 161~200 的排名区间上，约占西部地区总参评城市的 10.77%，主要有商洛、宝鸡、汉中等城市；有 9 个城市在 201~240 的排名区间上，约占西部地区总参评城市的 13.85%；有 12 个城市在 241~290 的排名区间上，约占西部地区总参评城市的 18.46%，主要集中在四川省，有资阳、乐山、内江等城市。由上述可见，西部地区在城市休闲空间与环境指数上的排行分布相对较平均，在 241~290 的排名区间上分布最多。西部地区休闲空间与环境建设突出的城市主要在新疆、甘肃、宁夏等较为偏远的城市，这些城市由于开发有限，从而保持了足够大的休闲空间和良好的休闲环境。西部地区的很多城市，由于近年来的经济开发，使得城市的休闲空间缩小，环境也受到了破坏。

表 5-3 所示为西部地区省份（自治区、直辖市）城市休闲空间与环境指数排名。

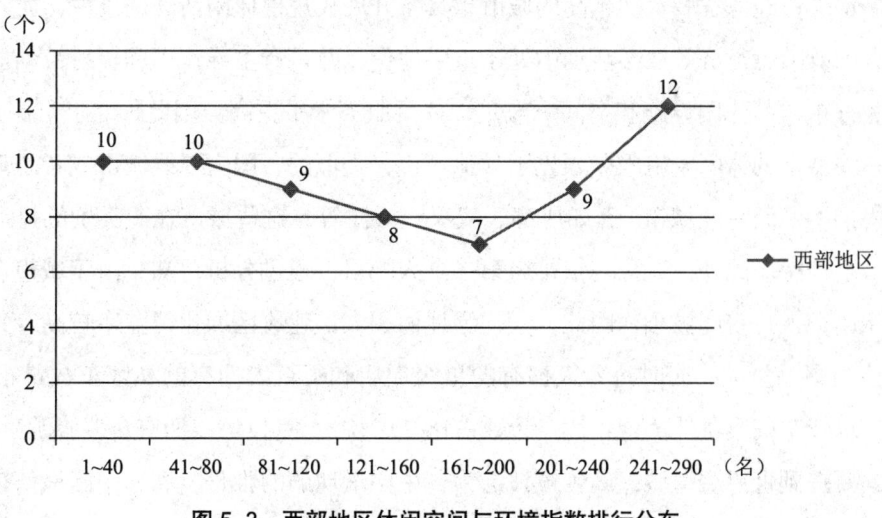

图 5-3　西部地区休闲空间与环境指数排行分布

表 5-3 西部地区省份（自治区、直辖市）城市休闲空间与环境指数排名

省份	城市排名
陕西	安康（81）、榆林（96）、延安（127）、商洛（163）、宝鸡（171）、汉中（179）、铜川（218）、西安（259）、渭南（273）、咸阳（275）
甘肃	嘉峪关（7）、金昌（19）、酒泉（88）、张掖（101）、武威（113）、白银（132）、天水（187）、平凉（201）、定西（221）、庆阳（228）、陇南（233）、兰州（244）
宁夏	石嘴山（21）、中卫（70）、银川（75）、吴忠（122）、固原（130）
新疆	克拉玛依（1）、乌鲁木齐（77）
四川	广元（37）、雅安（102）、巴中（110）、攀枝花（116）、绵阳（154）、遂宁（167）、广安（190）、德阳（215）、宜宾（216）、南充（222）、资阳（242）、乐山（248）、内江（252）、达州（254）、泸州（263）、眉山（264）、成都（268）、自贡（269）
重庆	118
云南	玉溪（15）、昆明（16）、曲靖（20）、普洱（25）、丽江（63）、临港（66）、保山（78）、昭通（214）
贵州	贵阳（51）、遵义（59）、六盘水（72）、安顺（74）、毕节（142）、铜仁（174）
西藏	拉萨（4）
青海	海东（152）、西宁（159）

二、城市休闲设施与服务发展

城市休闲设施与服务的发展与城市经济发展紧密相关，尤其是城市第三产业发展水平。经济发展水平越高的城市越具备开展大规模休闲活动的条件，尤其是在全国政治、经济等社会活动中处于重要地位，并具有主导作用和辐射带动能力的大都市，其休闲设施和空间更充足，休闲服务水平更高。因此，北上广深这4个一线城市的休闲设施服务领先于其他城市，类似的，国内二线城市或者是现在常提到的"新一线城市"，如成都、武汉、天津等，这些城市在此类别的排名处于一个档次。此外，克拉玛依排名第一令人瞩目，通过分析得知，由于城市占地面积广，人口密度极小，因此，人均绿地面积大、建成区绿化覆盖率较高、每百人公共图书量大，同时每万人拥有的星级饭店和每百人拥有的私家车数量很多；克拉玛依空气质量佳（全年优良天数占比90.2%），克拉玛依拥有众多旅游景点，尤其要提到世界魔鬼城，其曾被评选为"中国最瑰丽的雅丹"和"中国最值得外国人去的50个地方之一"；最后，克拉玛依市是欧亚大陆的中心区域——泛中

亚地区的中心区，是世界石油石化产业的聚集区，人均地区生产总值极高，具有旺盛的休闲消费能力和需求。

（一）东部

东部地区城市休闲设施与服务指数排行情况如图5-4所示，东部地区有20个城市在1~40的排名区间上，约占东部地区总参评城市的17.24%，海南省的三亚与广东省的深圳分别排名第1和第2；有22个城市在41~80的排名区间上，约占东部地区总参评城市的18.97%，主要有大连、济南、中山、青岛等城市；有15个城市在81~120的排名区间上，约占东部地区总参评城市的12.93%，主要有本溪、石家庄、三明等城市；有15个城市在121~160的排名区间上，约占东部地区总参评城市的12.93%；有16个城市在161~200的排名区间上，约占东部地区总参评城市的13.79%；有15个城市在201~240的排名区间上，约占东部地区总参评城市的12.93%，主要有廊坊、梧州、贺州、宿迁等城市；有13个城市在241~290的排名区间上，约占东部地区总参评城市的11.21%，主要有玉林、贵港、儋州等城市。由上述可以看出，东部地区城市休闲设施与服务指数的排名分布相对均匀，在1~80排名区间上分布较多，这说明东部地区的城市在休闲设施与服务上的建设良好，东部地区经济较为发达的城市有实力为居民提供更好的休闲设施与服务。但是东部地区仍然有相当多数量的城市，在休闲设施与服务上的建设不足，排名较为靠后，这些城市要转变观念，加强休闲设施与相关服务的建设。

表5-4所示为东部地区省份（自治区、直辖市）及城市休闲设施与服务指数排名。

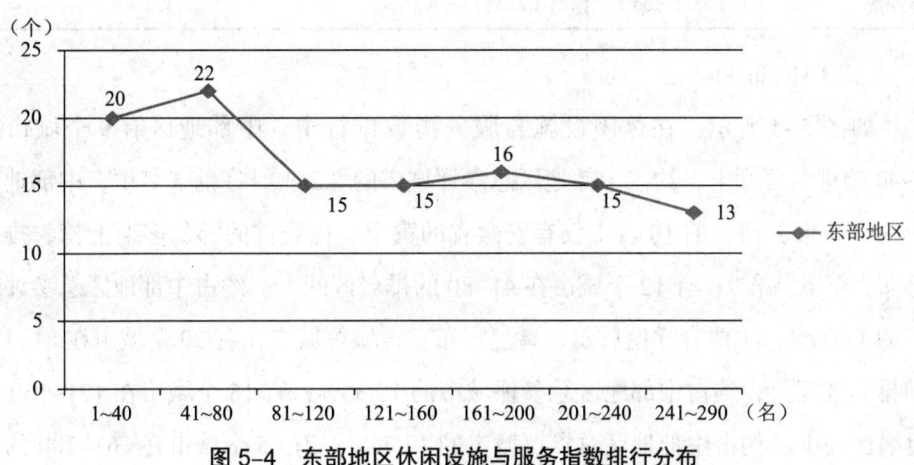

图5-4 东部地区休闲设施与服务指数排行分布

表 5-4 东部地区省份（自治区、直辖市）及城市休闲设施与服务指数排名

省份	城市排名
北京	3
上海	17
天津	45
辽宁	大连（47）、沈阳（60）、抚顺（65）、丹东（79）、盘锦（80）、本溪（97）、葫芦岛（105）、鞍山（114）、锦州（119）、营口（129）、辽阳（137）、铁岭（179）、朝阳（186）、阜新（190）
河北	秦皇岛（35）、石家庄（116）、承德（121）、唐山（122）、沧州（130）、邢台（149）、邯郸（160）、保定（184）、廊坊（207）、衡水（231）、张家口（258）
山东	威海（38）、济南（53）、青岛（55）、东营（58）、烟台（74）、淄博（81）、莱芜（87）、潍坊（102）、枣庄（174）、聊城（177）、日照（181）、泰安（215）、滨州（219）、德州（229）、临沂（244）、济宁（260）、菏泽（266）
江苏	苏州（28）、南京（33）、无锡（40）、常州（62）、镇江（77）、扬州（124）、泰州（138）、南通（146）、徐州（165）、淮安（169）、连云港（198）、宿迁（204）、盐城（232）
浙江	杭州（22）、宁波（25）、舟山（31）、湖州（50）、丽水（51）、衢州（68）、绍兴（72）、金华（73）、嘉兴（83）、温州（109）、台州（136）
福建	厦门（8）、福州（75）、三明（93）、泉州（113）、龙岩（115）、南平（131）、漳州（144）、宁德（164）、莆田（224）
广东	深圳（2）、东莞（5）、珠海（10）、广州（20）、佛山（30）、中山（52）、惠州（63）、韶关（117）、清远（140）、江门（150）、潮州（167）、梅州（176）、河源（208）、阳江（218）、汕头（225）、肇庆（245）、云浮（254）、汕尾（259）、湛江（261）、茂名（270）、揭阳（282）
广西	桂林（16）、防城港（39）、柳州（66）、北海（71）、南宁（101）、来宾（170）、河池（171）、崇左（188）、梧州（216）、百色（220）、贺州（238）、钦州（250）、玉林（280）、贵港（285）
海南	三亚（1）、海口（34）、儋州（222）

（二）中部

如图 5-5 所示，在休闲设施与服务指数排行中，中部地区有 9 个城市在 1~40 的排名区间上，约占中部地区总参评城市的 8.26%，在前 5 名中，中部地区无一个城市上榜，前 10 名中仅有安徽省的黄山、内蒙古的鄂尔多斯上榜，排名分布为第 6、第 9；有 12 个城市在 41~80 的排名区间上，约占中部地区总参评城市的 11.09%，主要有呼伦贝尔、乌兰察布、宣城等城市；有 20 个城市在 81~120 的排名区间上，约占中部地区总参评城市的 18.35%；有 15 个城市在 121~160 的排名区间上，约占中部地区总参评城市的 13.76%；有 15 个城市在 161~200 的排

名区间上，约占中部地区总参评城市的13.76%，主要有新余、吉安、娄底等城市；有17个城市在201~240的排名区间上，约占中部地区总参评城市的15.60%；有21个城市在241~290的排名区间上，约占中部地区总参评城市的19.26%，主要有平顶山、衡阳、绥化等城市。由上述可见，中部地区城市的休闲设施与服务指数排名集中在排名的中后段，特别是集中在81~120、241~290排行区间上。中部地区在休闲设施与服务上的建设水平相对于东部地区稍显落后，缺乏表现特别突出的城市，在休闲设施与服务的建设上还有很大的提升空间。

表5-5所示为中部地区省份（自治区）及城市休闲设施与服务指数排名。

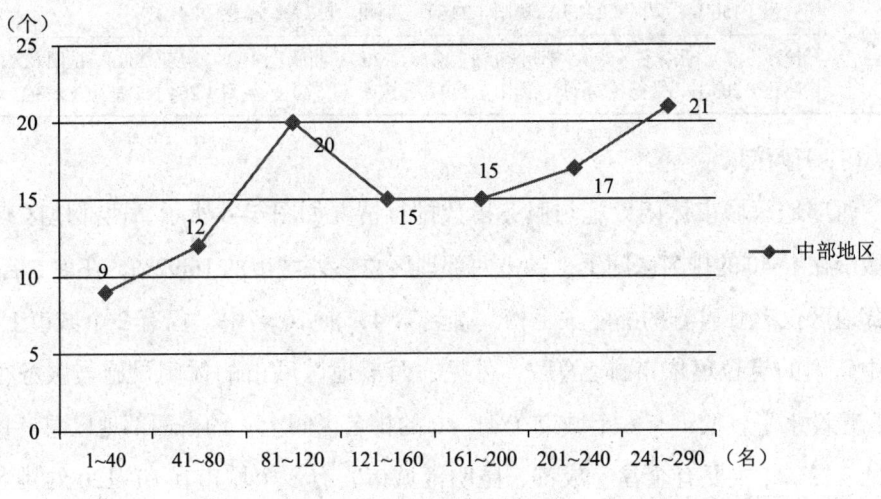

图5-5 中部地区休闲设施与服务指数排行分布

表5-5 中部地区省份（自治区）及城市休闲设施与服务指数排名

省份	城市排名
山西	太原（15）、阳泉（86）、晋中（92）、晋城（96）、长治（143）、朔州（153）、大同（157）、临汾（168）、运城（191）、忻州（197）、吕梁（230）
内蒙古	鄂尔多斯（9）、乌海（19）、包头（29）、呼和浩特（32）、呼伦贝尔（41）、乌兰察布（69）、巴彦淖尔（132）、通辽（166）、赤峰（180）
吉林	长春（85）、白山（110）、通化（111）、白城（145）、吉林（151）、辽源（172）、四平（178）、松原（205）
黑龙江	伊春（37）、大庆（64）、哈尔滨（78）、鹤岗（88）、牡丹江（91）、双鸭山（104）、黑河（112）、鸡西（125）、佳木斯（196）

续表

省份	城市排名
安徽	黄山（6）、池州（26）、宣城（54）、铜陵（61）、合肥（89）、淮南（100）、芜湖（127）、马鞍山（128）、六安（182）、安庆（187）、蚌埠（210）、淮北（242）、滁州（256）、亳州（275）、宿州（288）、阜阳（290）
江西	景德镇（44）、九江（103）、南昌（107）、新余（163）、吉安（199）、鹰潭（213）、宜春（223）、赣州（228）、萍乡（236）、抚州（265）、上饶（269）
河南	郑州（70）、开封（84）、三门峡（98）、洛阳（106）、焦作（158）、鹤壁（175）、许昌（183）、漯河（206）、新乡（217）、南阳（233）、平顶山（248）、濮阳（252）、商丘（268）、驻马店（272）、安阳（274）、信阳（278）、周口（284）
湖北	武汉（43）、十堰（49）、宜昌（76）、黄石（118）、咸宁（134）、荆门（142）、鄂州（147）、赣州（156）、黄冈（221）、襄阳（235）、荆州（237）、孝感（241）
湖南	长沙（12）、张家界（59）、郴州（95）、株洲（120）、湘潭（141）、娄底（200）、岳阳（201）、怀化（203）、常德（246）、衡阳（249）、永州（257）、益阳（264）、邵阳（273）

（三）西部

西部地区城市休闲设施与服务指数排行情况如图5-6所示，西部地区有11个城市在1~40的排名区间上，约占西部地区总参评城市的16.92%，在前5名中，西部地区仅有甘肃省的嘉峪关上榜，排名第4，前10名中，仅有2个城市上榜，其中新疆的克拉玛依市排名第7，可见，西部地区城市的休闲设施与服务很薄弱，建设水平较低；有6个城市在41~80的排名区间上，约占西部地区总参评城市的9.23%，主要有金昌、成都、昆明等城市；有5个城市在81~120的排名区间上，约占西部地区总参评城市的7.69%，主要有延安、固原、攀枝花等城市；有10个城市在121~160的排名区间上，约占西部地区总参评城市的15.38%；有9个城市在161~200的排名区间上，约占西部地区总参评城市的13.85%，主要有汉中、绵阳、安顺等城市；有8个城市在201~240的排名区间上，约占西部地区总参评城市的12.31%；有16个城市在241~290的排名区间上，约占西部地区总参评城市的24.61%，主要集中在四川省，有遂宁、巴中、自贡等城市。由以上可见，西部地区在城市休闲设施与服务指数上的排行分布很不均匀，在241~290的排名区间上分布最多，41~120的排名区间上的分布最少。西部地区城市的休闲设施与服务的发展受到城市经济发展水平的限制，在休闲设施与服务方面，整体发展水平低，相对于东、中部地区发展缓慢。

表5-6所示为西部地区省份（自治区、直辖市）及城市休闲设施与服务指数排名。

第五章 省域空间上的城市休闲发展分析

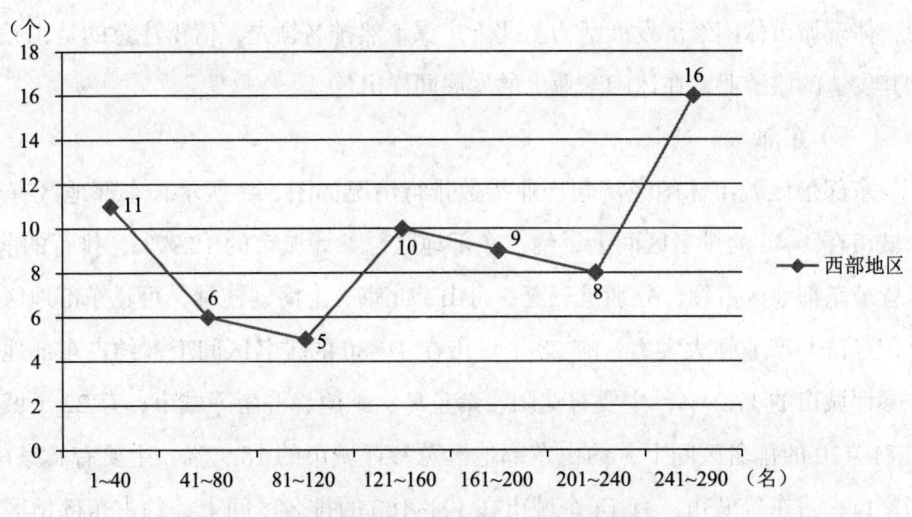

图 5-6 西部地区休闲设施与服务指数排行分布

表 5-6 西部地区省份（自治区、直辖市）及城市休闲设施与服务指数排名

省份	城市排名
陕西	西安（13）、铜川（82）、延安（90）、宝鸡（126）、商洛（162）、安康（185）、汉中（192）、榆林（193）、咸阳（227）、渭南（234）
甘肃	嘉峪关（4）、酒泉（21）、张掖（24）、兰州（36）、金昌（42）、武威（135）、平凉（148）、白银（154）、陇南（173）、天水（189）、庆阳（239）、定西（251）
宁夏	银川（23）、石嘴山（67）、固原（99）、吴忠（108）、中卫（133）
新疆	克拉玛依（7）、乌鲁木齐（14）
四川	成都（48）、攀枝花（94）、广元（123）、乐山（139）、雅安（194）、绵阳（195）、泸州（226）、德阳（240）、遂宁（243）、巴中（247）、自贡（262）、南充（263）、宜宾（267）、广安（271）、眉山（276）、内江（279）、达州（283）、资阳（287）
重庆	159
云南	丽江（11）、昆明（56）、玉溪（57）、普洱（152）、保山（155）、曲靖（255）、临沧（277）、昭通（281）
贵州	贵阳（46）、安顺（161）、六盘水（209）、遵义（211）、铜仁（253）、毕节（286）
西藏	拉萨（16）
青海	西宁（27）、海东（202）

三、城市休闲经济与产业发展

通过考察第三产业比重、休闲业就业人员比重，以及旅游收入和国际化程度

等，体现城市休闲经济发展活力。北上广深依然排名领先，值得注意的是，三亚因其发达的旅游业，在休闲产业上的发展同样出色。

（一）东部

东部地区城市休闲经济与产业指数排行情况如图5-7所示，东部地区有22个城市在1~40的排名区间上，约占东部地区总参评城市的18.97%，排行的前5名皆被东部地区占领，分别是三亚、舟山、北京、上海、桂林，可见东部地区的休闲经济与产业强大实力；有20个城市在41~80的排名区间上，约占东部地区总参评城市的17.24%，主要有沈阳、秦皇岛、承德、济南等城市；有22个城市在81~120的排名区间上，约占东部地区总参评城市的18.97%，主要有石家庄、张家口、丹东等城市；有14个城市在121~160的排名区间上，约占东部地区总参评城市的12.07%；有12个城市在161~200的排名区间上，约占东部地区总参评城市的10.34%；有17个城市在201~240的排名区间上，约占东部地区总参评城市的14.66%，主要有柳州、泰州、盐城等城市；有9个城市在241~290的排名区间上，约占东部地区总参评城市的7.76%，主要有百色、宿迁、邢台等城市。东部地区休闲经济与产业指数排名集中分布在120名之前，且包揽了前5名，可见东部地区的休闲经济与产业相当发达，尤其是旅游业发达的城市，如三亚、桂林、北京、上海等地，大量游客的涌入带动了当地休闲经济的发展。

表5-7所示为东部地区省份（自治区、直辖市）及城市休闲经济与产业指数排名。

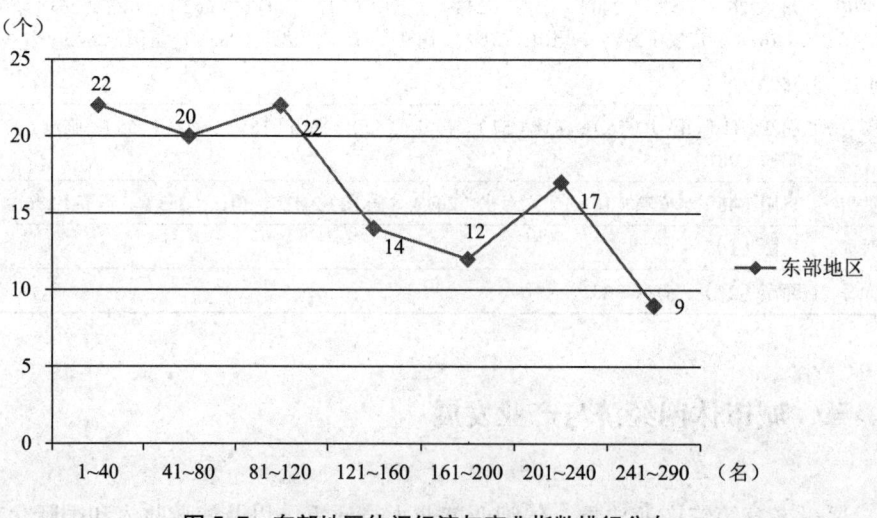

图5-7 东部地区休闲经济与产业指数排行分布

表 5-7 东部地区省份（自治区、直辖市）及城市休闲经济与产业指数排名

省份	城市排名
北京	3
天津	13
上海	4
辽宁	大连（33）、沈阳（53）、丹东（95）、葫芦岛（186）、锦州（199）、鞍山（76）、抚顺（103）、本溪（100）、盘锦（109）、营口（146）、朝阳（187）、阜新（257）、辽阳（173）、铁岭（234）
河北	石家庄（91）、秦皇岛（58）、邯郸（209）、保定（148）、唐山（178）、张家口（97）、廊坊（142）、邢台（248）、承德（74）、沧州（228）、衡水（214）
山东	青岛（37）、济南（59）、临沂（132）、威海（49）、烟台（81）、潍坊（155）、济宁（118）、日照（82）、聊城（223）、菏泽（271）、泰安（104）、德州（180）、枣庄（233）、淄博（98）、东营（169）、莱芜（221）、滨州（219）
江苏	南京（30）、苏州（27）、无锡（47）、徐州（165）、连云港（182）、常州（75）、扬州（125）、南通（57）、盐城（210）、淮安（177）、镇江（272）、宿迁（264）、泰州（211）
浙江	杭州（8）、宁波（9）、温州（63）、台州（90）、嘉兴（42）、舟山（2）、绍兴（52）、湖州（22）、衢州（106）、金华（41）、丽水（65）
福建	厦门（32）、福州（54）、泉州（45）、莆田（137）、漳州（112）、宁德（260）、龙岩（213）、南平（105）、三明（238）
广东	深圳（19）、广州（12）、东莞（36）、珠海（16）、惠州（34）、湛江（123）、佛山（29）、汕头（145）、中山（28）、揭阳（250）、肇庆（101）、阳江（170）、潮州（51）、江门（20）、梅州（130）、韶关（116）、清远（113）、茂名（191）、河源（154）、汕尾（254）、云浮（134）
广西	桂林（5）、南宁（61）、北海（117）、柳州（201）、防城港（86）、玉林（225）、梧州（216）、钦州（226）、贺州（96）、贵港（250）、百色（251）、河池（156）、崇左（94）、来宾（207）
海南	三亚（1）、海口（43）、儋州（64）

（二）中部

如图 5-8 所示，在休闲经济与产业指数排行中，中部地区有 9 个城市在 1~40 的排名区间上，约占中部地区总参评城市的 8.26%，在前 5 名中，中部地区无一个城市上榜，前 10 名中仅有排名第 10 的池州市上榜；有 16 个城市在 41~80 的排名区间上，约占中部地区总参评城市的 14.68%，主要有太原、呼伦贝尔、乌兰察布、呼和浩特等城市；有 13 个城市在 81~120 的排名区间上，约占中部地区总参评城市的 11.93%；有 14 个城市在 121~160 的排名区间上，约占中部地区总参评城市的 12.84%；有 21 个城市在 161~200 的排名区间上，约占

中部地区总参评城市的19.26%,主要有吕梁、朔州、株洲等城市;有13个城市在201~240的排名区间上,约占中部地区总参评城市的11.93%;有23个城市在241~290的排名区间上,约占中部地区总参评城市的19.26%,主要有娄底、邵阳、鹤壁、漯河等城市。中部地区的休闲经济与产业排行主要集中在161~200和241~290排行区间上,排行在前40名的城市较少,仅有一个城市排行第10。可见,中部地区的休闲经济与产业的发展水平相对逊色,且缺乏表现突出的城市,中部地区应该采取相应的经济政策,大力发展休闲经济,使得休闲经济与产业能与其他产业相互促进。

表5-8所示为中部地区省份(自治区)及城市休闲经济与产业指数排名。

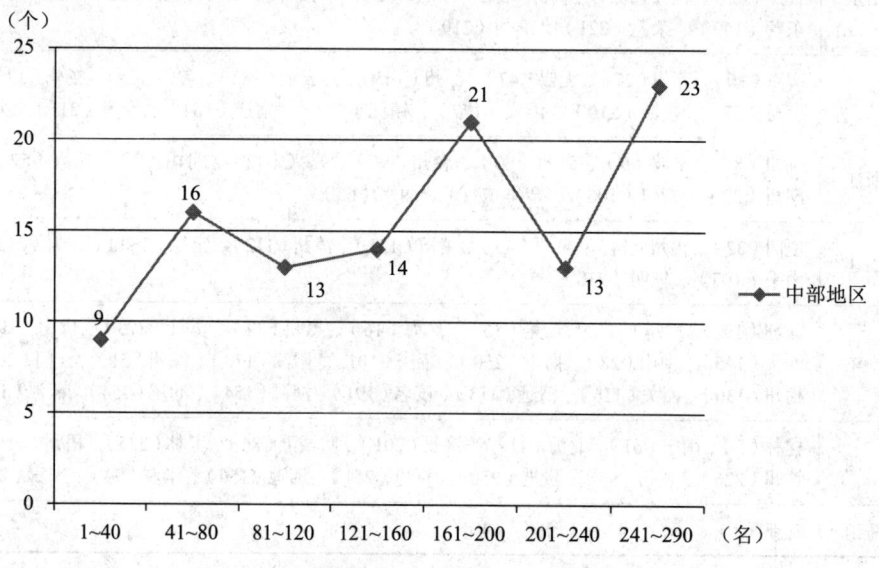

图5-8 中部地区休闲经济与产业指数排行分布

表5-8 中部地区省份(自治区)及城市休闲经济与产业指数排名

省份	城市排名
山西	太原(48)、大同(85)、运城(121)、晋城(131)、临汾(150)、长治(139)、朔州(196)、忻州(192)、阳泉(108)、吕梁(176)、晋中(78)
内蒙古	呼和浩特(46)、鄂尔多斯(18)、乌兰察布(107)、巴彦淖尔(270)、呼伦贝尔(44)、包头(115)、赤峰(215)、通辽(218)、乌海(237)
吉林	长春(71)、四平(287)、吉林(110)、松原(246)、白城(245)、通化(120)、辽源(280)、白山(185)

续表

省份	城市排名
黑龙江	哈尔滨（62）、佳木斯（198）、齐齐哈尔（222）、大庆（204）、牡丹江（55）、双鸭山（256）、伊春（232）、七台河（231）、黑河（67）、绥化（283）、鸡西（194）、鹤岗（167）
安徽	合肥（73）、黄山（57）、芜湖（102）、蚌埠（212）、阜阳（252）、安庆（136）、马鞍山（160）、淮南（195）、滁州（277）、六安（21）、宿州（68）、亳州（220）、宣城（164）、铜陵（135）、池州（10）、淮北（289）
江西	南昌（40）、赣州（147）、景德镇（35）、九江（70）、上饶（77）、宜春（200）、吉安（149）、抚州（255）、萍乡（162）、新余（153）、鹰潭（38）
河南	郑州（60）、洛阳（56）、南阳（184）、开封（111）、信阳（208）、商丘（263）、安阳（218）、新乡（183）、平顶山（174）、驻马店（171）、三门峡（128）、许昌（262）、濮阳（285）、漯河（290）、周口（276）、焦作（127）、鹤壁（284）
湖北	武汉（17）、襄阳（114）、宜昌（79）、荆州（243）、十堰（84）、孝感（119）、黄石（235）、咸宁（193）、随州（265）、黄冈（244）、荆门（179）、鄂州（188）
湖南	张家界（15）、长沙（24）、衡阳（197）、郴州（129）、株洲（172）、怀化（168）、常德（189）、岳阳（133）、邵阳（202）、永州（229）、湘潭（89）、益阳（240）、娄底（247）

（三）西部

西部地区城市休闲经济与产业指数排行情况如图5-9所示，西部地区有9个城市在1~40的排名区间上，约占西部地区总参评城市的13.85%，在前5名中，西部地区无一城市上榜，前10名中，仅有两个城市上榜，第6名和第7名的成都和拉萨；有4个城市在41~80的排名区间上，约占西部地区总参评城市的6.15%，这4个城市都在甘肃省，分别是陇南、兰州、酒泉、嘉峪关；有5个城市在81~120的排名区间上，约占西部地区总参评城市的7.69%，主要有宝鸡、渭南、攀枝花等城市；有12个城市在121~160的排名区间上，约占西部地区总参评城市的18.46%；有7个城市在161~200的排名区间上，约占西部地区总参评城市的10.77%，主要有固原、咸阳、商洛等城市；有10个城市在201~240的排名区间上，约占西部地区总参评城市的15.38%；有18个城市在241~290的排名区间上，约占西部地区总参评城市的27.69%，主要有泸州、白银、眉山等城市。由以上可见，西部地区休闲经济与产业指数排名集中在241~290排名区间上，大多数城市排名落后。西部地区的休闲经济与产业基础较为薄弱，只有个别城市（成都）表现突出。西部地区应充分利用当地丰富的自然旅游资源发展旅游业，从而促进当地休闲经济与产业的发展。表5-9所示为西部地区省份（自治区、直辖市）及城市休闲经济与产业指数排名。

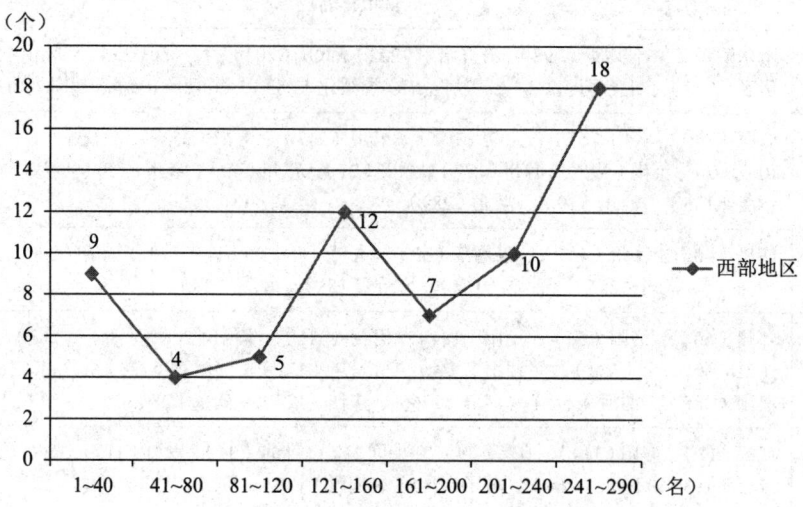

图5-9 西部地区休闲经济与产业指数排行分布

表5-9 西部地区省份（自治区、直辖市）及城市休闲经济与产业指数排名

省份	城市排名
陕西	安康（175）、榆林（152）、延安（144）、商洛（163）、宝鸡（93）、汉中（230）、铜川（181）、西安（23）、渭南（99）、咸阳（166）
甘肃	陇南（50）、兰州（66）、酒泉（69）、嘉峪关（80）、天水（122）、张掖（143）、平凉（192）、定西（206）、武威（259）、庆阳（261）、白银（268）、金昌（278）
宁夏	银川（26）、固原（161）、中卫（190）、石嘴山（236）、吴忠（281）
新疆	乌鲁木齐（39）、克拉玛依（217）
四川	成都（6）、攀枝花（88）、乐山（124）、巴中（138）、雅安（140）、自贡（151）、绵阳（202）、广元（227）、遂宁（239）、南充（266）、德阳（269）、泸州（272）、眉山（273）、宜宾（274）、资阳（279）、广安（282）、内江（286）、达州（288）
重庆	11
云南	丽江（14）、昆明（25）、普洱（141）、保山（158）、玉溪（203）、昭通（242）、临沧（249）、曲靖（275）
贵州	贵阳（31）、安顺（83）、遵义（126）、铜仁（159）、毕节（224）、六盘水（241）
西藏	拉萨（7）
青海	西宁（87）、海东（205）

四、城市休闲生活与消费发展

城市休闲消费与居民的日常生活紧密联系，北上广深无论是在人口体量、人均收入，还是在城市休闲经济上都占据前位，因此，休闲消费量也是庞大的。总体来说，南方城市尤其是中南、华南、江南地区城市的休闲消费远高于北方城市；北方城市中，以大连、青岛、西安等为代表的热门旅游城市排名靠前。

（一）东部

东部地区城市休闲生活与消费指数排行情况如图5-10所示，东部地区有30个城市在1~40的排名区间上，约占东部地区总参评城市的25.86%，排行的前5名皆被东部地区占领，排行的前10名中，除了第6名，其余的9名皆是东部地区的城市，分别是深圳、北京、上海、苏州、东莞、珠海、宁波、舟山、南京，可见东部地区城市休闲生活消费水平高；有16个城市在41~80的排名区间上，约占东部地区总参评城市的13.79%，主要有本溪、南通、福州等城市；有14个城市在81~120的排名区间上，约占东部地区总参评城市的12.07%，主要有辽阳、盐城、莆田等城市；有13个城市在121~160的排名区间上，约占东部地区总参评城市的11.21%；有15个城市在161~200的排名区间上，约占东部地区总参评城市的12.93%；有9个城市在201~240的排名区间上，约占东部地区总参评城市的7.76%，主要有葫芦岛、朝阳、潮州等城市；有19个城市在241~290的排名区间上，约占东部地区总参评城市的16.38%，主要有丹东、河源、梧州等城市。东部地区休闲生活与消费指数排名集中分布在40名之前，且包揽了前5名，这些排名靠前的城市主要是东部沿海城市或经济发达的城市，休闲生活消费水平极高。东部地区仍有相当数量的城市排名在241名之后，可见东部地区在休闲生活与消费方面发展不均衡，这一不均衡主要是由经济发展水平之间的不均衡引起的。表5-10所示为东部地区省份（自治区、直辖市）及城市休闲生活与消费指数排名。

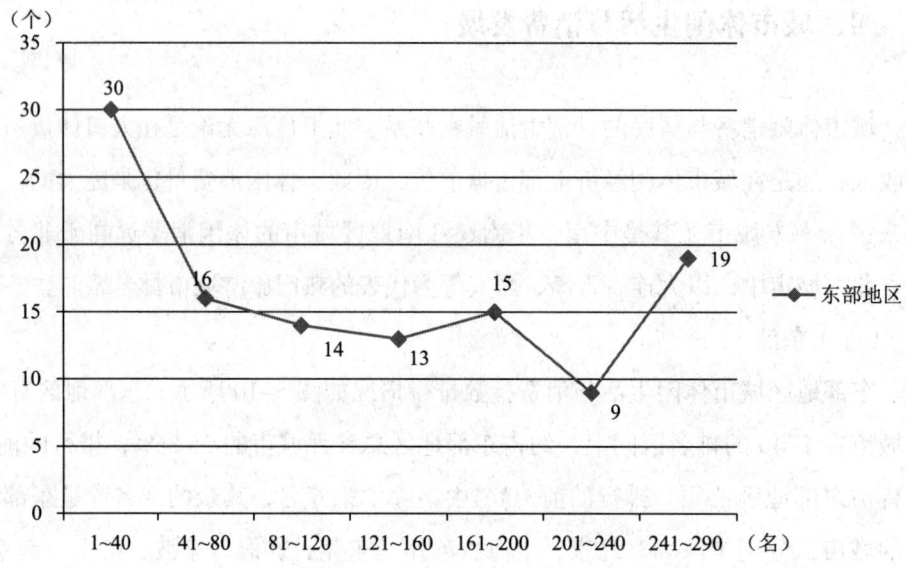

图 5-10 东部地区休闲生活与消费指数排行分布

表 5-10 东部地区省份（自治区、直辖市）及城市休闲生活与消费指数排名

省份	城市排名
北京	2
天津	15
上海	3
辽宁	沈阳（27）、大连（39）、本溪（54）、盘锦（71）、鞍山（73）、辽阳（87）、营口（136）、抚顺（140）、阜新（142）、锦州（157）、葫芦岛（209）、朝阳（213）、铁岭（217）、丹东（246）
河北	石家庄（52）、唐山（74）、秦皇岛（81）、廊坊（93）、沧州（141）、衡水（182）、邯郸（185）、保定（189）、邢台（225）、承德（247）、张家口（254）
山东	东营（16）、青岛（25）、济南（28）、威海（29）、淄博（31）、烟台（66）、潍坊（70）、滨州（72）、日照（95）、莱芜（101）、泰安（111）、临沂（120）、枣庄（133）、德州（138）、济宁（146）、聊城（165）、菏泽（257）
江苏	苏州（4）、南京（10）、无锡（13）、常州（19）、镇江（226）、南通（45）、扬州（49）、泰州（50）、盐城（84）、淮安（97）、徐州（123）、连云港（129）、宿迁（186）
浙江	宁波（8）、舟山（9）、杭州（11）、嘉兴（20）、台州（32）、金华（34）、绍兴（36）、湖州（42）、温州（46）、衢州（103）、丽水（104）
福建	厦门（24）、福州（51）、泉州（53）、莆田（88）、龙岩（126）、三明（128）、漳州（177）、宁德（184）、南平（187）

续表

省份	城市排名
广东	深圳（1）、东莞（5）、珠海（7）、广州（14）、佛山（17）、中山（22）、惠州（69）、江门（105）、韶关（173）、阳江（198）、汕头（200）、潮州（207）、肇庆（211）、清远（216）、茂名（242）、云浮（249）、湛江（252）、汕尾（263）、梅州（267）、揭阳（268）、河源（283）
广西	桂林（33）、南宁（143）、北海（161）、柳州（171）、防城港（197）、来宾（232）、贵港（239）、钦州（244）、贺州（248）、河池（256）、玉林（258）、崇左（272）、百色（273）、梧州（282）
海南	海口（98）、三亚（164）、儋州（184）

（二）中部

如图5-11所示，在休闲生活与消费指数排行中，中部地区有7个城市在1~40的排名区间上，约占中部地区总参评城市的6.42%，在前5名中，中部地区无一个城市上榜，前10名中仅有排名第6的鄂尔多斯上榜；有16个城市在41~80的排名区间上，约占中部地区总参评城市的14.68%，主要有太原、吉林、合肥等城市；有20个城市在81~120的排名区间上，约占中部地区总参评城市的18.35%；有21个城市在121~160的排名区间上，约占中部地区总参评城市的19.26%；有20个城市在161~200的排名区间上，约占中部地区总参评城市的18.35%，主要有伊春、平顶山、南阳等城市；有15个城市在201~240的排名区间上，约占中部地区总参评城市的13.76%；有10个城市在241~290的排名区间上，约占中部地区总参评城市的9.17%，主要有怀化、孝感、黄冈等城市。由以上可见，中部地区的休闲生活与消费指数排名集中在中间部分，分布在前40名和后241名的城市较少，尤其是在前10名中，仅有一个城市进入。中部地区城市在休闲生活与消费方面表现不是很突出，但是，随着中部地区经济的发展，人均可支配收入的增加，排名在中间的城市有望进入前40名。表5-11所示为中部地区省份（自治区）及城市休闲生活与消费指数排名。

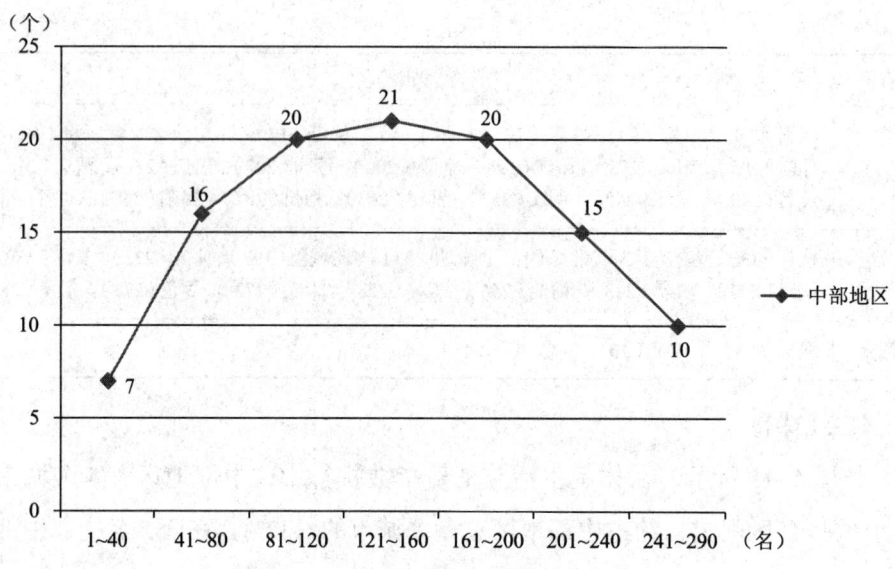

图 5-11 中部地区休闲生活与消费指数排行分布

表 5-11 中部地区省份（自治区）及城市休闲生活与消费指数排名

省份	城市排名
山西	太原（47）、晋城（60）、临汾（106）、晋中（112）、阳泉（114）、朔州（116）、长治（130）、吕梁（132）、大同（151）、运城（180）、忻州（194）
内蒙古	鄂尔多斯（6）、乌海（18）、包头（23）、呼和浩特（30）、呼伦贝尔（68）、通辽（83）、巴彦淖尔（99）、乌兰察布（102）、赤峰（190）
吉林	吉林（64）、长春（65）、辽源（76）、松原（86）、通化（148）、四平（162）、白山（163）、白城（178）
黑龙江	大庆（44）、牡丹江（85）、哈尔滨（94）、佳木斯（139）、鹤岗（155）、双鸭山（167）、伊春（181）、鸡西（208）、齐齐哈尔（220）、黑河（226）、绥化（230）、七台河（264）
安徽	合肥（59）、铜陵（75）、马鞍山（107）、芜湖（109）、宿州（118）、宣城（153）、黄山（158）、淮北（168）、蚌埠（188）、淮南（201）、滁州（203）、池州（214）、亳州（218）、安庆（219）、六安（255）、阜阳（286）
江西	新余（63）、南昌（67）、抚州（156）、景德镇（176）、萍乡（183）、吉安（210）、九江（212）、鹰潭（224）、赣州（238）、上饶（260）、宜春（266）
河南	郑州（40）、三门峡（55）、鹤壁（78）、焦作（82）、新乡（89）、安阳（90）、洛阳（92）、许昌（119）、漯河（145）、濮阳（147）、开封（150）、驻马店（152）、平顶山（172）、南阳（192）、商丘（199）、周口（236）、信阳（266）
湖北	武汉（21）、宜昌（56）、黄石（91）、襄阳（127）、荆门（134）、十堰（137）、鄂州（159）、咸宁（169）、随州（174）、荆州（195）、黄冈（253）、孝感（259）
湖南	长沙（12）、株洲（58）、湘潭（79）、岳阳（113）、常德（122）、郴州（125）、衡阳（154）、张家界（160）、益阳（166）、永州（179）、娄底（221）、怀化（250）、邵阳（251）

（三）西部

西部地区城市休闲生活与消费指数排行情况如图 5-12 所示，西部地区仅有西安、克拉玛依、拉萨 3 个城市在 1~40 的排名区间上，约占西部地区总参评城市 4.62%，在前 30 名中，西部地区无一城市上榜，可见西部地区的休闲生活消费水平极低；有 8 个城市在 41~80 的排名区间上，约占西部地区总参评城市的 12.31%，主要有成都、嘉峪关、昆明等城市；有 6 个城市在 81~120 的排名区间上，约占西部地区总参评城市的 9.23%，主要有宝鸡、酒泉、石嘴山等城市；有 6 个城市在 121~160 的排名区间上，约占西部地区总参评城市的 9.23%；有 5 个城市在 161~200 的排名区间上，约占西部地区总参评城市的 7.69%，主要有资阳、玉溪、西宁等城市；有 16 个城市在 201~240 的排名区间上，约占西部地区总参评城市的 24.62%；有 21 个城市在 241~290 的排名区间上，约占西部地区总参评城市的 32.31%，主要有安顺、六盘水、临沧等城市。由以上可见，西部地区休闲生活与消费指数排名集中在 201 名以后，大多数城市排名落后，且缺乏表现突出的城市，可见西部地区的休闲生活与消费水平低下，这种现状与西部地区城市欠发达的经济水平密不可分。表 5-12 所示为西部地区省份（自治区、直辖市）及城市休闲生活与消费指数排名。

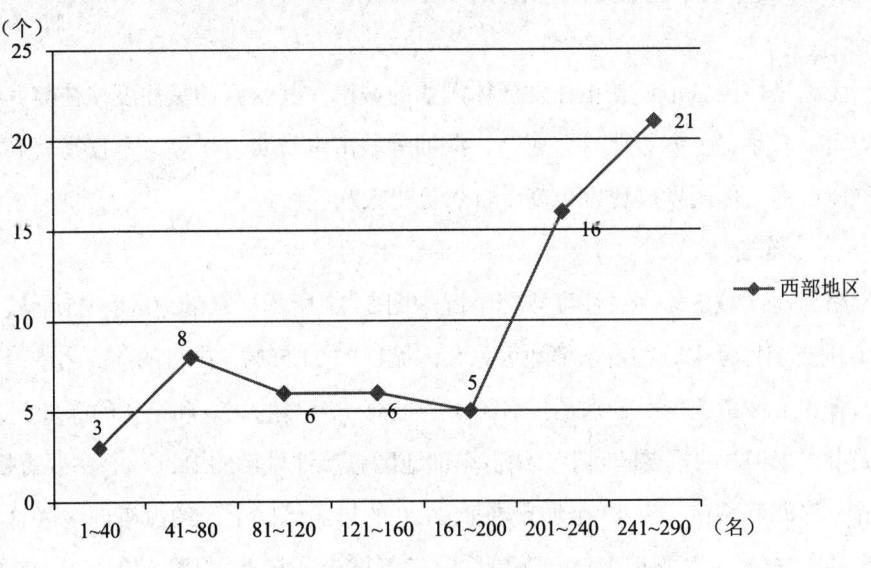

图 5-12 西部地区休闲生活与消费指数排行分布

表 5-12　西部地区省份（自治区、直辖市）及城市休闲生活与消费指数排名

省份	城市排名
陕西	西安（38）、宝鸡（96）、铜川（115）、榆林（117）、延安（124）、咸阳（135）、渭南（191）、汉中（206）、商洛（274）、安康（277）
甘肃	嘉峪关（48）、兰州（77）、金昌（80）、酒泉（108）、张掖（175）、白银（205）、庆阳（227）、天水（234）、平凉（240）、武威（241）、定西（271）、陇南（287）
宁夏	银川（61）、石嘴山（100）、中卫（144）、固原（222）、吴忠（262）
新疆	克拉玛依（35）、乌鲁木齐（41）
四川	成都（43）、攀枝花（62）、德阳（131）、绵阳（149）、资阳（193）、乐山（202）、眉山（204）、广安（228）、自贡（229）、宜宾（231）、内江（235）、雅安（237）、遂宁（243）、泸州（261）、南充（276）、广元（281）、达州（285）、巴中（289）
重庆	121
云南	昆明（57）、玉溪（196）、曲靖（215）、丽江（278）、临沧（279）、普洱（280）、昭通（288）、保山（280）
贵州	贵阳（110）、毕节（223）、安顺（245）、六盘水（269）、铜仁（270）、遵义（275）
西藏	拉萨（37）
青海	西宁（170）、海东（233）

五、城市休闲发展在全国的关注度

无论是休闲城市还是正在发展休闲业的城市，其受到的关注度往往与其综合实力紧密联系，上海、北京、成都、深圳等城市本身实力雄厚，不仅是著名的旅游城市，而且休闲发展程度也高，自然更受人欢迎。

（一）东部

东部地区城市休闲关注度排行情况如图 5-13 所示，东部地区有 25 个城市在 1~40 的排名区间上，约占东部地区总参评城市的 21.55%，排行的前 5 名中，东部地区有 3 个城市上榜，分别是排名第 1 的上海、第 2 的北京和第 4 的深圳；有 22 个城市在 41~80 的排名区间上，约占东部地区总参评城市的 18.97%，主要有扬州、邯郸、珠海等城市；有 17 个城市在 81~120 的排名区间上，约占东部地区总参评城市的 14.66%，主要有廊坊、海口、镇江等城市；有 17 个城市在 121~160 的排名区间上，约占东部地区总参评城市的 14.66%；有 13 个城市在 161~200 的排名

第五章 省域空间上的城市休闲发展分析

区间上,约占东部地区总参评城市的11.21%;有7个城市在201~240的排名区间上,约占东部地区总参评城市的6.34%,主要有营口、朝阳、汕尾等城市;有15个城市在241~290的排名区间上,约占东部地区总参评城市的12.93%,主要有河池、崇左、来宾等城市。东部地区休闲关注度排名集中在排名的前半部分,但是也有相当多的城市排名在241~290排名区间上(主要集中在广西壮族自治区),可见,东部地区虽然在休闲关注度方面总体实力较强,拥有众多表现突出的城市(上海、北京、深圳等),但是各城市之间存在很大的差距,东部地区要尤其注重排名落后城市的建设发展,更进一步地提升东部地区在休闲关注度上的整体实力。表5-13为东部地区省份(自治区、直辖市)及城市休闲关注度排名。

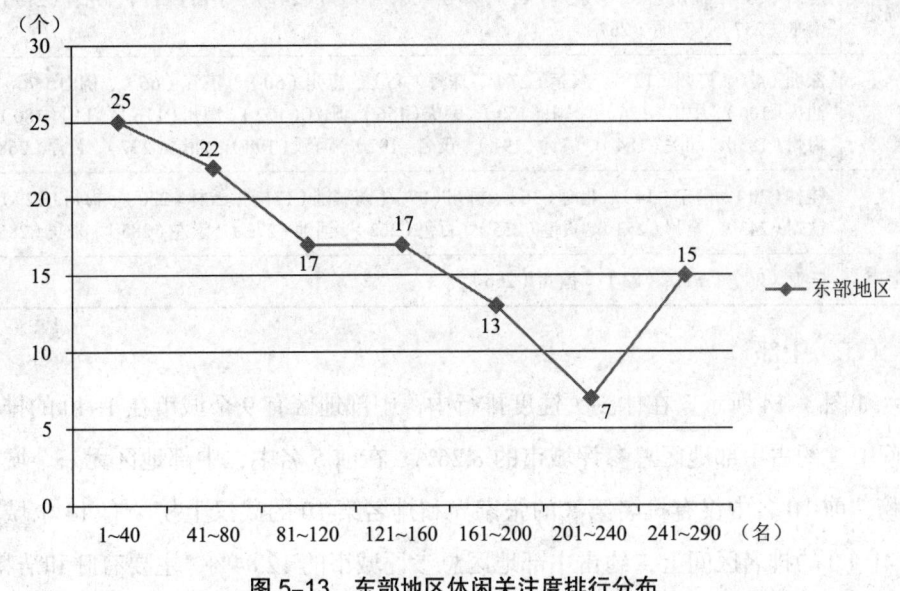

图5-13 东部地区休闲关注度排行分布

表5-13 东部地区省份(自治区、直辖市)及城市休闲关注度排名

省份	城市排名
北京	2
上海	1
天津	14
辽宁	大连(21)、沈阳(30)、丹东(107)、葫芦岛(114)、锦州(158)、鞍山(173)、抚顺(185)、本溪(188)、盘锦(194)、营口(216)、朝阳(226)、阜新(241)、辽阳(249)、铁岭(271)

续表

省份	城市排名
河北	石家庄（24）、秦皇岛（39）、邯郸（55）、保定（68）、唐山（72）、张家口（73）、廊坊（88）、邢台（91）、承德（134）、沧州（153）、衡水（160）
山东	青岛（18）、济南（31）、临沂（47）、威海（65）、烟台（75）、潍坊（85）、济宁（96）、日照（98）、聊城（110）、菏泽（119）、泰安（122）、德州（125）、枣庄（136）、淄博（139）、东营（155）、滨州（157）、莱芜（247）
江苏	南京（7）、苏州（11）、无锡（29）、徐州（33）、连云港（35）、常州（37）、扬州（41）、南通（52）、盐城（53）、淮安（57）、镇江（81）、宿迁（90）、泰州（101）
浙江	杭州（6）、宁波（22）、温州（43）、台州（61）、嘉兴（70）、舟山（79）、绍兴（89）、湖州（95）、衢州（127）、金华（133）、丽水（151）
福建	厦门（16）、福州（48）、泉州（49）、莆田（51）、漳州（147）、宁德（211）、龙岩（219）、南平（257）、三明（267）
广东	深圳（4）、广州（12）、东莞（27）、珠海（45）、惠州（50）、湛江（66）、佛山（76）、汕头（106）、中山（126）、揭阳（150）、肇庆（156）、阳江（172）、潮州（176）、江门（180）、梅州（183）、韶关（184）、清远（191）、茂名（197）、河源（198）、汕尾（237）、云浮（268）
广西	桂林（20）、南宁（34）、北海（36）、柳州（97）、防城港（171）、云林（220）、梅州（229）、钦州（243）、贺州（253）、贵港（255）、百色（263）、河池（273）、崇左（285）、来宾（286）
海南	三亚（26）、海口（83）、儋州（266）

（二）中部

如图 5-14 所示，在休闲关注度排行中，中部地区有 9 个城市在 1~40 的排名区间上，约占中部地区总参评城市的 8.26%，在前 5 名中，中部地区无一个城市上榜，前 10 名中仅有排名第 8 的张家界和排名第 10 的武汉上榜；有 14 个城市在 41~80 的排名区间上，约占中部地区总参评城市的 12.84%，主要有呼和浩特、太原、长春等城市；有 17 个城市在 81~120 的排名区间上，约占中部地区总参评城市的 15.60%，主要集中在河南省；有 14 个城市在 121~160 的排名区间上，约占中部地区总参评城市的 12.84%；有 20 个城市在 161~200 的排名区间上，约占中部地区总参评城市的 18.35%，主要有长治、牡丹江、伊春等城市；有 21 个城市在 201~240 的排名区间上，约占中部地区总参评城市的 19.26%；有 14 个城市在 241~290 的排名区间上，约占中部地区总参评城市的 12.84%，主要有娄底、鄂州、乌海等城市。由以上可知，中部地区在休闲关注度上实力较弱，缺少表现特别突出的城市，且整体排名较为落后。在中部地区，每个省份排名靠前的城市皆为该省的省会城市（湖南省除外，湖南省排名靠前的城市是著名的旅游城市张家界）。表5-14所示为中部地区省份（自治区）及城市休闲关注度排名。

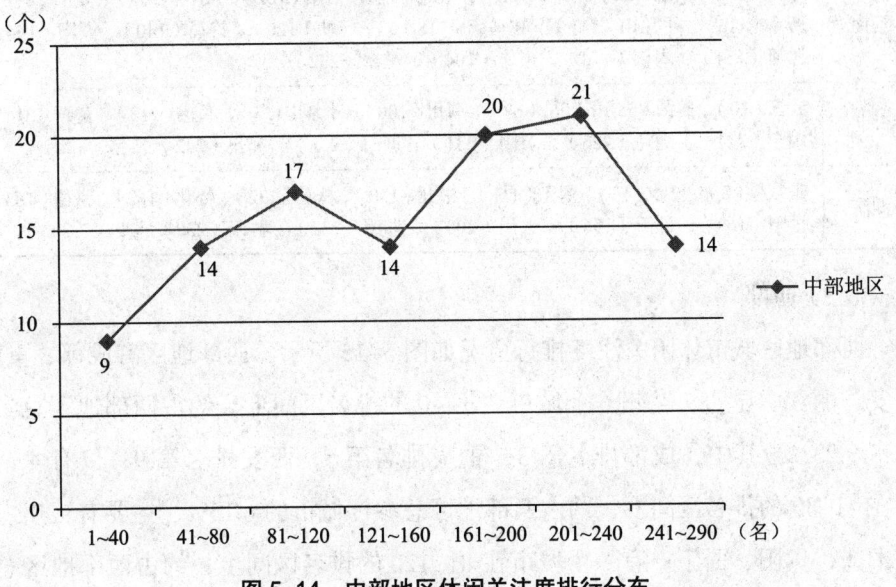

图5-14 中部地区休闲关注度排行分布

表5-14 中部地区省份（自治区）及城市休闲关注度排名

省份	城市排名
山西	太原（54）、大同（115）、运城（159）、晋城（175）、临汾（181）、长治（192）、朔州（205）、忻州（206）、阳泉（209）、吕梁（232）、晋中（276）
内蒙古	呼和浩特（44）、鄂尔多斯（62）、乌兰察布（78）、巴彦淖尔（84）、呼伦贝尔（92）、包头（135）、赤峰（146）、通辽（201）、乌海（264）
吉林	长春（56）、四平（189）、吉林（203）、松原（256）、白城（262）、通化（269）、辽源（279）、白山（287）
黑龙江	哈尔滨（13）、佳木斯（77）、齐齐哈尔（80）、大庆（124）、牡丹江（167）、双鸭山（177）、伊春（224）、七台河（234）、黑河（244）、绥化（254）、鸡西（265）、鹤岗（270）
安徽	合肥（19）、黄山（23）、芜湖（59）、蚌埠（64）、阜阳（74）、安庆（86）、马鞍山（113）、淮南（137）、滁州（138）、六安（144）、宿州（164）、亳州（166）、宣城（168）、铜陵（186）、池州（199）、淮北（207）
江西	南昌（32）、赣州（69）、景德镇（93）、九江（99）、上饶（152）、宜春（178）、吉安（182）、抚州（195）、萍乡（228）、新余（238）、鹰潭（246）

续表

省份	城市排名
河南	郑州（17）、洛阳（28）、南阳（60）、开封（87）、信阳（102）、商丘（105）、安阳（112）、新乡（116）、平顶山（117）、驻马店（118）、三门峡（120）、许昌（140）、濮阳（144）、漯河（154）、周口（174）、焦作（204）、鹤壁（222）
湖北	武汉（10）、襄阳（58）、宜昌（67）、荆州（100）、十堰（123）、孝感（213）、黄石（214）、咸宁（221）、随州（225）、黄冈（231）、荆门（233）、鄂州（242）
湖南	张家界（8）、长沙（15）、衡阳（111）、郴州（130）、株洲（132）、怀化（162）、常德（163）、岳阳（169）、邵阳（196）、永州（200）、湘潭（235）、益阳（239）、娄底（245）

（三）西部

西部地区城市休闲关注度排行情况如图5-15所示，西部地区有成都、重庆、西安、丽江、昆明、兰州6个城市在1~40的排名区间上，约占西部地区总参评城市9.23%，其中，成都排名第3，重庆排名第5，西安排名第9；仅有4个城市在41~80的排名区间上，约占西部地区总参评城市的6.15%，主要有银川、乌鲁木齐、贵阳、西宁；有6个城市在81~120的排名区间上，约占西部地区总参评城市的9.23%，主要有汉中、咸阳、南充等城市；有9个城市在121~160的排名区间上，约占西部地区总参评城市的13.85%；有7个城市在161~200的排名区间上，约占西部地区总参评城市的10.77%，主要有榆林、渭南、遂宁等城市；有12个城市在201~240的排名区间上，约占西部地区总参评城市的18.46%；有21个城市在241~290的排名区间上，约占西部地区总参评城市的32.31%，主要有海东、临沧、资阳等城市。由以上可知，西部地区的休闲关注度排名主要集中在241名以后，排名在前半部分的城市极少，整体排名落后，仅有个别城市表现突出（成都、重庆）。西部地区由于整体经济发展水平及综合实力较低，使得该地区休闲关注度较为缺乏，西部地区可通过发展经济实力及加大对城市的营销宣传来提高地区的休闲关注度。表5-15所示为西部地区省份（自治区、直辖市）及城市休闲关注度排名。

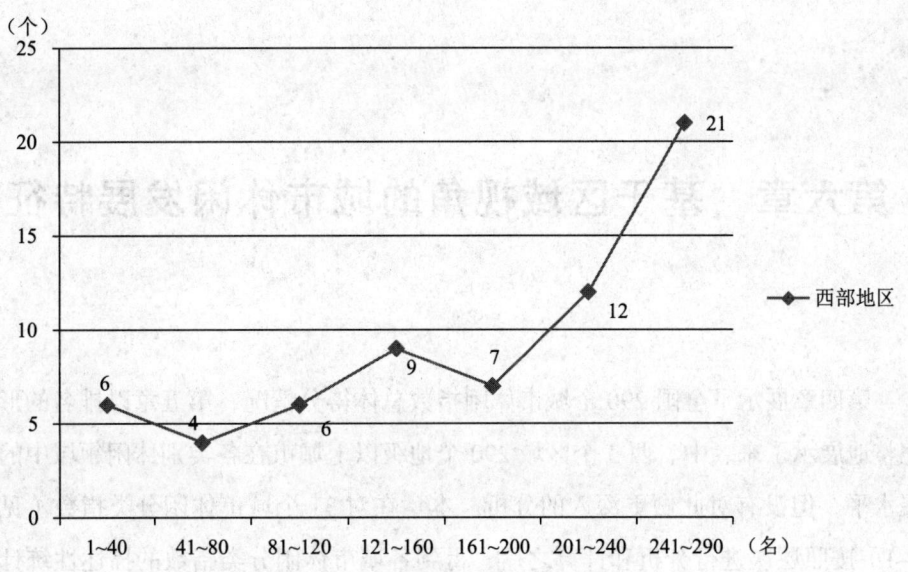

图 5-15 西部地区休闲关注度排行分布

表 5-15 西部地区省份（自治区、直辖市）及城市休闲关注度排名

省份	城市排名
陕西	西安（9）、汉中（82）、咸阳（94）、宝鸡（121）、延安（143）、安康（145）、榆林（179）、渭南（190）、商洛（272）、铜川（278）
甘肃	兰州（40）、嘉峪关（142）、张掖（165）、天水（170）、庆阳（251）、酒泉（252）、武威（260）、平凉（261）、陇南（274）、定西（275）、白银（281）、金昌（283）
宁夏	银川（71）、中卫（282）、固原（284）、吴忠（288）、石嘴山（289）
新疆	乌鲁木齐（46）、克拉玛依（240）
四川	成都（3）、绵阳（103）、南充（108）、泸州（128）、达州（131）、攀枝花（141）、宜宾（146）、遂宁（187）、巴中（202）、德阳（210）、自贡（212）、广元（215）、内江（218）、乐山（223）、广安（227）、雅安（248）、眉山（250）、资阳（259）
重庆	5
云南	丽江（25）、昆明（38）、玉溪（129）、曲靖（193）、普洱（208）、昭通（258）、保山（277）、临沧（280）
贵州	贵阳（42）、遵义（109）、六盘水（161）、毕节（271）、铜仁（230）、安顺（236）
西藏	拉萨（104）
青海	西宁（63）、海东（290）

第六章　基于区域视角的城市休闲发展特征

第四章展示了全国290个城市休闲指数总体得分情况，第五章以排名的形式完整地展示了东、中、西3个区域290个地级以上城市在各类别休闲领域中的发展水平，但没有对此做更深入的分析。本章在对31个城市休闲分类指数（见表6-1）按照层次进行分析和计算之后，得到各城市休闲分类指数的描述性统计量房（均值和标准差）（见表6-2）。其次，将依次分析东、中、西部地区省会城市在休闲城市发展指数、城市形象与美誉指数、休闲空间与环境指数、休闲设施与服务指数、休闲经济与产业指数、休闲生活与消费指数、休闲关注度7个方面的排名分布情况。

表6-1　31个城市分指数得分

城市	城市形象与美誉	城市休闲空间与环境	城市休闲设施与服务	城市休闲经济与产业	城市休闲生活与消费	城市休闲发展关注度
北京	6	12.895 97	10.778 43	11.067 06	5.916 418	17.368 42
天津	6	12.861 03	4.806 216	7.502 111	5.083 525	9.049 477
石家庄	5	12.102 41	2.553 537	2.548 196	3.314 78	6.548 232
太原	5	13.822 05	7.438 409	3.958 77	3.402 099	3.272 456
呼和浩特	3.2	15.777 47	5.408 977	4.066 011	4.130 061	4.100 946
沈阳	4.8	14.499 38	4.052 089	3.765 126	4.249 644	5.404 284
长春	4.2	14.996 93	3.233 265	3.085 525	3.093 073	3.159 555
哈尔滨	4.6	14.426 75	3.381 579	3.501 974	2.727 852	9.643 865
上海	6	11.384 85	6.868 861	10.919 65	5.822 835	20
南京	5	13.950 42	5.350 637	4.814 256	5.384 653	12.365 93
杭州	6	14.598 05	6.679 439	8.828 459	5.336 024	12.935 41

续表

城市	城市形象与美誉	城市休闲空间与环境	城市休闲设施与服务	城市休闲经济与产业	城市休闲生活与消费	城市休闲发展关注度
合肥	3.6	14.407 55	3.206 39	3.066 137	3.181 125	7.741 989
福州	5.4	15.633 39	3.411 101	3.763 868	3.324 515	3.800 432
南昌	6	14.792 06	2.711 643	4.268 972	3.065 581	5.332 891
济南	5	13.367 05	4.382 842	3.571 954	4.245 044	5.398 473
郑州	6	11.444 01	3.557 864	3.531 257	3.826 218	8.217 666
武汉	6	13.125	4.853 084	6.816 106	4.692 281	10.622 61
长沙	4.8	15.336 04	7.790 978	5.665 113	5.210 679	8.837 938
广州	4	14.595 64	6.790 653	7.525 305	5.107 554	9.966 794
南宁	3.8	15.916 9	2.834 373	3.522 973	2.364 811	5.190 105
海口	4	15.487 69	5.342 722	4.135 062	2.701 875	2.415 74
重庆	7	14.726 62	1.956 704	7.925 345	2.518 745	13.434 24
成都	7	12.194 06	4.589 38	8.979 714	3.731 962	14.696 33
贵阳	4.2	15.519 99	4.711 018	4.760 957	2.606 228	4.141 624
昆明	3.4	16.319 18	4.279 594	5.550 685	3.258 853	4.737 672
拉萨	4.2	17.861 12	6.865 809	8.956 008	3.921 852	1.998 174
西安	6	12.414 4	7.659 696	5.702 159	3.835 349	11.088 33
兰州	2.4	12.829 48	5.218 002	3.276 324	2.913 362	4.266 977
银川	4.2	15.207 11	6.597 235	5.364 077	3.157 185	2.682 218
西宁	2.4	14.266 73	5.828 448	2.62 207	2.169 994	2.877 304
乌鲁木齐	2	15.194 42	7.478 46	4.285 802	3.824 008	3.871 825

表6-2 31个城市休闲指数与分指数相关分析描述性统计量

分项	均值	标准差	N
城市休闲指数	40.98	8.60	31
城市形象与美誉指数	4.75	1.30	31
城市休闲空间与环境指数	14.26	1.30	31
城市休闲设施与服务指数	5.18	1.97	31

续表

分项	均值	标准差	N
城市休闲经济与产业指数	5.4	2.43	31
城市休闲生活与消费指数	3.81	1.06	31
城市休闲发展关注度指数	7.59	4.68	31

注：N是省份总数量

尽管城市休闲指数反映了城市休闲化发展情况，但总体得分高并不意味着各分指数或领域指标的得分都高，也并不意味着这座城市一定就是真正的休闲城市。因此，需要从不同角度反映城市休闲发展水平，才能对中国休闲城市发展有一个详尽的了解。因此，我们将31个城市的休闲指数及分指数以柱状图的形式描绘出来，从整体上把握东、中、西3个区域在休闲各领域的发展程度，如图6-1所示。

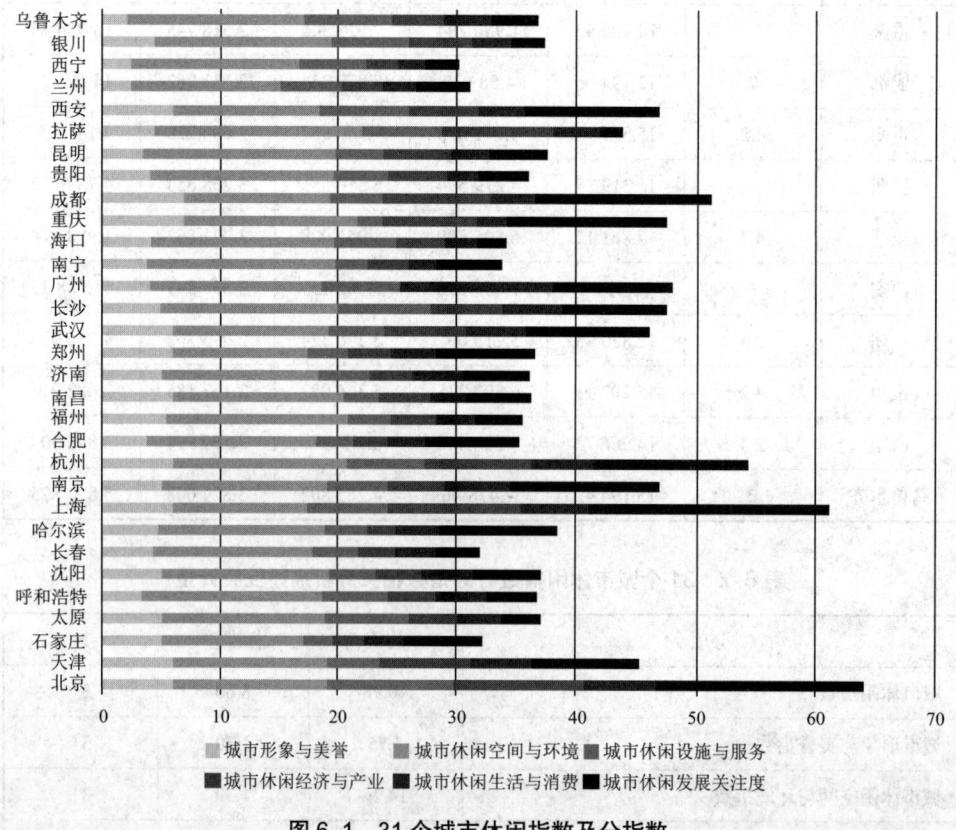

图6-1　31个城市休闲指数及分指数

一、全国城市休闲指数总体分析

31个城市总体得分值范围为 30.16 < CLI < 64.02（保留两位小数），均值为40.98，排在前10位的分别是北京、上海、杭州、成都、广州、长沙、重庆、南京、西安、武汉，得分值CLI均超过46；低于平均值的城市共有19个，排在末3位的是长春、兰州和西宁。可以看出，以北京、上海、杭州、广州、南京等城市为代表的东部区域普遍具有较强的城市休闲化发展程度，中、西部区域在城市休闲化建设和培育方面差距较大。东、中、西3个区域的休闲化结构不平衡。

出现这个情况的原因在于，东部尤其是东南、江南一带的城市已经步入后工业化阶段，城市社会经济已达到较高的水平，即使在个别分指数上的得分低，但由于其在与社会经济联系紧密的分指数的得分远远高于中西部其他城市，因此，整体排名靠前，也再次说明了单纯依靠总指数排序名次，不足以说明东、中、西3个区域的休闲功能建设和休闲化发展存在的问题。

二、全国城市休闲分指数分析

1. 城市形象与美誉指数

图6-2所示为31个城市形象与美誉指数排序。

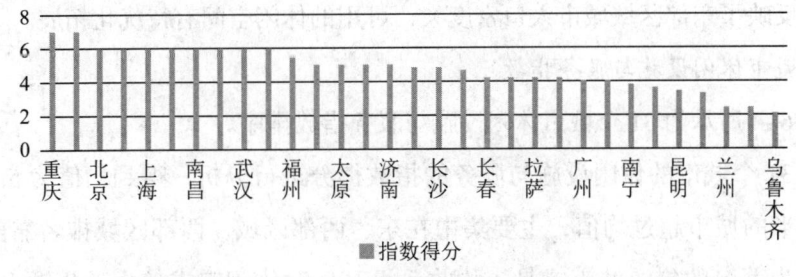

图6-2　31个城市形象与美誉指数排序图

对31个城市形象与美誉指数得分进行横向比较表明，重庆和成都并列第1名，北京、天津、上海、杭州、南昌、郑州、武汉、西安并列第2名，从重庆到长沙这 17 个城市在这一项的得分都高于均值 4.75 分。尽管重庆、成都及西安拥有极高的城市美誉，但无法改变西部地区的城市形象和声誉普遍低于东、中部区域城市的现实；东部区域的城市形象总体领先，中部区域城市居中。

2. 城市休闲空间与环境指数

图 6-3 所示为 31 个城市休闲空间与环境指数排序。

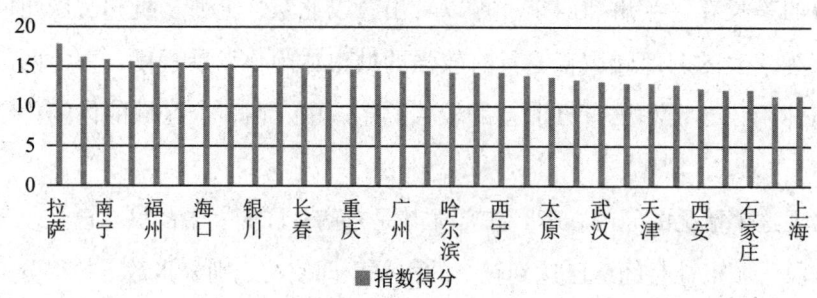

图 6-3　31 个城市休闲空间与环境指数排序图

城市休闲空间与城市环境质量是保证休闲城市具有强大吸引力的重要领域，考量的标准主要是天然生态环境、城市居民开展休闲活动的开放场所、城市为居民创造的可用的休闲空间等，这个指数直接反映了居民在追求精神生活的天然基础和社会原生环境。通过对 31 个城市在此指标的得分分析，得出均值为 14.26 分，其中，高于均值的城市在东中西部都有涉及，西部最多，中部和东部次之，但是大多集中在南方，这与南方优越的气候条件有较大的关系，尤其是拉萨的分值远远高于其他城市。北京、天津、上海等为代表的城市在此指数上的排名普遍偏低，反映了东部区域城市人口密度大，可用的休闲空间有待优化拓展。

3. 城市休闲设施与服务指数

图 6-4 所示为 31 个城市休闲设施与服务指数排序。

对 31 个城市的休闲设施与服务的指数得分进行分析，得到均值为 5.18 分，将近一半的城市超过均值，主要集中在东、西部区域，西部区域排名靠前的城市主要为著名的旅游城市或是人均收入极高、对休闲需求较大的资源型城市。此外，北京的休闲设施与服务发展水平远高于国内任何一个城市，休闲化程度极高。

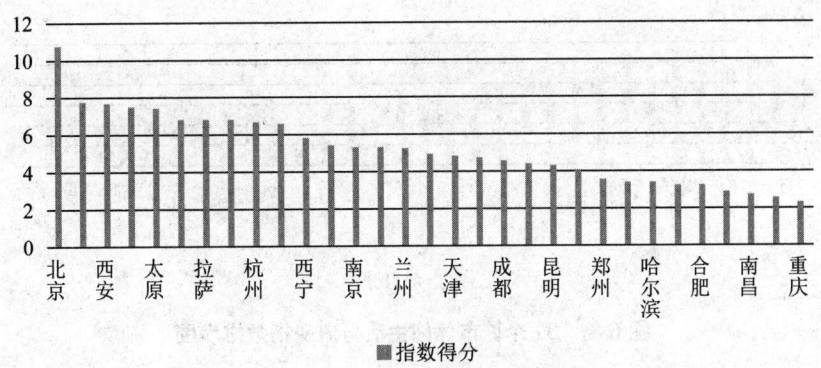

图6-4　31个城市休闲设施与服务指数排序图

4.城市休闲经济与产业指数

图6-5所示为31个城市休闲经济与产业指数排序。

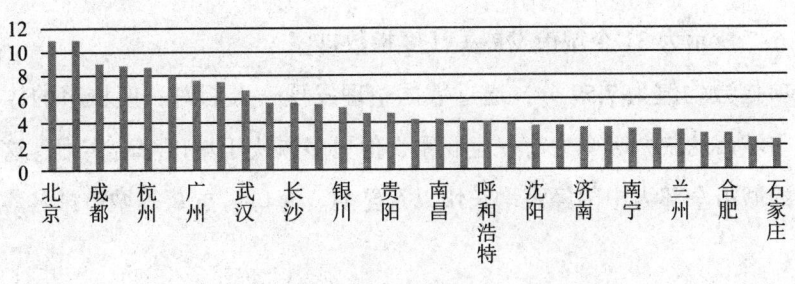

图6-5　31个城市休闲经济与产业指数排序图

很明显能看出，无论是东、中、西哪个区域，城市休闲经济与其旅游经济联系非常紧密，高于均值5.4的12座城市全部为国内极具盛名的传统旅游城市，以旅游从业者、文化创意从业者为主体的就业人群占休闲产业从业人群很大一部分。此外，这些著名的旅游城市的休闲设施都比较完善，旅游收入也高，国际化程度普遍高，因此，很大程度上拉高了其休闲化水平。东、中、西3个区域都有在休闲经济与产业中发展不错的城市，东部和西部表现更为出色。

5.城市休闲生活与消费指数

图6-6所示为31个城市休闲生活与消费指数排序。

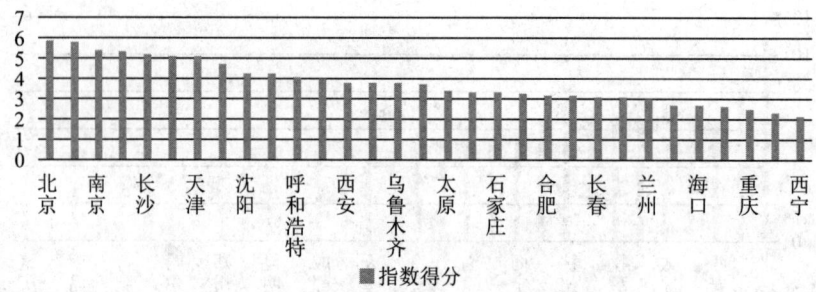

图6-6 31个城市休闲生活与消费指数排序图

休闲生活消费与居民的可支配收入相联系，因此，高于均值3.81分的15座城市中有8座城市来自东部，4个城市来自中部，仅有2座城市来自西部。此外，北京和上海的休闲消费水平远远高于其他城市。

6.城市休闲发展关注度指数

图6-7所示为31个城市发展关注度指数排序。

此项指数均值为7.59分，通过数据整理发现，人们对一座城市的休闲关注度往往与城市的旅游吸引力有一定联系，但更多取决于城市综合实力，这从排名前9名的城市全部为中国经济增长快以及昆明、海口、拉萨等城市排名落后直接能看出。

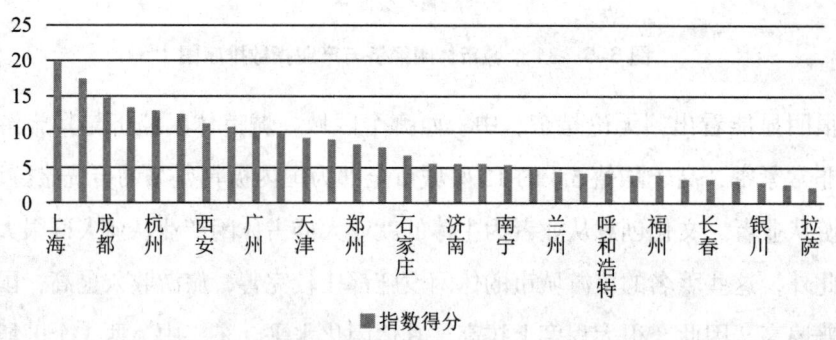

图6-7 31个城市休闲发展关注度指数排序图

第七章 国内典型休闲城市建设案例探析

一、天生休闲之都——成都

(一) 案例背景

成都,简称"蓉",四川省省会,副省级城市,有"休闲之都"的称号。成都位于四川盆地西部,成都平原腹地,境内地势平坦、河网纵横、物产丰富、农业发达,自古就有"天府之国"的美誉。成都东与德阳、资阳毗邻,西与雅安、阿坝接壤,南与眉山相连。成都是"首批国家历史文化名城"和"中国最佳旅游城市",联合国教科文组织创意城市网络授予它"美食之都"称号。成都拥有两项世界遗产,两项世界预备遗产,是中国中西部拥有世界遗产项目数最多的城市。成都承载着3000余年的历史,拥有都江堰、武侯祠、杜甫草堂、金沙遗址、明蜀王陵、望江楼、青羊宫等众多名胜古迹和人文景观。成都也是中西部地区世界500强企业数量最多(268家)、设立外国领事馆数量最多(15个)、开通国际航线数量最多(85条)的城市。

全球知名的支付公司万事达卡日前发布了"2017世界旅游目的地指数",在全球20大增长最具活力旅游目的地榜单(国际入境过夜游客数量增长排名)中,成都凭借年增长率22.7%,位列第2名,仅次于日本大阪。在万事达卡最近两年多发布的3次有关全球旅游的榜单中,成都均上榜。报告还显示,国际过境游客来成都,72.5%是为了休闲旅游;在成都的消费中购物所占比例最大,占41.6%;外国人最喜欢每年4月、5月、8月和10月来成都。而2017年,成都第5次进入"2017中国十大品质休闲城市"榜单,此项榜单由2017中国(国际)休闲发展论坛颁布。

成都的闲适闻名全国乃至世界。与快节奏的大都市相比,成都拥有全国最多的茶馆、KTV、火锅店、书店等，这些都构成了成都独特的城市性格。而在成都，人们不仅是简单地"吃喝玩乐"，里面蕴含的文化、品质、魅力等，又使休闲品位高、文化味道浓、历史感厚重。不仅使本地居民生活消费便捷，更让来蓉外地人的幸福指数顿时"爆棚"。清代纪昀对此曾评价道："成都自唐代号为繁庶，甲于西南……富贵悠闲，岁时燕集，寝沿相习。"成都被称为中国的"休闲之都"，具有很大的客观性和现实性，是历史传承和资源特色的需要和必然，融合了历史和现实的科学定位，满足了不同层次、不同人群、不同方面的休闲需求。因此，成都才被成为"休闲之都"。

秉承先人的休闲遗风，成都人似乎天生就有喜好休闲、敢于消费的性情和传统。和谐、安逸的休闲氛围，前卫、时尚的休闲习惯，使成都弥漫着浓厚的悠闲气息，让人来了就不想离开。遍布大街小巷的茶馆、酒吧、咖啡馆终日高朋满座；林林总总的健身房、影剧院、娱乐场、美容院、书屋每天生意红火，健身操、麻将等群众性休闲活动随处可见……这些都为成都打造"休闲之都"夯实了根基。

为了满足当地民众和广大游客的需求，成都市在休闲旅游产品和休闲城市的打造上可以说不遗余力。经过多年的发展，到现在成都市已经基本形成了由都市休闲、乡村旅游、天府古镇、绿道骑游等共同组成的复合型休闲旅游产品体系。都市休闲旅游产品主要以城区内的旅游商业街、博物馆、公园、广场、茶坊、酒吧、咖啡屋、KTV等为支撑。由于市民在工作日不太可能出远门，因此，这类产品为满足人们日常的休闲需求发挥着极其重要的作用。几乎所有的居民社区都拥有供人们休憩和健身的社区广场；而美食街、酒吧街、KTV和大大小小的茶坊更是不计其数、遍布全城。作为"中国农家乐发源地"，成都市目前已有农家乐4200余家、全国休闲农业与乡村旅游示范县3个、全国休闲农业与乡村旅游示范点2个，以及多个省级乡村旅游示范县、示范镇、示范村[①]。数量众多、档次不同的农家乐成为成都休闲旅游的好去处，每年都吸引着大量市民和游客前往。

成都是一座历史悠久的文化古城，拥有5个国家级历史文化名镇和11个省

---

① 白骅. 快城市、慢生活　闲不住的休闲成都[N]. 中国旅游报 2015-3-16（016）.

级历史文化名镇,大邑县的安仁古镇还被评为我国唯一的"博物馆小镇"。依托这些古镇资源,成都市成功打造出多个优质旅游产品,黄龙溪、安仁、平乐、洛带、街子等古镇远近闻名,被分别纳入成都旅游精品线路当中。随时来到这些古镇,都能看到许多游客在此游览,古镇风貌和特色美食总让人们流连忘返。

近年来,成都的"绿道骑游"休闲产品也逐渐成为深受游客和市民欢迎的新型健康休闲产品。其中,温江区在绿道沿途逐步开发出游戏沙滩、帐篷区、烧烤区等配套产品;双流的绿道不但串起了著名的黄龙溪古镇、梨花沟等景区景点,还能让游客在绿道沿线尽享捉泥鳅、钓龙虾的田园野趣。

2017年成都市共接待游客2.1005亿人次,同比增长4.87%,实现旅游总收入3033.42亿元,同比增长21.22%;其中,接待入境游客301.34万人次,同比增长10.66%,实现旅游外汇收入13.07亿美元,同比增长5.23%。2017年年末,成都共有A级景区90处,其中5A级景区1处,4A级景区42处;五星级饭店18家,四星级饭店33家。

自2003年《成都市人民工作报告》明确提出打造"休闲之都"新思路,此后,成都积极促进引导文化娱乐、体育休闲、医疗保健、餐饮等休闲产业的发展,以满足城市居民的休闲意愿,提升城市的影响力和居民生活满意度,成都的休闲化影响力因此也得到了社会的广泛认同。从2007年到2013年,成都连续3次入选由小康杂志社每3年评选一次的"中国十大休闲城市"[①]。从2013年9月1日起,成都正式对45个国家持有第三国签证和机票的外国人实行72小时过境免签政策。政策一出台,成都市旅游局立即加强多语种导游培训,组织涉旅企业设计有针对性的短途旅游产品,大力推动"机票+酒店""机票+景区"等配套服务,力争吸引更多境外游客在蓉休闲观光。

(二)建设方案

1. 以国际化标准建设国际一流休闲旅游目的地

(1)建立成都国际旅游集散体系

依托成都公路、铁路、航空等枢纽优势,布局旅游公共服务信息咨询网点,完善旅游咨询、交通、宣传、投诉处理、救援、72小时落地免签、落地自驾、

---

① 楼嘉军,李丽梅.成都城市休闲化演变过程及其影响因素[J].旅游科学.2017,3(01):12-27.

"CITY TOUR"城市旅游观光巴士、景区直通车等服务功能，建设"2+4"旅游集散体系，提升旅游集散与公共服务的国际化、便捷化、网络化、品牌化水平。

（2）打造具有国际吸引力和竞争力的核心旅游品牌

构建"7+4"的旅游产品体系，包含"遗产观光、蓉城休闲、时尚购物、美食体验、商务会展、文化创意、养生度假"7个核心支撑产品，"山水运动旅游、自驾旅游、医疗旅游、科技旅游"4大特色旅游产品，为成都市建设世界旅游目的地城市提供强有力的产品支撑。

（3）建立成都国际旅游信息咨询体系

加强旅游咨询中心和旅游信息设施构建，推进旅游集散中心、窗口服务单位、特色服务站等多元化的旅游信息咨询服务体系建设，形成"6+N"的旅游信息咨询服务中心布局，完善全市旅游咨询服务功能。建立旅游解说系统，完善导游服务系统，主要旅游景区逐步实现无线导游和多语种自助导游机服务。开发信息化APP软件和电子导览系统。进一步完善基于微博、微信"成都旅游"公众号和"成都旅游"移动客户端的语音导览系统模块，促进语音导览与地图导航结合。

（4）建立国际游客购物离境退税体系

在主要交通枢纽、主城区、天府新区等地试点建设国际旅游购物免税店（出口退税商品交易场所），推进国际化的预订、结算和货币兑换平台建设，为国际游客提供便捷的旅游预订和结算方式，"十三五"末在全市主要交通枢纽、商圈、重点景区等区域建设20个以上的国际货币兑换点[①]。

2. 构建"旅游+"产业融合发展大格局

成都市推进城旅一体、产城融合，加快全域旅游发展，进一步优化布局、完善功能、提升能级，加快产业转型升级，注重产业融合共享。将旅游发展作为城市发展的硬实力，通过联动挖潜、空间融合，深化城旅一体融合发展，更好地推进旅游业与历史风貌系统、绿化生态系统、商业设施系统、文化设施系统、体育设施系统、城市交通系统等相关城市资源的相融共赢。此外，进一步深化旅游业与商务、文化、体育、工业、农业、科技、卫生、金融、交通、气象和会展等融

---

① 《成都市旅游业发展"十三五"规划》。

合发展，进一步创新产品、丰富业态。

（1）旅游+会展商贸融合发展行动

抓住成都建设国家中心城市的机遇，大力发展会展旅游，通过会展休闲圈环境氛围营造、服务水平提升、市场旅游化运作等方式，全力打造国际会展名城。

以中国西部国际博览城、世纪城国际新会展中心为支撑点，配套完善旅游设施，打造商务会展休闲旅游区。通过举办大型展会，如中国西部国际博览会、全国糖酒商品交易会、成都国际汽车展览会、国际美食节、国际茶文化博览会等会议论坛，联动会展旅游、商贸旅游等相关产业的发展。

（2）旅游+农业融合发展行动

充分依托成都现有的农业基础，引导其规模化、精品化、特色化发展。围绕旅游精品线路和城市远近郊的生态粮田、休闲农场、特色瓜果、农舍林盘、园艺场地和特种养殖基地等，发展生态农业、观光农业及休闲度假农业。打造一批现代农业观光基地、休闲农业示范基地、大地景观基地、采摘体验基地等。

（3）旅游+文化融合发展行动

加快推进城区及区（市）县文化创意产业区建设和发展，坚持文态、业态、形态、生态有机结合，重点推进天府古镇、传统街区、古村落的保护与利用，发展文化休闲度假集群，积极培育城市音乐厅、蓝顶艺术中心、东村国际艺术城、西村创意产业园区、少城国际文创硅谷、三国文化创意产业城、东郊记忆、成都艺术超市、天府软件园动漫产业园、邛窑文化产业园等创意产业集群，研究开发蜀锦蜀绣、邛窑陶瓷和体现三国、金沙、熊猫等元素的特色旅游商品，提升旅游商品的品牌效应。力争"十三五"末培育出1~2个具有世界影响力的文化创意产业基地。

（4）旅游+体育融合发展行动

推进金堂铁人三项、新津国际名校赛艇赛、世界体育舞蹈节等国际化赛事常态化开展，推动都江堰双遗马拉松赛、都江堰虹口国际漂流节、中印国际瑜伽节、中国马术节、彭州龙门山国际山地户外运动赛、邛崃南丝路马拉松赛等一批具有成都特色的赛事国际化发展。以登山、攀岩、徒步、水上运动、冰雪运动、低空飞行、电子竞技等体育旅游产品为重点，积极寻求与国际知名体育组织机构合作，全面推进运动休闲全民化，体育赛事国际化。

（5）旅游+医疗融合发展行动

积极引进国内外一流的医疗机构，建立旅游医疗急救服务保障体系，为突发危急疾病的游客实施及时救治，鼓励有条件的医疗机构经过国际 JCI 认证，充分利用成都的医疗优势科目（华西牙科、中医康疗、美容整形等）开展国际医疗旅游。重点推进成都医学城建设；充分发挥成都丰富的温泉资源优势，推进花水湾、通济温泉度假等温泉康体健身专项旅游产品的开发，培育形成大规模温泉康复集聚区。建立和完善旅游公共卫生防疫系统、紧急救援系统、旅游服务设施和服务场所应急系统，高起点建成成都旅游安全体系，营造舒适、安全、放心的旅游环境。

3. 智慧旅游推进休闲产业建设

紧抓"互联网+"时代机遇，以物联网、移动互联网技术为核心，推进"互联网+旅游"行动计划，完善智慧旅游服务平台，夯实智慧旅游基础，拓展智慧旅游产业，使成都旅游业向"智慧驱动增长"阶段迈进。大力发展智慧旅游，加快建设标准统一、功能完善、衔接顺畅的智慧成都旅游综合服务平台。提升建设成都旅游大数据中心。旅游大数据中心包括旅游信息数据中心和数据交换系统，统一规范旅游信息数据采集，统一数据标准进行集中存储，统一各种平台的发布交换标准，并强化旅游企业各自现有系统与旅游云服务平台的数据同步和交换，实现旅游信息的自动采集和智慧化管理；打造智慧旅游管理平台。

进一步加快建设和完善旅游政务网、办公自动化 OA 管理系统、旅游通信录管理系统、旅游诚信管理系统、旅游移动执法系统、游客动态监测管理系统、景点视频监控系统等，提高旅游管理效率和信息化水平；建设智慧旅游服务平台。将云数据中心的各类旅游资源、产品和服务信息发布到目的地旅游门户网站群、智能移动终端 APP、宾馆数字电视、智能旅游交通引导屏等渠道，实现目的地与游客间的信息互通和对称，提升旅游者在成都的旅游体验；推动无线网络全覆盖。公共无线网络逐步覆盖重点景区、公园、图书馆、博物馆、主要交通枢纽和商业街区等公共场所。鼓励和引导大型商场、专业市场、宾馆、餐厅、娱乐场所、乡村旅游点等商业服务和旅游服务场所实现 Wi-Fi 覆盖和免费开放。到"十三五"末，三星级以上酒店、国家 3A 级及以上旅游景区的核心范围内，实现无线网络全覆盖；推动景区电子讲解、智慧导游全覆盖。在重点旅游景区开展景区电子讲解和智慧旅游示范工程，力争在"十三五"末，全市3A级以上景区实现电子讲解和智慧导游全覆盖。

（三）创新亮点

1. 挖掘城市内涵，打造城市特色

成都要打造全面体现新发展理念的城市，在与其他城市相互学习借鉴的同时，成都还注意避免同质化建设，着力突出成都特色。成都依托都江堰，水网密布，河道沟渠能够给城市带来许多功能、品质。还有龙泉山，它有自己独特的自然禀赋，经过龙泉山城市森林公园建设，也会形成独特的面貌、功能。而人文方面，成都具有宜居、休闲的城市特性，这一点也举世皆知。成都充分挖掘自身的天府文化，让城市更有特色，在全世界城市行列中，也更有辨识度、更具品位。

在成都主城区，主要是挖掘资源、强化整合，依托成都中心、成都城市音乐厅、宽窄巷子特色街区、三国蜀汉文化、汉赋唐诗文化等旅游资源，深度挖掘文化内涵，形成以都市休闲、娱乐购物、美食体验、时尚音乐等为特色的都市休闲旅游区。天府新区主要依托天府国际机场、成都自贸区、西部博览城、成都航空大世界、三岔湖旅游度假区等资源和重大项目，形成以商务会展、文化创意、生态休闲等为特色的都市创意旅游区和国际旅游集散中心。以开放式景区建设为抓手，推动商旅文的融合发展，培育更多的都市观光、都市休闲、都市度假产品，推动新型城镇化和美丽乡村建设，进一步强化乡村旅游发展，积极引进项目、做大增量、夯实空间，为市民游客休闲度假提供更多产品。

2. 重视旅游创新创业

为落实国务院《关于加快构建大众创业万众创新支撑平台的指导意见》，成都致力于打造旅游众创、众包、众扶、众筹"四众"平台，构建大中小企业、高校、科研机构、创客多方协同的新型创业创新机制，建设一批旅游创客基地，优化创新创业市场环境，丰富旅游创新创业活动，激活旅游创新创业主体，推动旅游创新发展。

加强政策引导和专业培训，引导当地居民、大学生、专业技术人员等开展城乡旅游创业，鼓励文化界、艺术界、科技界专业人员发挥专业优势和行业影响力，在有条件的区域进行旅游创新创业，通过大众创业、万众创新，进一步激发成都市群众旅游创业创新的积极性和创造性，增强成都市旅游转型发展新动力，

开创旅游升级发展新局面；以成都市主要旅游集聚区和乡村旅游区（点）为依托，建设旅游创新创业孵化基地，充分发挥民间旅游创新创业的力量，为从事旅游创意设计、制作、体验和展销的人员和企业提供服务平台，加快引进小微企业和创意团队入驻基地，"十三五"末力争建成3~5个全国旅游创客示范基地。

3. 提倡和营造休闲文化

成都将休闲作为一种现代文化，并赋予更加丰富的文化内涵，使成都的休闲之都成为文化之都，以金沙文化、古蜀文化作为底蕴，吸收现代工业文明、信息文明、生态文明的精神，营造既具地方特色又有国际影响力的休闲文化。

历经千年沉淀、凝聚、升华的天府文化，是历史成都的精髓、是当代成都的灵魂、是未来成都的旗帜，构成了成都独特的颜质、气质、品质，是建设现代化新天府的丰厚滋养和创造源泉。成都将围绕传承发展天府文化，建设全国重要的文创中心，进一步激发和释放天府文化的创新创造活力，优雅时尚的品位，努力营造现代文化创意产业生态圈。成都以文化为魂，通过创新创造，植入天府文化，呈现天府文化的历史魅力，彰显面向未来、面向世界的时代活力，推动成都城市能级提升，开启千年新变的新引擎。

二、清新休闲之都——杭州

（一）案例背景

杭州，简称"杭"，浙江省省会，位于中国东南沿海、浙江省北部、钱塘江下游、京杭大运河南端，副省级市，是浙江省的政治、经济、文化、教育、交通和金融中心，长江三角洲城市群中心城市之一、环杭州湾大湾区城市、长三角宁杭生态经济带节点城市、中国重要的电子商务中心之一。杭州人文古迹众多，西湖及其周边有大量的自然及人文景观遗迹。其中主要具代表性的有西湖文化、良渚文化、丝绸文化、茶文化，以及流传下来的许多故事传说成为杭州文化代表。2010年，杭州旅游收入突破1000亿元，此后杭州旅游收入不断增长，2012年，杭州旅游收入1392.3亿元；2017年，杭州旅游收入突破3000亿元，全年收入达到3041.3亿元，同比增长18.3%，6年时间杭州实现旅游收入增长1649亿元，复合增长16.91%。2017年，全年杭州市旅游休闲产业增加值928亿元，增长

12.6%，占GDP的7.4%。旅游总收入3041.34亿元，增长18.3%，其中旅游外汇收入35.43亿美元，增长12.5%。旅游总人数16 286.63万人，增长15.8%。接待国内游客15 884.4万人次，增长16.0%；接待入境旅游者402.23万人次，增长10.7%。年末各类旅行社767家，增长7.0%；星级宾馆143家，其中五星级23家，四星级42家；A级景区91个，其中5A级3个，4A级34个。

在休闲建设方面，2004年杭州提出建设"东方休闲之都"，2007年又提出建设"东方休闲之都·生活品质之城"，2016年，杭州在其城市总目标中又加入了将杭州打造为"国际重要的旅游休闲中心"，2017年更是提出要"加快建设独特韵味别样精彩世界名城"，一直以来杭州都把休闲发展纳入城市发展目标。可以说，杭州经验是中国休闲发展的缩影，杭州在某种程度上代表了中国休闲发展的前沿，而相较于同类型的其他城市，就休闲城市建设的速度、效率、品质三者统一来说，杭州经验又具有重要的国际意义。杭州的休闲建设尤以旅游休闲为名，本书也将重点介绍其旅游休闲建设情况。

"十二五"期间，"一核、一极、两圈、两轴、全域覆盖"的大杭州旅游休闲空间格局已基本形成，全域旅游联动发展卓有成效。其中，"一核"（都市旅游休闲核），市域观光休闲产品、城市综合体、休闲街区建设数量和质量明显提升，使得杭州在2015年成功创建了国家旅游休闲示范城市。"一极"（千岛湖休闲度假增长极），品牌知名度已然形成，千岛湖绿道完成建设，姜家、石林、安阳、界首、瑶山等环湖风情小镇稳步发展，进贤湾、文渊狮城等环湖休闲度假项目不断推进。"两圈"（环都市休闲游憩圈、杭州都市旅游休闲圈），休闲项目持续投入，功能和产品不断丰富。"两轴""三江两岸"生态旅游发展轴以"三江两岸"绿道为基础，至2015年底共建成340多千米，基本实现全线贯通，沿途驿站、旅游码头、乡村旅游点、自驾车营地等产品已陆续投入建设；沿杭徽高速公路旅游发展轴依托杭徽高速公路，沿途青山湖、天目山、浙西大峡谷、清凉峰、大明山五大景区快速发展，共同构建起"江南最美的高速公路"。

同时，杭州的旅游休闲产品结构也逐渐优化，内容逐渐丰富，包括以西湖、大运河"双遗产"，以及千岛湖、西溪湿地景区为龙头的自然观光产品，以"经典古都""东南佛国""水韵杭州"为主打的文化体验产品，以银泰都市综合体、下沙地铁商业综合体等主题商业中心为依托的主题娱乐产品，以湘湖度假区、千岛湖度假区、桐庐慢生活体验区等带动的休闲度假产品，以一系列国际会议承办带来的会奖旅游产品，以骑行、登山、徒步、房车露营等为主题的运动养生产品日渐丰富，多元化特色旅游产品格局已初步形成。此外，新兴的旅游休闲业态也层出不穷，休闲行业充满活力。其中，以特色美食、乡村民宿、文化演艺、运动休闲、疗养休闲、智慧旅游、主题茶楼、工业旅游八大新兴行业为引领，加快了旅游产业结构调整升级步伐；特色美食行业方面，胜利河、大兜路、西塘河等美食街得到提升优化，并通过举办"中国杭州美食节"等节事塑造了特色餐饮品牌；乡村民宿行业方面，西湖景区、桐庐、余杭、临安等区域已形成具有国内示范效应的杭州特色乡村民宿群落及品牌，为提升乡村旅游树立了典范；运动休闲行业方面，依托山、水资源，打造自行车骑行、汽车越野、漂流、皮划艇、滑翔伞等运动休闲活动；疗养休闲行业方面，以温泉、中医药、禅修为养生依托，打造特色养生产品。

（二）建设方案

1. 坚持以"全域化"统筹旅游休闲业转型发展

（1）不断完善旅游休闲交通体系

逐步推进旅游集散、换乘中心（点）和水上交通基础设施及附属设施建设，完善水陆换乘交通组织，在建好景区游客中心的基础上，合理布局建设全域旅游集散中心，构建多层级旅游集散网络。合理配套旅游停车场，建设与游客承载量相适应、分布合理、配套完善、管理科学的生态停车场。同时鼓励在国、省干线公路和景区公路沿线增设旅游服务区、驿站、观景台、自驾车营地等设施，推动高速公路服务区向交通、生态、旅游等复合型服务区转型升级。不断完善旅游道路体系，优化旅游交通网络，提高游客运输组织能力，还加快了旅游专线开辟，支持完善市域内景区（点）的公交专线。

（2）创新"旅游+"休闲产品开发与整合

大力发展观光农业、休闲农业和现代农业庄园，鼓励发展田园艺术景观、阳台农艺等创意农业和具备旅游功能的定制农业、会展农业、众筹农业、家庭农场等新型农业业态。利用工业园区、工业展示区、工业历史遗迹等因地制宜开展工业旅游。同时依托非物质文化遗产、传统村落、文物遗迹及美术馆、艺术馆等文化场所发展文化体验旅游，并推进剧场、演艺、游乐、动漫等产业与旅游业融合。开发医疗健康旅游、中医药旅游、养生养老旅游等健康旅游业态。此外，在休闲运动方面，积极发展冰雪运动、山地户外、水上运动、汽车摩托车运动等体育旅游新产品，还建设自驾车房车旅游营地，开发多类型、多功能的低空旅游产品和线路，城市休闲运动方面则通过推进城市绿道、骑行公园等慢行系统建设，支持旅游休闲新业态创新发展。

（3）推动特色潜力行业转化为旅游产品，并加大宣传力度

扶持美食、茶楼、医疗休养、演艺、化妆、保健、女装、婴童、运动休闲、工艺美术十大特色潜力行业与旅游休闲业的结合与互动，支持特色潜力行业协会在融合发展中发挥桥梁作用，鼓励引进特色潜力行业国内外知名品牌落户杭州。同时，加大特色行业与旅游休闲业相结合开发出旅游商品，尤其是鼓励和支持开发具有自主知识产权和鲜明地方特色的时尚性、实用性、便携性旅游商品。在营销方面，主要是推动旅游纪念品营销体系建设，鼓励优秀商品销售管理模式的输出，提高旅游购物在旅游收入中的比重。扶持杭州旅游纪念品的研发（包括新产品的设计、研制，新工艺、新包装、新材料的改进等）、流通渠道的建立及相关产品的展销宣传等。

2. 坚持以"国际化"引领旅游休闲业品牌塑造

（1）加快推进国际会议目的地建设。

通过完善会议与奖励旅游扶持政策，优化会议与奖励旅游营销、引进、竞标、人才培训等政策，进一步细化政府资金补贴主体、内容、形式及标准，构建有效支持体系；加强国际会议目的地营销，借助大事件、大机遇，联动国字号协会、学会和机构及在杭高校、行业企业，挖掘会议与奖励旅游潜在的项目资源、市场资源和社会资源。杭州也在推进城市会奖品牌营销，持续深化"会议大使"项目，构建精准营销推广体系，并重点加快环西湖、西溪、京杭大运河（杭州段）、钱江新城、滨江、萧山、千岛湖等板块集群发展。最后，杭州也在不断引进和培育会议组织品牌机构和领军人才，提升全市会议服务的专业化、国际化水平，构建优质产品服务体系。

（2）加快推进旅游国际化和加大客源地宣传推广力度

近年来，杭州通过实施旅游国际化战略，全面落实旅游国际化行动计划，进而发挥了旅游公共综合功能、优化了旅游产品体系、全面转变了传统的旅游营销

理念、强化了旅游目的地管理,进而打造出无障碍服务体系及全面提升了综合素质。加大目的地宣传推广力度。加大对杭州旅游休闲品牌形象策划和整体包装力度,加强在境内外市场的宣传推广工作。支持涉旅企业参加全市统一组织的境内外宣传促销活动、展览和境外媒体广告宣传,并对以参展商身份参加国际重要旅游展、会奖展的涉旅企业,以及"请进来"的重要旅行商(批发商)和入境包机等予以扶持。

(3)重点拓展入境旅游市场和完善旅游客源补助制度

扶持扩大国际航线覆盖面,积极发挥萧山国际机场的交通枢纽作用,积极开辟新航线并在航线营销等方面给予重点扶持。加大与国际知名旅行商的战略合作,推动将杭州纳入其在海外的销售网络和营销平台。加强杭州旅游休闲营销队伍建设,逐步加强杭州旅游形象在日韩、欧美等主要客源市场的推广,构建杭州旅游休闲的全球营销网络。对接待(含外联)境外旅客来杭州过夜的在杭旅行社给予补助;对于在杭逗留时间1天、2天和3天的外国人,分别按20元/人·天、30元/人·天和40元/人·天的标准给予补助;接待的港澳台游客在杭逗留时间1天、2天和3天的,分别按10元/人·天、15元/人·天和20元/人·天的标准给予补助。

3. 坚持以"品质化"夯实旅游休闲业竞争优势

(1)推进旅游法制和标准化建设

根据杭州旅游休闲业发展的现状和特点,有针对性地制定促进和规范旅游业发展的法规、规章;建立健全旅游业标准体系,打造国际领先、国内一流的旅游业杭州标准,强化标准推广与应用,促进旅游行业管理的标准化、规范化。不断健全涉旅投诉处理机制,有关监管部门按照法律、法规的规定,根据各自职责处理涉旅投诉,并安排专人落实涉旅投诉联合处理、转办、交办等工作机制。各区、县(市)旅游投诉处理机构根据属地原则,加强人员配备和业务培训,妥善处理本辖区内的涉旅投诉,同时加强旅游质监网络建设,通过开展多种形式的旅游质监活动推动旅游行业自律及服务品质提升。

(2)优化旅游接待设施和无障碍设施建设

通过推进住宿业合理布局和结构优化,形成符合市场需求的多元化住宿业产品体系,尤其是对于拥有1000间客房以上并具有接待大型会议能力的新建饭店项目,在用地审批、信贷融资、税收等方面予以支持;同时鼓励发展各类精品、特色酒店,支持和规范推进民宿等新型住宿业发展。支持全市景区(点)、宾馆饭店、重要旅游休闲场所无障碍设施的建设,进一步推进景区(点)无障碍坡道、无障碍厕位等的改造和宾馆、饭店残疾人专用房间的建设。

(3)建立旅游应急救援机制和旅游志愿

杭州非常重视旅游应急管理,通过由市旅委牵头,联合气象、公安、国土资源等部门,建立起旅游突发事件应对机制,并健全各项安全管理制度,强化安全预案演练。完善旅游安全服务规范,开展旅游从业人员安全风险防范及应急救助技能培训。还建立起户外应急救援队伍和灾害预报预警及旅游气象服务平台,应对旅游突发事件应急处置。此外,杭州还建立起服务工作站和志愿者信息库,制定了管理激励制度,通过开展志愿服务公益行动,提供文明引导、游览讲解、信息咨询和应急救援等服务,打造旅游志愿服务品牌。

4. 坚持以"智慧化"拓展旅游休闲业发展空间

(1)加强智慧旅游规划编制引导和标准体系建设

通过制订智慧旅游"十三五"发展规划,加强与智慧城市、信息经济发展规划相衔接,并利用智慧城市建设提供的通信、交通、安全保障、信息交换等基础环境,提高智慧旅游工作的协同性。制定杭州智慧旅游标准体系,统一规范数据采集及交换、存储方式,实现数据开放共享,确保数据的准确性、及时性和开放性。加强旅游产业研究,通过建立旅游经济统计研究机构,以数据驱动决策,不断提升旅游业创新创意水平和科学发展能力。鼓励有条件的地方及企业先行编制相关标准并择时推广应用。

(2)加快旅游大数据平台建设和旅游休闲服务智慧化

建立城市旅游服务线上"总入口"和旅游大数据中心,以区、县(市)联动和部门数据共享为抓手,通过构建一体化的旅游产业数据库,建立以游客行前、行中、行后数据为核心,集交通、气象、治安、城管、客流信息、消费引导等为一体的综合数据信息服务平台,为旅游产业分析预警、旅游市场监管、企业经营、游客和市民旅游体验,提供科学、精准的决策参考与公众服务。推进旅游休闲服务智慧化,依托旅游大数据、物联网、人工智能、VR(虚拟现实)等新一代信息技术,整合全市旅游资源,在充分发挥智慧旅游现有信息系统综合效用的基础上，创新智慧旅游服务模式，提升智慧旅游感知度和体验度。夯实智慧旅游发展信息化基础，加快旅游集散地、机场、车站、景区、宾馆饭店、乡村旅游扶贫村等重点涉旅场所的免费 Wi-Fi、通信信号、视频监控全覆盖，实现主要旅游消费场所的在线预订、网上支付和主要旅游区的智能导游、电子讲解、实时信息推送等功能，提升全市旅游公共信息服务能力。

（3）加强涉旅企业智慧化建设

通过产业引导、技术指导、政策支持等形式，深入推进全市智慧景区、智慧酒店、智慧旅行社、智慧乡村、智慧旅游服务商示范企业（单位）创建工作，对被评为市智慧旅游示范企业（单位）的给予扶持。积极引入社会资本参与智慧旅游建设，引导和鼓励旅游电商企业发展，创新开发旅游电商服务管理平台、多产业融合新产品与智慧旅游新业态。

（三）创新亮点

1. 坚持政策引导、顶层推动

旅游休闲业得到了杭州市委、市政府的高度重视。围绕把杭州建设成"国际重要的旅游休闲中心"的发展目标，全市深化实施"旅游西进""旅游国际化"等发展战略。自 2012 年开始实施第三轮"旅游国际化"行动计划以来，杭州根据全市休闲业发展实际，相继出台了《市委办公厅市政府办公厅关于印发杭州十大特色潜力行业行动计划（2012—2015年）的通知》（市委办发〔2012〕130号）、《杭州市人民政府办公厅关于印发杭州市旅游休闲业转型升级三年行动计划（2015—2017年）的通知》（杭政办函〔2015〕58号）、《杭州市人民政府关于推进旅游休闲业转型升级的实施意见》（杭政〔2015〕3号）等文件，这些计划和文件为旅游休闲业的发展提供了强有力的政策保障，推动了杭州旅游休闲业的蓬勃发展。

2. 坚持品牌延续、休闲主导

杭州市坚持"东方休闲之都，品质生活之城"的总体定位，整合全市休闲资源，实现休闲产业系列化、规模化，打造特色休闲旅游产品。重点致力于旅游休闲产品的培育，加快旅游和十大特色潜力行业的产品融合，获得了国家"旅游休闲示范城市"的称号。杭州旅游休闲发展的经验和成果成为国家相关标准的基础数据。

3. 坚持营销创新、多元推广

采取多种措施拓展欧美市场和东南亚市场，通过在国外重点城市投放公共交通车体广告、在国际主流旅游媒体投放软文广告、注册利用海外知名网络媒体官方网站等营销举措，集中资源、细分市场、整合营销，有效巩固了杭州入境游市场。国内旅游市场则坚持市场导向，抓住沪杭、杭宁、杭甬、杭长等高铁线路开通的契机，重点实施高铁整合营销项目，积极抢占高铁游市场。

4. 坚持国际战略、持续推进

在前期旅游国际化行动阶段性成果基础上，杭州全力推进旅游国际化战略。旅游产品国际化方面，深度挖掘西湖、西溪、运河三大旅游产品的国际吸引力，已基本形成特色鲜明的休闲产品国际化新格局，并不断举办、承接各类国际性会议与赛事；市场营销国际化方面，充分利用新的技术手段开发欧美市场，拓展中东、俄罗斯市场，开展了"马可·波罗与杭州"系列旅游宣传营销活动，并拍摄多部国际版杭州旅游宣传片；服务功能国际化方面，不断提升城市国际化公共服务功能，增开国际新航线，实现指示信息多语种化，完善国际化的旅游集散功能，完成了城市旅游公共咨询体系建设，初步建成了国际旅游休闲目的地自助无障碍体系；服务管理国际化方面，旅游公共服务职能明显增强，旅游休闲市场秩序得到进一步规范，旅游应急保障体系日趋完善。

三、活力休闲之都——深圳

（一）案例背景

深圳，别称鹏城，中国第一个经济特区，改革开放的窗口，地处广东省南部，珠江三角洲东岸，与香港一水之隔，东临大亚湾和大鹏湾，西濒珠江口和伶仃洋，南隔深圳河与香港相连，北部与东莞、惠州接壤。深圳现已发展为有一定影响力的国际化城市，创造了举世瞩目的"深圳速度"，同时享有"设计之都""钢琴之城""创客之城""活力之都"等美誉。

深圳是热带海滨城市，山、海、城结合良好，依山傍水，干净美丽，四季草木葱茏，景色秀美，气候舒适，旅游娱乐资源和设施独具特色。曾获得"世界花园城市""中国优秀旅游城市""中国生态园林城市""全国卫生城市"等荣誉称号，拥有世界最大的风景微缩区"锦绣中华民俗村""世界之窗""深圳欢乐谷""明斯克航母世界"等娱乐休闲场所。同时深圳的地理位置优越，经济实力雄厚，具有发展休闲旅游的经济条件。深圳是珠三角的中心城市，毗邻港澳，海陆空交通四通八达，客源充足，旅游休闲消费意愿高，休闲市场潜力巨大。

21世纪初，深圳确立了"文化立市"的发展战略，大力繁荣文化事业，发展文化产业，坚定不移做先进文化的代表，开展"净、畅、宁"工程，采取"清无"行动，努力打造美丽的滨海旅游城市和生态园林城市，使得文化休闲产业迅速发展，产业规模不断扩大，已基本形成了集游览观光、度假休闲、影视演艺、体育健身、商业购物、美食娱乐、修学考察和社区文艺于一体的文化休闲产业体系。在休闲设施上，历届政府投入大量资金，修建了一批质量好、档次高的休闲设施和场所。此外，还建成了一批高水平的美术馆、音乐厅、文化中心、会展中心，形成了大批特色商业购物街、步行街、美食街和休闲娱乐城。2017年深圳市文化及相关产业增加值1529.75亿元，增长20.6%。

深圳地处南海沿海地区，位于珠三角腹地，紧邻香港，有优良的深水港，为经济的发展带来了交通的便利。深圳是中国口岸最多的城市，也是中国国际轮航线密度最高的城市之一，是中国与世界交往的主要门户之一，有着强劲的经济支撑与现代化的城市基础设施。2017年深圳共接待入境旅游者1207.01万人次，增长3.1%，旅游外汇收入49.86亿美元，增长5.5%。另外，深圳共有921座城市公园，人均公园绿地面积（按常住人口计算）达16.5平方米。作为"城市之肺"的城市公园，是市民游憩、社交、锻炼、文化娱乐和休闲的场所，与城市居民的生活质量密切相关。城市居民的日常休闲活动需要一定的公共空间和休闲设施。城市公园作为城市绿地的组成部分，不仅有着开阔的活动空间和良好的生态环境，而且为游憩者提供了很多娱乐设施，因此，它成为城市居民放松身心的好去处。休闲设施是城市休闲发展的基础，城市居民借助休闲设施，保障、促进和提升休闲需求和休闲质量，从而获得更好的休闲体验。

影响旅游者旅游消费的主要因素主要有4个：旅游动机、可自由支配收入、闲暇时间和可进入性。在影响旅游消费的因素中，居民的可支配收入起着关键作用，收入水平决定着消费水平，也决定需求的满足程度，从而决定消费结构的变化[1]。2017年全市居民人均可支配收入52 938.00元，比上年增长8.7%，扣除价格因素，实际增长7.2%。居民人均消费支出38 320.12元，增长5.0%，扣除价格因素，实际增长3.6%。恩格尔系数为30.0%，人均生产总值183 127元，增长4.0%，按2017年平均汇率折算为27 123美元，位于各大城市之首。经验数据显示，休闲需求急剧增长的门槛是人均达到2000美元，这时将形成对休闲的多样化需求和多样化的选择，人均收入达到3000美元时，度假需求就会普遍产生[2]。深圳市城市居民的可支配收入高，其休闲意识和消费水平也就相对较高。

（二）建设方案

深圳在"十二五"期间以"创意深圳、时尚之都"的旅游品牌为重点，抓住城市功能转型和产业高端化的契机，进一步突出高端旅游的优势和潜力。并且打造了"滨海浪漫、主题公园、文化创意、运动休闲、都市风情"五大特色旅游品牌。"十三五"期间，深圳要精心布局，打造五大品牌旅游产品体系；全面建设中国邮轮旅游发展实验区；落实东进战略，增强产业发展后劲；强化城市旅游营销，提升深圳旅游国际影响力，将深圳打造成为国内知名的全域旅游示范城市、国际特色旅游目的地和亚太最具创新活力的国际滨海旅游城市。

1. 精心布局，打造五大休闲旅游产品体系

（1）优化空间发展格局

围绕创建亚太最具创新活力的国际滨海旅游城市发展目标，以滨海优先、城海互动和城市发展战略相协调为指引，深圳着力构建国际滨海旅游发展新格局。依托深圳优质的海滨资源、港湾发展条件，打造国际湾区休闲旅游经济发展带，西部海岸线为滨海都市休闲旅游资源富集带，东部海岸线为滨海生态度假旅游资源富集带，以蛇口半岛自贸区为邮轮游艇旅游增长极，以区内蛇口太子湾邮轮码头为依托，结合自贸区建设和深圳城市发展，打造深圳国际都市滨海旅游增长极；以大鹏半岛为世界级滨海生态旅游度假增长极，以大鹏半岛优质滨海资源及历史人文资源为依托，构建多层次滨海旅游度假新格局，打造成集文化、旅游、生态为一体的世界级滨海生态旅游度假区和国际特色户外旅游目的地。

（2）打造五大休闲旅游产品体系

---

[1] 田里. 旅游经济学［M］. 北京：高等教育出版社，2002。
[2] 吕宁. 基于城市休闲指数的中国休闲城市发展研究［D］. 北京：中央民族大学，2009。

①主题乐园。深圳是"主题公园之都",一直以来非常重视主题公园的建设,并依托和利用已有文化景观和发展空间,打造"主题公园群"升级版和城市文化休闲旅游新地标,提升"主题公园之都"的影响力。支持南山欢乐海岸、蛇口海上世界等都市主题旅游休闲产品开发,支持旅游区的转型升级,打造各具特色的旅游区。

②生态运动休闲产品。利用全市绿道和滨海栈道优势,结合乡村田园旅游资源,开展全市范围运动休闲旅游活动。整合重点旅游资源,推动"旅游+体育+文创"等多组合的运动休闲产业发展。

③生态文化休闲度假产品。重点推进有价值村落的保护性开发,高端会议度假区的规划研究,推进国际穿越营地及世界级度假区建设,加快特色滨海小镇的规划建设;以"一山一河一湖"为基础进行旅游开发,以文化遗产为纽带,整合各个片区的特色,打造深圳国际化生态文化休闲度假旅游名镇;利用大鹏婚庆产业链,打造大鹏浪漫滨海婚庆基地。依托七星湾游艇会、浪骑游艇会、航海学校、海上运动基地等平台,建设集展示、交易、休闲娱乐等为一体的国际游艇帆船基地。构建蓝绿立体交通体系,打造"山海田城"的特色旅游空间格局。

④都市休闲购物产品。紧紧围绕深圳建设消费中心和实施消费热点培育工程,重点依托海岸、国际街区、电商体验区、休闲美食街区、城市休闲综合体、特色美食购物街区、免税购物场所,完善旅游功能和服务配套,加强旅游交通及信息服务咨询指引。利用"设计之都"的优势,打造"深圳礼物""深圳手信"等高品质消费品牌。推动旅游美食购物节庆及商贸展会活动产品开发,构建与深圳国际化都市相适应的"时尚购物"旅游新品牌。

⑤国际会议展览。按照世界级滨海湾区的要求和现代化滨海城市新坐标的标准,发挥大空港旅游增长极的推动作用,高质量建设宝安滨海文化公园项目和具有国际水准的空港国际会议会展旅游休闲目的地。

2. 加大力度发展休闲体育产业

为贯彻落实《国务院关于加快发展体育产业促进体育消费的若干意见》(国发〔2014〕46号),2015年7月28日,广东省人民政府发布关于加快发展体育产业促进体育消费的实施意见,在重点任务中提到大力发展健身娱乐业、体育休闲业、鼓励各类新兴运动项目产业化发展。为此,深圳市也出台了一系列政策，促进深圳市休闲体育产业快速发展，促进休闲体育消费，优化休闲体育产业结构，以提高深圳市广大市民的幸福指数。自政策发布后深圳市每年投入大量的资金，促进深圳市休闲体育产业的基础设施和配套设施的建设，2015年，深圳市文化、体育和娱乐业共投资18.11亿元，比上年增长33.8%，2016年，深圳市文化、体育和娱乐业共投资34.12亿元，比2015年增长88.4%，外商直接投资20 818万美元，比上年增长644.3%。

深圳市政府还积极举办大型体育赛事，如帆船比赛、大运会、自行车比赛，沙滩排球、国际网球比赛等，促进休闲体育产业的发展，传播城市形象及文化内涵，提升城市的知名度。体育赛事作为体育产业一个重要的发展领域，是整个体育产业主体和支柱所在，同时也对其他体育产业特别是体育健身休闲业发展具有重要的引导和辐射作用。

深圳市是一座年轻的城市，这里活力四射、激情洋溢，深圳市还通过设立全民健身日、各种休闲旅游度假地的宣传推广、大量健身俱乐部的成立各种体育场馆的建设，将体育与健康、休闲、娱乐联系起来，激发了市民的休闲意识。刺激人们通过休闲体育运动来增进健康、缓解压力。

3. 落实东进战略，增强产业发展后劲

（1）推动东部地区旅游资源开发和品质提升

推进旅游发展与"东进战略"对接，以开发旅游资源带动东部地区发展。支持重大旅游项目优先落户大鹏新区，规划建设"新一代主题公园"，争取引进世界级海洋乐园项目。加快在东部创建一批工业旅游示范基地，扩大东部旅游资源供给，提升工业旅游内涵。支持中英街商贸旅游区规划建设，打造文化旅游、历史观光、休闲购物为一体的商贸旅游区。

（2）加大东部地区旅游资源的宣传推广

每年由东部各区轮流主办"5·19中国旅游日"宣传推广活动，联合各区举办盐田黄金海岸旅游节、大鹏户外嘉年华等在国内有影响力的旅游节庆活动。每年在东部各区各举办一场"约惠一起旅行"惠民旅游主题活动，设计、策划和宣传以山海特色为主题的旅游产品和线路，提高东部旅游的知名度和美誉度。举办"悦游深圳大鹏湾"游艇旅游体验和推广活动，设计策划和宣传深圳游艇旅游产品和线路，组织媒体、营销企业体验和推广。

（3）提升东部地区战略地位

依托东部地区区位优势，深化深莞惠旅游合作，推进环大亚湾滨海旅游休闲带建设，加快三市旅游一体化发展进程，进而联通粤东、粤北，提升东部城区在深莞惠经济圈（3+2）旅游合作发展格局的地位和作用，更好地发挥深圳经济中心城市辐射带动作用。积极推进"东部黄金海岸旅游带建设"，打造"山海旅游美城"，拓展深圳旅游发展空间，增强滨海旅游发展后劲，提升东部地区对深圳旅游发展的贡献度，促进东部地区向世界级滨海生态度假旅游目的地发展。

4、强化城市旅游营销，提升深圳旅游国际影响力

（1）实施城市旅游品牌宣传战略

在国内旅游市场，重点宣传以"改革""创新""精彩""时尚""自在""写意"等为主题的城市形象；在国际旅游市场，重点宣传"The Window of China"的城市形象。充分利用深圳机场新开国际航线契机，加强新开航线旅游宣传推广。积极参与国际旅游交流，建立完善与友好城市、UNESCO创意城市网络及"一带一路"沿线国家（地区）的合作交流机制。借助文博会、高交会、中国国际人才交流大会、Routes航线发展大会、深圳时装周，以及WTA网球公开赛、"中国杯"帆船赛等重大活动和赛事，宣传深圳旅游形象。创新媒体宣传方式，细分旅游消费市场，增强宣传推介的针对性，建设具有国际水平的旅游宣传推广网络体系。

（2）打造海上丝绸之路合作区域旅游品牌

探索设立深圳海外旅游推广中心。加强与21世纪海上丝绸之路沿线国家（地区）和泛珠三角旅游合作，以高铁、邮轮、国际航线为纽带，深度开发粤港澳"一程多站"旅游产品和线路，打造世界知名湾区旅游目的地，将深圳打造为内地与香港澳门旅游合作桥头堡和深度核心区。

（3）建立城市旅游品牌营销机制

借鉴国外城市营销经验，推行专业化的城市营销策略。以旅游为切入点，逐步建立统一领导、多元协调的城市营销组织网络和机制。开展城市旅游品牌营销规划及设计，统筹利用城市资源，构建科学有效的理念识别系统、行为识别系统、视觉识别系统，拓展营销渠道，推进深圳旅游品牌营销专业化、高端化、国际化发展。

（三）创新亮点

1. 抓特色，育精品

深圳市着力打造五大品牌旅游产品。每一旅游产品均有其独特的吸引力。深圳市以打造五大品牌旅游产品为主，构建深圳旅游品牌体系，做强深圳特色美食品牌。统一规划管理，积极实施名师、名菜工程和名小食申遗工程。创新立体营销，推进深圳餐饮企业服务向规模化、智能化、个性化发展。培育旅游商品及装备制造业发展优势。引导创意旅游产品转化，鼓励深圳旅游商品制造特色化发展，扶持、培育旅游商品销售网点，发展一批创意旅游商品店。充分利用深圳游艇、高尔夫及户外运动休闲旅游市场优势，引导旅游装备制造企业规模化、高端化发展。并且深圳加快推进景区精品化，酒店创意化，旅游项目特色化。培育建设精品景区，推进旅游景区精致化、品质化、集聚式发展；优化住宿业产业结构，着力创意建设精品民宿，积极引入国际连锁高端度假酒店项目，培育新型住宿业态；积极引导深圳传统旅行社转型升级，加快与资本市场融合对接，积极开发特色旅游项目，进一步拓展产业链条。

2. 海陆空多栖发展

深圳旅游业围绕建设国际滨海旅游城市的目标，海陆空多栖发展，全方面打造国际化休闲旅游城市。海上充分利用发挥深圳滨海区位优势、资源优势和空间优势，以滨海为主导和龙头，推进全市旅游产业布局、要素配套、产品开发和项目落地，以打造国际著名湾区为目标，带动深圳旅游实现跨越式发展，并全面建设中国邮轮旅游发展实验区。以国家实施"一带一路"倡议为契机，借助自贸区平台，将太子湾邮轮母港建设成中国邮轮旅游发展实验区。编制深圳邮轮旅游总体规划，争取实施更加优化简便的邮轮通关、邮轮航线审批和邮轮货物保税、免税退税和邮轮船供物资审批等政策。开辟以东盟为重点的21世纪海上丝绸之路沿线区域邮轮旅游线路，形成面向世界、联结港澳、辐射内地的多层次旅游网络，建设深圳标准、中国特色的邮轮旅游发展实验区。积极推进深港澳游艇自由行政策，推动出台深港澳游艇自由行实施办法，形成面向港澳及珠三角的游艇休闲旅游线路网络，培育华南最大的游艇交易及大众消费市场。

近几年来，深圳积极培育低空旅游，积极建设低空旅游示范基地，打造和推广低空旅游精品线路，支持低空旅游通用航空装备自主研制，鼓励低空旅游产业园和航空旅游小镇发展。加大空港主题的旅游产品开发。支持深圳东部华侨城旅游区国家通用航空旅游示范工程建设。

在"十三五"期间,深圳还将推进产业融合发展。鼓励发展特色小镇,引领乡村旅游主题化、特色化、产业化发展,打造国内知名的乡村旅游目的地。依托深圳文化创意产业优势和打造国际创客中心的发展战略,推进旅游+文化创意,提升创意之都国际影响力。利用深圳生命健康产业优势,推进旅游+健康管理,打造国际健康旅游目的地。利用教育资源和城市基础建设资源优势,推进旅游+教育,打造现代中国特色的研学旅游目的地。利用高科技城市特色和优势,推进旅游+科技,打造科技旅游和工业旅游目的地。

四、时尚休闲之都——上海

(一)案例背景

上海,简称"沪"或"申",国家中心城市,超大城市,沪杭甬大湾区核心城市,国际经济、金融、贸易、航运、科技创新中心,首批沿海开放城市。上海地处长江入海口,是长江经济带的龙头城市,隔东中国海与日本九州岛相望,南濒杭州湾,北、西与江苏、浙江两省相接。素有"东方巴黎"之称的上海是一个现代化,但又拥有传统文化特色的海派文化城市,其拥有丰富的人文资源、迷人的城市风貌、繁华的商业街市、欢乐的节庆活动和脍炙人口的各邦菜肴。近年来,上海相继竣工的重点工程更是展示了这个国际化大都市的风采,让无数人感受到这座城市人流熙攘、灯火璀璨的活力。2017年,上海市国内生产总值(GDP)30 133.86亿元,比上年增长6.9%。其中,第一产业增加值98.99亿元,下降9.5%;第二产业增加值9251.40亿元,增长5.8%;第三产业增加值20 783.47亿元,增长7.5%。第三产业增加值占上海市生产总值的比重为69.0%[①]。2017年,上海的旅游产业总收入达到4485亿元,增加值为1888.24亿元,并且从2013年至2017年,上海旅游总收入年均增长7.1%,旅游产业增加值占全市GDP比重始终保持在6.2%以上的水平,"旅游+"产业融合发展大格局已

---

① 2017年上海市国民经济和社会发展统计公报.http://www.stats-sh.gov.cn/html/sjfb/201803/1001690.html.

基本构建，形成旅游业与文化、商务、体育、工业、农业、科技、卫生、金融、交通、气象等融合发展的"1+10+n"大旅游产业体系。截至2017年年底，上海共有国家生态旅游示范区4个，A级景区101个，红色旅游基地34个，特色文化博物馆约120个，达标工业旅游景点67个，体育旅游休闲基地13个，星级饭店229家，旅行社1600余家，而上海港邮轮旅客年吞吐量已达300万人次左右，稳居国际邮轮母港亚洲第1、全球第4的位置[①]。

与此同时，上海主动适应智慧城市发展格局，健全完善旅游公共服务体系。全市已建成55个旅游公共服务中心，188个社区服务站，330余个地铁服务点；形成旅游集散三级站点网络，开发旅游线路170余条；规范设置旅游景区（点）道路交通指引标识和停车场引导标识；近3年新建、改扩建455座旅游厕所，基本形成了安全规范有序的旅游环境。同时，构建起以旅行社、酒店、景点为重点的旅游安全和应急网络，在全国率先实施A级景区游客最大承载量管理，市民游客可以通过"上海发布""乐游上海"微信公众号和东方网、上海旅游政务网等渠道，查询到这些A级景区的实时客流量、舒适度等信息。为进一步增强旅游核心竞争力，《上海市城市总体规划（2017—2035年）》明确提出要将上海建设成为世界著名旅游城市、世界一流的旅游目的地城市，至2035年，全市年入境境外旅客总量要达到1400万人次。上海还将统筹推进旅游产品、旅游产业、旅游市场、旅游环境全方位升级，力争至2020年，实现旅游业总收入达5000亿元左右，入境游客人数达900万人次，国内旅游人数达3.6亿人次。在城市休闲中，上海将打造"本土第一、世界精品"的黄浦江旅游休闲区，高标准规划水上游览新线路、新产品、新服务，高品质布局沿江景观带、游览区、服务点，加强水岸联动，激活浦江游览；建设综合性邮轮旅游目的地，加快邮轮港口及周边功能项目布局，开发邮轮入境游精品线路，还将加快沪郊休闲度假旅游发展，持续放大迪士尼主题乐园辐射效应，全面提升崇明世界级生态岛、佘山国家旅游度假区、临港等地区旅游能级，支持建设郊野公园、旅游特色小镇、田园综合体，形成一批市民游客周末休闲好去处[②]。上海也正在逐渐成为全球最受外国游客欢迎

---

① 上海构建"旅游+"产业融合发展大格局.http：//www.cnta.gov.cn/xxfb/jdxwnew2/201802/t20180223_857345.shtml.

② 上海旅游业下一步会如何发展？. https：//zhidao.baidu.com/question/1964459522098452700.html.

的旅游城市之一。根据万事达卡公司"2017全球目的地城市指数",在全球最受外国旅游者欢迎的前20个城市中,上海是中国大陆唯一的上榜城市。依托经济区位优势,上海挖掘历史人文底蕴,统筹提升旅游资源、政策环境、服务保障,整体化建设全球旅游目的地,观光景点、会展活动、体育赛事和教育医疗机构在上海不断涌现,上海的观光休闲旅游、会展商务旅行、体育旅游、研学和养生旅游迅速成长起来[①]。2017年,上海共接待入境旅游者873万人次。

(二)建设方案

上海休闲业建设突出都市旅游发展核心,以"重塑空间、调整结构、完善功能"为发展主线,以"融合、创新、提升、服务"为发展要求,不断加快产业融合,大力创新休闲产品,全面完善公共服务,积极提升服务质量,着力打造国际都市观光旅游目的地、时尚购物目的地、休闲度假目的地、文化旅游目的地、商务会展目的地和国际旅游集散地,基本实现了建设世界著名旅游城市的目标。

1. 重点休闲项目引领,不断深化产业融合

休闲业全方位嵌入城市建设发展,突出重点项目引领,平稳推进上海国际旅游度假区、佘山国家旅游度假区、国际邮轮母港、极地海洋世界等休闲旅游项目建设,积极打造世博园区、临港、陆家嘴、徐汇滨江、崇明生态岛等国际化旅游新地标。坚持旅游观光、旅游休闲、旅游度假协调同步发展,不断深化地域合作、推进产业融合、优化产品供给,旅游产业规模不断扩大,质量效益逐步提升,促进投资和消费作用充分显现。

着眼休闲综合性、动力型产业特征,全面探索现代休闲发展机制体制、政策环境保障。探索旅游重点区域、旅游重点业态发展保障机制,建立全国首个邮轮旅游发展实验区,调整充实佘山国家旅游度假区管委会,成立上海国际旅游度假区管委会、上海中国邮轮旅游发展实验区联席会议,制订实施《上海佘山国家旅游度假区建设三年行动计划(2013—2015年)》《关于本市加快中国邮轮旅游发展实验区建设若干意见》。全面落实依法兴旅、依法治旅工作,修订实施《上海市旅游条例》,制订实施《上海市贯彻落实〈国务院关于促进旅游业改革发展的若干意见〉行动计划》,健全完善旅游服务标准规范,推进旅游标准化建设和管理。

---

① 汇聚行业智慧 上海建设世界著名旅游城市国际研讨会在沪举行.http://sh.eastday.com/m/20180331/u1ai11331728.html。

2. 培育新型休闲产品业态，建立智慧型旅游服务体系

加快推进休闲业与相关产业融合发展，形成了文化旅游休闲、水上休闲旅游、休闲农业旅游、工业文化旅游、购物休闲等"休闲+"系列产品，培育了邮轮、会展、节庆、房车、赛事、观光巴士、医疗保健等新型休闲业态，同时开发了红色印记之旅、历史文博之旅、艺术鉴赏之旅、赛事观光之旅等新旅游线路。开展"四季上海""上海旅游99系列"等主题活动，推广"上海旅游卡"和"上海都市旅游卡"，努力把休闲业和旅游业培育成为上海"稳增长、调结构、增就业、惠民生"的新支点和引领大众创业、万众创新的新平台。

以改善服务、强化监管为重点，以提升信息咨询、交通集散、服务评价、投诉求助、市场监测、安全监控、网上支付等服务为抓手，加快完善"旅游+互联网"智慧服务体系，全面提升旅游公共服务能级。目前，上海已建成49个旅游咨询服务中心、13个"i+游客中心"和188个社区文化活动中心旅游信息服务点。完善旅游集散三级站点网络，开发旅游线路170余条，基本覆盖上海及周边城市主要景区景点，旅游服务信息化、便利化、智能化水平全面提升。制定《智慧旅游标准体系》，规范旅游网站服务，提升旅游电子商务平台功能，积极推动旅游服务线上线下联动，基本实现旅游全过程服务、全要素营销，服务游客、服务企业水平有效提升。

3. 加强区域旅游合作发展，不断规范旅游市场秩序

全市旅游业服从、服务于"一带一路"、长江经济带和长三角一体化国家战略，推动旅游"先联先通"。加强与长江沿线省市沟通协作，共同打造区域旅游品牌，建立长三角地区旅游合作联席会议制度，完成长江国际黄金旅游带规划上海段编制工作，先后制定实施了《苏浙皖沪旅游一体化合作框架协议》《长三角地区率先实现旅游一体化行动纲领》《长三角房车旅游大纲》《研发和推广长三角城市群"主题+体验"系列旅游产品三年行动计划》，长三角地区旅游品牌、公共服务基本实现一体塑造、一体建设，长三角地区基本建成世界级旅游城市群。会同丝绸之路沿线省区市共商旅游合作，共同研发国际旅游线路和产品，联手组织海内外旅游宣传推介，共同策划主题旅游年和"海上丝绸之路旅游推广联盟"活动，联手拓展东北亚、俄罗斯旅游市场，扩大中国旅游影响，推动旅游民间交往。

坚持疏堵结合、管建并重原则，探索实施旅游联合执法机制，持续开展旅游市场秩序专项整治。建立旅游违法行为查处信息共享机制，深化旅游诚信体系建设，旅游行业诚信水平与服务质量有明显提升。加强指导扶持，积极培育旅游行业上海名牌产品，推动旅游企业规范化、标准化、品牌化建设。全面推行旅行社责任保险统保工作，扎实推进文明旅游工作，积极引导市民游客文明出游、理性消费。在全国率先实施A级景区游客最大承载量管理，建立实施A级景区实时信息发布系统、旅游团队动态管理系统，开通"乐游上海"官方微博、微信，引导市民错峰出行，强化景区安全管理，科学处置旅游突发事件，旅游安全工作水平有了新的提升。

（三）创新亮点

1. 着力培育一批世界级旅游精品

以增强旅游核心竞争力为目标，科学布局旅游项目，优化提升重点区域。打造"本土第一、世界精品"的黄浦江旅游休闲区，高标准规划水上游览新线路、新产品、新服务，高品质布局沿江景观带、游览区、服务点，加强水岸联动，激活浦江游览；建设综合性邮轮旅游目的地，加快邮轮港口及周边功能项目布局，开发邮轮入境游精品线路。加快沪郊休闲度假旅游发展，持续放大迪士尼主题乐园辐射效应，全面提升崇明世界级生态岛、佘山国家旅游度假区、临港等地区旅游能级，支持建设郊野公园、旅游特色小镇、田园综合体，形成一批市民游客周末休闲好去处。

2. 打造"精彩上海、品质之旅"城市新形象

围绕上海打响四大品牌的目标任务，深挖上海城市旅游形象内涵，构建"精彩上海、品质之旅"形象认知系统和传播体系。打造以上海旅游节为主体、"一区一品"为支撑的旅游节庆活动系列，营造"处处有精彩，区区都精彩，四季皆精彩"的旅游市场氛围。实施"上海礼物"计划，打造一批体现上海品质，展示中国制造的旅游纪念品、伴手礼。探索构建全媒体城市形象推广机制，特别是将牢牢抓住中国国际进口博览会落户上海等契机，全力向境内外宾客展示"精彩上海、品质之旅"城市新形象。

提升旅游休闲业综合贡献度，以高质量发展为核心要求，全面实施"休闲+"深度融合战略，优化购物、文化、体育、旅游等都市休闲形态。加快培育水

上旅游、邮轮旅游、科技旅游、沪郊生态旅游等新形式，鼓励探索定制游、深度体验游等新模式，持续扩大旅游消费潜力。巩固和推广黄浦、青浦、崇明、松江国家全域旅游示范区创建经验，支持有条件的街镇按照全域旅游理念建设，打造"处处是景、时时宜游"的全新城市形象提升局面。

3. 营造更加友好、有序、优质的旅游环境

着眼于大众化、品质化的休闲时代要求，以高品质、多功能、智能化、精准化为根本要求，完善"综合服务中心－服务站－服务点"三级服务设施网络，同时形成一个智能化的城市公共休闲信息管理和发布平台、一个综合性旅游大数据中心、一个精细化旅游服务热线，全力打造"宜游"的上海休闲旅游度假服务圈。注重大数据的挖掘、分析、应用和预警，全面提升市场监管和安全管理水平。注重旅游人才培养，建设国际化的上海旅游智库。

五、古韵休闲之都——北京

（一）案例背景

北京，简称"京"，是中华人民共和国的首都、直辖市、国家中心城市、超大城市、国际大都市，全国政治中心、文化中心、国际交往中心、科技创新中心。北京作为一座拥有三千多年历史的古都，最早建城于春秋战国时期，先后有蓟城、燕都、燕京、大都、北平、顺天府、北京等六个不同时期的名字，并做过燕、辽、金、元、明、清、中华民国等朝代的首府，现在也是中华人民共和国的首都和四大直辖市之首，历史底蕴丰厚，人文色彩浓郁，是首批国家历史文化名城和世界上拥有世界文化遗产数最多的城市。因而，在旅游产业快速发展的今天，北京可以说已经在坐拥天时、地利之便，正处于大力发展旅游业的机遇期，具备资源优势。北京有多年的建城史和多年的建都史，文化古迹众多，据统计全市共有文物古迹多项，其中故宫、长城、颐和园等更是享誉海外；北京也具有深厚的文化底蕴，拥有许多非物质文化遗产，如胡同文化、京剧文化、小吃文化等；北京奥运会的召开，更是为北京添加了诸多的现代感，留下了丰富的奥运遗

产和国际知名度。①2017年北京全年接待国内旅游者2.9亿人次,国内旅游总收入5122.4亿元,接待入境旅游者392.6万人次。旅游外汇收入51.2亿美元,国内外旅游总收入5468.8亿元。②

北京的休闲文化历史悠久,明清时期北京休闲文化的发展达到中国封建社会的高峰。明清北京休闲活动的类型包括11种,分别是郊游活动,帝王的冬狩秋狝活动,行宫、园林与别墅休闲,动物园观赏动物,逛庙会等宗教娱乐活动,士大夫聚会唱咏,文艺欣赏,节日休闲,茶馆与酒楼宴饮,古玩收藏与交易,民间游艺竞技。明清北京休闲活动场所的类型包括八大类:皇家狩猎地、行宫、园林,风景游赏地,游览型寺庙,园林,庙会与市场,戏园与会馆,重要民间节日期间的公共休闲地,其他类型的休闲活动地(如酒楼、茶馆、滑冰地、妓院、动物园等)。清代的19处休闲区如下:城区11处,积水潭—什刹海—地安门外大街风景、园林与市场休闲区;中南海皇家园林休闲区;西四市场与口袋底妓院休闲娱乐区;西单—宣武门市场、园林、茶馆、酒楼休闲区;宣武门外大街—菜市口市场、会馆、园林、茶馆、酒楼休闲区;前门商业区(包括八大胡同在内的妓院区);天桥民俗文化平民休闲区;东四市场、茶馆、酒楼休闲区;王府井市场、园林、剧场、酒楼休闲区;崇文门内外大街市场、茶馆、酒楼休闲区;陶然亭风景、寺庙、园林休闲区。郊区8处,上方山—石经山风景游览区;潭柘寺—戒台寺风景与庙会游览区;三山五园—海淀园林、风景与寺庙休闲区;翠微山—卢师山—石景山风景、寺庙游览区;西直门—阜成门外园林、寺庙、风景休闲区;西便门—广安门外风景、园林与庙会游览区;丰台—草桥园林、寺庙、花卉、庙会休闲区;东直门—朝阳门—通惠河—广渠门风景、庙会、园林休闲区。③这一时期各种类型的休闲活动、休闲场所及休闲服务业发展迅速,为我们留下了众多类型特色各异的休闲文化遗产,为目前北京人乃至中国人和世界游客开展文化休闲活动提供了良好的基础。独特而丰富的明清北京休闲文化,继续影响着明清以后的北京城市居民休闲活动和休闲发展。④

---

① 王来.北京旅游产业发展研究[D].北京交通大学,2013.
② 北京市2017年国民经济和社会发展统计公报。
③ 吴承忠,韩光辉.明清北京休闲空间格局研究[J].地理学报,2012,67(06):804-816.
④ 吴承忠,韩光辉.明清北京休闲文化发展的分期及其影响因素[J].江汉学术,2013,32(03):56-62.

（二）建设方案

未来相当长时期将是我国产业转型、经济发展方式转变的重要战略期，由于旅游休闲产业具有循环消费、拉动内需、带动就业和高度融合的特征，国家层面已将旅游休闲产业作为产业转型升级的突破口和重要切入点。随着全面建成小康社会，职工带薪年休假制度的逐渐落实，旅游越来越成为必需品和民生需求，国民旅游休闲时代已经来临。在这一大背景下，北京市也加快了休闲产业的建设步伐。北京市顺应"创新、协调、绿色、开放、共享"发展理念的要求，实施"一带一路"重大倡议，增强中国与沿线各国的合作关系，为北京旅游休闲发展提供了更大的舞台。

1. 不断加大产业的深入融合发展

为发展休闲产业，北京将旅游业与创意文化、科技、体育、交通、会展等行业进行深入融合。北京为丰富文化旅游产品，推动北京演艺业与旅游业融合发展，打造了具有首都文化、京味文化、红色文化特色的精品旅游演出剧目，将旅游和创意文化结合在一起，打造旅游休闲新亮点，形成了798艺术区、751设计广场、首钢二通厂等文化创意产业集聚区；北京海淀区将旅游与科教相结合，持续举办了"中关村科教旅游节"；北京利用中国网球公开赛、北京马拉松赛等大型赛事活动开发体育旅游产品。打造冰雪运动旅游休闲区，推出一批冬季群众体育项目和冰雪运动旅游产品，依托密云低空旅游示范基地、平谷通用航空产业基地，研究开发空中游览、航空体验、航空运动等航空旅游产品。北京依托鸟巢、水立方等奥运场馆，打造"看中网、游北京"等产品新模式；延庆龙湾国际汽车露营地、房山长阳房车露营者营地、密云南山房车小镇自驾车营地、怀柔怀北国际汽车露营地、平谷泃河湾汽车营地等交通与旅游融合的新业态得到蓬勃发展；开发会展旅游产品，大力发展以会议、展览、国际商贸及文化交流活动为主的高端商务游。依托京交会、文博会、科博会、北京国际电影节、北京国际设计周等开发新的会展旅游产品。北京的会议旅游国际竞争力增强，接待国际会议数量稳居亚洲第二，与国际研讨会、论坛等会务活动以及品牌会展活动相结合的会展旅游进一步拓展；立足北京中医药资源优势，联合中医管理部门推出中医文化旅游示范基地、中医养生旅游线路，开拓了产业融合发展的新领域；创新"互联网＋旅游"产品，结合网络消费日益增长的趋势，鼓励在线旅游企业研究设计北京

"一日游"产品,优化线上线下服务内容,打造具有较强市场影响力的"一日游"品牌。引导在线旅游企业利用云计算、大数据、移动互联网等技术,为旅游者出行提供优质多样的服务。

2. 稳步推进综合改革

北京市深入贯彻落实国务院关于加快发展旅游业、促进旅游业改革发展、促进旅游投资和消费等文件精神,积极推动72小时过境免签、境外旅客购物离境退税等政策的实施。设立旅游发展专项资金并制定管理办法,奖励或扶持入境旅游、会奖旅游、旅游商品开发以及主题旅游休闲场所发展,大力推进旅游功能区规划建设以及大型主题娱乐、旅游演艺、休闲度假等重大旅游产业项目建设。围绕国家旅游综合改革试点工作的要求进一步完善和细化旅游综合改革方案,率先建成运行了第一个省级旅游产业运行监测调度中心,创建了北京市第一支旅游产业发展基金,实现了北京市旅游局到旅游委的调整,各区县旅游局也完成改旅游委的体制转变,管理和协调能力得到增强。[①]

3. 加大力度宣传北京的旅游形象

"十二五"期间年投入资金3000万元,通过对外加大宣传力度、对内创新宣传手段的方式持续推介北京旅游。针对入境市场,每年举办海外推介会十余个,北京举办的天坛迎新年倒计时活动首次在纽约时报广场倒计时庆典上亮相。以"熊猫神游北京"在伦敦及都柏林推介演出、北京旅游团队领跑科隆狂欢节、旅游推介走入中国台湾香港等活动为代表的一系列海外推介活动取得积极成果。"Visit Beijing"旅游网站在 Alexa 网站综合排名上升至5万位以内,居全国政府旅游公共服务官方网站之首。[②] 借助视频网络推出了《*Love Beijing*》微电影、《北京故事》系列旅游纪录片、宣传片等。依托微博、微信等新的传播媒介,北京旅游官方微博粉丝和《悠游北京》APP浏览量实现新的突破。[③]

4. 加强北京旅游市场的综合治理

为提高旅游市场治理的法制化和专业化水平,提升北京旅游休闲的美誉度,北京市对旅游市场进行了综合治理。北京市严厉打击各类涉旅违法违规行为,例

[①] 北京市"十三五"时期旅游和会展业发展规划。
[②] 数据来源:《北京旅游发展报告(2014)》。
[③] 北京市"十三五"时期旅游和会展业发展规划。

如旅行社在经营活动中以不合理低价揽客,旅游景区、旅游购物场所、旅游演出场所等通过回扣、人头费、奖励费等形式,给予旅行社、导游、旅游客运车辆驾驶人员贿赂等行为。推进旅游疏解整治工作,在天安门、前门、大栅栏、王府井、北京站、北京西站、德胜门、奥林匹克公园8个重点地区开展旅游市场秩序集中整治,严厉打击冒用正规旅游企业名义,利用公交假站牌、小广告等发布"一日游"虚假信息,进行非法揽客的行为。

北京市加强了对景区的标准化管理,规范经营行为,提升服务质量。通过星级(等级)评定与复核,加强对景区、宾馆和旅行社的管理,对不符合标准的进行降星(降级)或取消星级(等级)资质。完善"黑名单"制度,对进入"黑名单"的旅游企业,通过约谈、加大检查力度、责令停业整顿等措施进行重点监管。此外,还规范旅游从业人员执业行为,健全导游管理平台和服务质量评价系统,对导游未按规定申请领取、变更、换发导游证而在本市执业的,依法加大处罚力度。加强对人力客运三轮车胡同游从业者的管理,严格查处不按规定路线游览、不规范讲解等行为,严厉打击无证载客等违法行为。①

5. 健全旅游公共服务体系

北京市极其重视旅游公共服务体系的建设,不断完善旅游集散咨询中心,推动首都机场、北京站、北京西站等重要交通节点和王府井等重点地区的旅游咨询站点建设。优化旅游交通体系,加快建设便捷型旅游公交体系,增加市区与八达岭长城、十三陵、慕田峪长城等重点景区之间的旅游公交线路。加强交通干线与特色旅游村镇、传统村落、旅游新业态经营户的连接,提高旅游目的地的通达性。持续推进京郊旅游"五十百千万亿"休闲体系建设,实施传统村落"五个一"工程(即为纳入中国传统村落名录的每个村落编制一本旅游策划书,绘制一张旅游地图,建设一个旅游咨询站点、一个Wi-Fi站点和一个生态厕所),支持有条件的传统村落实行连片保护和适度旅游开发。健全行业标准,完善京郊旅游公共服务设施,推动国际驿站、休闲农庄、民族风苑、乡村酒店、养生山吧、采摘篱园、生态渔村、山水人家、葡萄酒庄、汽车营地等十种乡村旅游新业态发展。制定市级特色旅游村镇创建标准和建设方案,打造100个具有历史记忆和地

---

① 北京市进一步加强旅游市场综合治理工作方案。

域特色的旅游村镇。加快推进3000千米旅游步道建设。实施京郊旅游人才培训工程，培养1万名京郊旅游人才。通过京郊旅游融资担保体系，引导30亿元银行资金扶持京郊民俗村（户）和旅游小微企业发展。①

（三）创新亮点

1. 打造奥运精品休闲产业

从以往奥运会的经验看，奥运会的特色或亮点是北京奥运会留下的重要遗产。北京奥运会的特色和亮点是通过绿色奥运、科技奥运、人文奥运、数字奥运、平安奥运等战略目标来实现的，它打造了后奥运时代北京奥运旅游的人文特色。奥运会使北京市新增加了奥林匹克公园、奥运村、鸟巢、水立方、奥运博物馆等一大批奥运旅游景点。通过新增的奥林匹克公园、朝阳公园、奥运旅游生态园、三海子公园和埝坛水库的水面，增加了水面面积2500公顷。同时，为了借助奥运整体提升北京旅游景点的供给水平，北京市旅游局将对现有的多个历史文化遗产的旅游景点进行改造、修缮和整治，并根据客源需求对景点进行整合和包装，打造多条特色的奥运旅游精品路线。例如，人文景观新增了国家大剧院、中国美术馆二期、中国科技馆三期、首都博物馆、中央电视台新址、北京电视台新址等重点文化设施，琉璃厂、大栅栏和前门旅游步行街等老景点也经过了改造，奥运遗产景点有新增奥林匹克公园、奥运村、鸟巢、水立方、奥运博物馆等。还开发了京城水系、森林公园等一批自然景观，改善远郊自然景区的环境，使之成为新的旅游亮点。北京奥运会后无论是以往主要面向国际游客和京外游客的历史文化景观，还是服务于市民休闲娱乐的自然景观和设施，都会出现量的提高和质的提升。②

2. 对古村落进行保护性开发利用

北京古村落记载着北京千百年来的历史文化，记录了北京传统文化的发展历程，是不可再生的宝贵文化遗产，是发展乡村旅游、创新农村农业发展道路的基础。随着经济的发展，北京大部分古村落已经消失，只有远郊、山区古村落保存相对完整，据不完全统计，北京现存并仍保留一定原有风貌的古村落有50多个，

---

① 北京市加快供给侧结构性改革扩大旅游消费行动计划。
② 任保国. 后奥运时代北京旅游遗产资源的开发利用[J]. 滨州学院学报，2010，26（01）：62-67.

其中已经列入第一批、第二批、第三批中国传统村落推荐名单的传统村落有 16 个。这一数据随着经济的发展和新农村建设，在逐年递减，很多在统计的古村落已经消失。为了保护这些古村落，北京市对其进行了合理的旅游休闲开发利用。

北京将门头沟打造成古村落旅游热点目的地。门头沟区是集自然风光、文物古迹、古老民风为一体的经济发展区。到目前为止，门头沟区有中国历史文化名村 3 个（爨底下村、灵水村和琉璃渠村）、市级民俗旅游村 13 个、环境优美镇 7 个、市级生态村 38 个、绿色社区 20 个。这些丰富的资源为古村落文化旅游发展奠定了良好的基础。2010 年 5 月底，门头沟区将 254 家乡镇煤矿全部关闭，转而把旅游文化休闲产业作为主导产业，把绿色生态产业体系作为产业转型战略目标，全面推进现代化生态新区建设。同年 6 月，门头沟区与 20 余家国内外知名企业集团签订了 24 项合作项目，总投资约 1500 多亿元，力争用 3～5 年，将潭柘寺镇打造成国际旅游休闲名镇，将斋堂镇打造成全国旅游集散中心特色镇，将军庄镇打造成面向首都的休闲宜居森林小镇，这也标志着该区的 WSD 建设全面启动。这些举措，积极推动了门头沟区古村落文化旅游品牌价值及内涵的深化和提升。①

3. 京津冀旅游一体化，拓展北京旅游辐射带动范围

北京市积极推动京津冀旅游协同发展，京津冀区域将通过"资源换空间"的方式，实现北京与天津、河北共建经济一体化空间平台，使北京周边旅游价值的"洼地"通过旅游资源、要素的延伸整合及旅游线路的整体打造而得到带动提升，实现京津冀区域的旅游空间结构优化。

京津冀三地旅游部门举办"京津冀旅游协同发展第一次座谈会"，采取一系列具体举措，开展多方面务实旅游合作。一是细化旅游协同发展内容。按照创新开拓、旅游优先、先易后难、能够落地的原则，围绕推进"四个一体化"建设和"十个合作"方面，三地相关部门做好具体对接，细化工作内容，明确任务线路图、时间表。同时建立健全京津冀旅游协同发展工作对接协调机制。二是加强旅游协同发展战略研究，全面深化旅游业改革，实现旅游市场要素流动的无障碍化。三是促进旅游业转型升级，加快理念观念、旅游产品、旅游服务、旅游管

---

① 程文阁，刘彤. 北京古村落文化旅游发展状况调研与思考[J]. 北京印刷学院学报，2017，25（01）：73-76.

理、旅游市场营销、旅游人才队伍素质的升级。北京市西城区旅游委与廊坊市旅游局签署合作协议，共同打造京冀一体旅游文化产品，加快推动京廊旅游合作进程。北京市海淀区旅游委与秦皇岛市旅游局签署合作协议，在智慧旅游领域开展全面合作，打造区域旅游互动示范区。北京旅游集散中心与承德市旅游局、秦皇岛市人民政府，天津旅游集散中心与秦皇岛市山海关区分别就建立旅游直通车旅游线路签署合作协议。由京津冀三地多家旅行社组建的京津冀旅游营销合作联盟正式成立，在打造统一品牌、互送客源等方面签署了合作协议。[①]

---

① 北京市旅游委积极推动京津冀旅游协同发展。

第八章 国外典型休闲城市建设案例探析

一、主题公园之都——奥兰多

奥兰多位于佛罗里达州中部,是来往佛罗里达必经的大城之一。奥兰多湖泊众多,拥有干净的街道、友善的居民及温暖的气候,是健行、露营、水上活动、蜜月及家庭旅行的最佳去处,是世界闻名的休闲城市。2016年6800万游客造访奥兰多,成为全美游客量排名第一的目的地。其实,奥兰多在历史上并不是一个著名的休闲城市。在20世纪初,奥兰多是一个欣欣向荣的农业城市,号称"橘子城市"。柑橘种植业的成功,带动了当地铁路和房地产的发展。20世纪50年代后期,格伦马丁公司(Glenn Martin Company),即如今的马丽埃塔国防系统公司(Martin Marietta Defence Systems)开始制造导弹,位于佛罗里达东海岸的卡尼亚韦拉尔和肯尼迪航天中心的建立,使奥兰多开始了太空时代。在1971年迪士尼世界建成后,奥兰多依托主题公园,趁势迅速发展当地的旅游业,并逐步形成了一个多元、立体的休闲产业体系,不仅满足了游客和当地居民的需求,还成功实现城市转型,成为一个著名的休闲型大都市。奥兰多的成功转型,对世界各地的休闲城市的建设具有示范意义。

(一)充分利用得天独厚的自然条件

奥兰多所在的佛罗里达州又称"阳光州",位于北纬24°30′到31°、西经79°48′到87°38′,以温暖的天气和阳光闻名,海岸线长1.35万千米,仅次于阿拉斯加州,居全美第二。除了夏威夷,佛罗里达是美国的最南州,它的最北界比加利福尼亚州的最南界偏南100英里。佛罗里达珊瑚礁,形成州的最南部分的新月形群岛,散落在赤道附近的长达1700英里的海域中。奥兰多属于亚热带湿润气候,1月均温15℃,7月均温27℃,年均降水量为1000~1500毫米,森林覆盖率达67%。从环境质量上来看,奥兰多在各项指标上都要明显优于美国的平均水平。奥兰多充分利用优越的自然环境和广袤而低成本的土地,吸引迪士尼、环球影城等一大批主题公园在此落地。奥兰多还充分利用其拥有纯净的"自然郊区"的特点,打造众多的度假村和大型运动场所,从而使奥兰多依托于大型主题公园,发展出一整套休闲接待体系。[①]

(二)大力发展城市交通形成便捷的交通体系

奥兰多的交通非常便利,交通体系发达,公路、通勤铁路、高速公路、航空航线众多,拥有Lynx巴士系统、Lymmo市中心巴士服务和SunRail当地通勤铁路线。奥兰多拥有提供行政喷气机、飞行训练学校和一般小型飞机航空服务的行政机场(ORL)。奥兰多还拥有众多的出租车公司,提供来自Uber和Lyft等汽车共享服务。奥兰多便利的交通为居民和游客的休闲旅行活动的顺利开展提供了保障。

奥兰多国际机场(MCO)是奥兰多的主要机场和佛罗里达州最繁忙的机场,该机场是Frontier Airlines、Jet Blue Airways和Southwest Airlines的枢纽。奥兰多桑福德国际机场(SFB)在近郊佛罗里达州桑福德,是奥兰多的一个二级机场。机场班车服务提供奥兰多国际机场与奥兰多及其周边地区的各种交通服务,班车每周7天,每天24小时运行。一旦抵达奥兰多,可以从大量的租车公司出租车、豪华轿车和公共交通工具中选择。乘坐汽车也十分方便,一些主要公路连接了佛罗里达州中部及整个国家。火车旅客也可以轻松通过Amtrak铁路系统出行。在国际大道International Drive游览的游客可以搭乘I-Ride Trolley,这是国际大道度假区专属的服务路线,而奥兰多公共交通系统(LYNX)是游览城市的绝佳方式。2010年,佛罗里达州获得12.5亿美元的资金,开始建设以奥兰多为中心枢纽的全州高速铁路系统,第一阶段将连接奥兰多和佛罗里达州坦帕,第二阶段将连接奥兰多和佛罗里达州迈阿密。[②]

(三)以主题公园为起点逐步形成多元化的休闲产业群

奥兰多拥有众多的主题公园,如沃尔特迪士尼世界(Walt Disney World)、爱普卡中心(Epcot Center)、环球影城(Universal Studio)、冒险岛乐园(Islands

---

① 《全球休闲范例城市研究》,社会科学文献出版社,2012。
② 维基百科:https://en.wikipedia.org/wiki/Orlando,_Florida。

of Adventure)、海洋世界(SeaWorld)等,每年吸引了无数来自全美及世界各地的游客。奥兰多的休闲设施体系,是以主题公园为核心逐步发展起来的。

1971年迪士尼乐园创建之后,迪士尼每年为奥兰多创造的地产税为5000多万美元,度假税为6700万美元。继而,迪士尼世界、奥兰多环球影城度假村、奥兰多海洋世界、哈利波特的魔法世界等纷纷在奥兰多落户,丰富多样的主题公园成就了它在世人心中"主题公园城市"的称号。数量众多的主题公园为奥兰多带来了巨大的经济效益:第一,吸引游客,直接增加旅游业及其相关产业收入。例如,奥兰多迪士尼一年的门票收入高达30亿美元,加之游客住宿、餐饮、购物等其他消费,当地旅游收入一年超过数百亿美元。第二,奥兰多诸多主题公园的集群,还有利于解决就业等,能够使旅游业良性发展,产业结构优化调整,还可以使旅游业不断向外延伸出相关产业,实现产业的集聚,达到规模效应。[①]

华特迪士尼世界位于佛罗里达州奥兰多西南方约20里的碧幽那湖区,于1971年10月1日开幕,终年无休。华特迪士尼世界度假区占地面积110平方千米,提供世界首屈一指的娱乐体验,拥有4个主题乐园:神奇王国、艾波卡特、迪士尼好莱坞影城及迪士尼动物王国;两个水上主题公园:暴风滩及台风湖。每到一年的特殊时段,艾波卡特会举办各种节日活动,如艾波卡特国际花卉节、艾波卡特国际美食和葡萄酒节。华特迪士尼世界度假区拥有超过25家主题各异的特色度假酒店。

奥兰多环球影城有两座主题公园——环球影城和冒险岛,另外还有5座富丽堂皇的乐园酒店。主题公园最无与伦比的体验有"辛普森一家""木乃伊复仇""绿巨人过山车"及蜘蛛侠神奇冒险。2016年秋季,奥兰多环球影城的City Walk新开一家全方位服务餐厅、美味巧克力商场和美味盛宴厨房,提供各种美味佳肴,包括全天候早、午餐,外加一系列精致的巧克力和甜点。奥兰多环球影城的新水上乐园为游客们重新定义水上乐园体验,既有互动式、激动人心的亮点,也有让人放松的平静瞬间。[②]

奥兰多的产业和产品,基于但不限于主题公园,具有足够的多元性和多样

[①] 任淑华.世界主题公园之都——奥兰多对我国中小城镇特色发展之路的借鉴意义[J].艺术科技,2017,30(06):325.

[②] 赵铭.小城中的大世界 奥兰多会议业速览[J].中国会展(中国会议),2017(16):74–79.

性。无论是对于市民还是对于游客,都能充分满足他们的需求。奥兰多的休闲产业基于迪士尼主题公园而形成,在其发展过程中,逐步多元化,除了迪士尼主题设施、电影主题设施、海洋主题设施、度假村外,运动中心、会展设施等都呈集群化发展特征,形成了丰富密集的休闲产业群和设施群。

(四)注重休闲娱乐文化的培养

在环球影城、迪士尼好莱坞影城、福尔特大学、UCF艺术与人文学院、佛罗里达互动娱乐学院,以及其他娱乐公司和学校的支持下,奥兰多的休闲娱乐文化氛围浓厚,奥兰多被称为"好莱坞东部"。

奥兰多拥有众多电影制片厂,是电视节目、直接视频制作和商业制作的大型制作中心。嘻哈音乐、金属、摇滚音乐、雷鬼舞和拉丁音乐积极活跃在奥兰多各处。奥兰多大都会区拥有大量的剧院,如奥兰多芭蕾舞团、奥兰多莎士比亚剧院、奥兰多话剧团、疯牛剧院及多拉山的冰屋剧院。每年春季,奥兰多举办国际艺穗戏剧节,吸引来自世界各地的旅游公司。同样在春季,奥兰多莎士比亚剧院主办"哈里特湖节",奥兰多市中心的疯牛剧院举办展示奥兰多歌舞节。

(五)舒心的购物环境

奥兰多拥有众多的购物场所,如佛罗里达购物中心、美年购物中心、奥兰多时尚广场等,给当地居民和游客创造了舒心的购物环境,使人们充分享受美好的休闲购物时光。

佛罗里达购物中心是奥兰多占地面积最大(面积超过1 849 000平方英尺)、装潢最为华丽的购物中心,集中了超过250家名牌店铺及餐饮,备受当地居民和游客们的喜爱。美年购物中心是一座现代化的两层高档购物商场,该商场占地面积1 118 000平方英尺(103 866平方米),包括布卢明代尔百货公司、梅西百货公司和Neiman Marcus百货公司。Neiman Marcus是集服饰、皮具、珠宝、化妆品及家居用品销售为一体的综合型商业中心,共有上百种美国国内外知名品牌供顾客选择。奥兰多时尚广场位于奥兰多市中心附近的东殖民大道。Seritage Growth Properties(纽约证券交易所股票代码:SRG)计划在2017年夏末完成一项大型翻新工程,该工程将迎接East Colonial Drive地区的新店铺和餐厅。

(六)打造会议的理想地

奥兰多拥有备受赞誉的全美第二大的会议中心——橙县会议中心。橙县会议中心坐落于奥兰多会议中心区的核心位置,交通便利,距离奥兰多国际机场仅有15分钟的车程,距离洛杉矶南部仅有45英里,圣地亚哥北部90英里。全年近乎完美的天气提供了理想的会议环境。每年橙县会议中心都会举办200余场展会,吸引世界各地的与会人员来到佛州中部。橙县会议中心拥有116 000间客房,其中5000间客房通过行人天桥即可到达会议中心。此外,橙县还有众多的户外场所为会议的成功举办提供支持,如橙县大公园、马可尼汽车博物馆、布伦活动中心、尔湾博物馆,以及许多适合聚会的餐厅和豪华娱乐场所。

(七)科技和休闲的充分结合

奥兰多是"佛罗里达州的硅谷",一个主要的工业和高科技中心,拥有13.4亿美元的科技行业,雇用53 000人,是数字媒体、农业技术、航空、航天和软件设计方面的国家认可的创新集群。科技是奥兰多的两大支柱之一,主题公园又是旅游休闲业中最能够将科技与休闲相结合的一个领域。奥兰多的主题公园广泛应用各种高科技手段,无论是全球顶尖的过山车,还是电影光学与影视休闲的紧密结合,都令奥兰多的休闲具备了不断创新、引领风尚的气质。

(八)打造旅游IP,注重城市品牌营销

旅游IP,是指拥有知识产权、高附加值,且受到旅游者广泛好评的旅游产品或服务。美国的迪士尼乐园、英国的杜莎夫人蜡像馆、日本的熊本熊等,是旅游IP的典型代表。奥兰多的环球影城和迪士尼是打造旅游IP的先行者。环球影城向《哈利·波特》作者J.K.罗琳购买了《哈利·波特》的线下主题公园版权,在奥兰多环球影城的冒险岛主题园区选址建设哈利·波特魔法世界。环球影城与J.K.罗琳的IP合作取得了巨大的成功,在宣布合作之后,全球的哈利·波特迷们通过网络自发传播和宣传。2010年哈利·波特魔法世界在奥兰多环球影城开业后,每年数以百万计的哈利·波特迷涌入环球影城,实现了奥兰多环球影城游客人数的持续增长,并带动了餐饮、购物等二次消费的增长。20世纪50年代,华特·迪士尼创立了私人控股的WED公司,汇聚了一批艺术指导、布景师、雕塑师、特效高手、作家、美工设计师、模型制作师等能工巧匠,组建了迪士尼幻想工程师团队,目的是阐释华特·迪士尼的家庭娱乐新理念,协助华特·迪士尼创建迪士尼乐园。全球6座迪士尼乐园(加州迪士尼乐园、奥兰多迪士尼乐园、东京迪士尼乐园、巴黎迪士尼乐园、香港迪士尼乐园和上海迪士尼乐园)的陆续

开业和巨大成功,是迪士尼幻想工程师自主研发和创造 IP 的见证。①

奥兰多的城市品牌营销在很大程度上依靠具有全球影响力的企业来推动,也就是说奥兰多的城市品牌,更多地建立在产品品牌之上。迪士尼等一大批全球知名的旅游产品、拥有全球影响力的会议及发达的影视工业,甚至著名的 NBA 球队,都成为推动奥兰多城市品牌营销的重要力量,当然也是最重要的受益者。

二、文化艺术之都——维也纳

(一)优良的自然环境和生活条件为休闲奠定基础

维也纳坐落在阿尔卑斯山北麓的一个盆地里,受到来自西面的海洋性气候和来自东面的大陆性气候的影响,属于过渡性气候,冬季较其他奥地利城市温暖,城市中心的平均气温 10.4℃,城市郊区约 9.8℃,平均降水量约 600 毫米。维也纳的水资源比较丰富,著名的多瑙河就流经于此,而且维也纳的森林资源也非常丰富,有松树、柏树和桦树等树木,植被覆盖率约为 43.2%。

与此同时,2018 年 3 月,全球最大的人力资源公司之一美国美世咨询公司(UPI)将维也纳评为全球最佳城市,这也是维也纳连续第九年获得此殊荣,这项调查对全球 231 座城市进行了排名,目的是帮助用人机构决定向海外员工发放多少津贴。排名的标准有数十项,包括政治稳定、卫生保健、教育、犯罪、休闲和交通等。维也纳高品质的生活质量在一定程度上体现在维也纳人的生活方式,尤其是和休闲相关的休闲方式上,他们爱好自然,注重环境,注重体育休闲,注重参与艺术活动,注重生活品质,休闲是人们生活乃至生命的一部分。其实,从 1999 年起,维也纳就一直在为城市休闲建设而努力,在环境治理方面,先后实行了两个大型气候保护计划,使得维也纳能一直高居全球最宜居城市榜单。此外,良好的治安和便捷高效的基础设施创造了稳定的社会环境,这些都是维也纳成为休闲城市并不断提升的必不可少的元素。

(二)灵活多层次的城市交通建设为旅游休闲提供保障

加大对基础设施的投入,不仅能够创造就业机会,而且能够使维也纳更加适

---

① 任国才. 旅游 IP 是怎样炼成的 [N]. 中国旅游报,2017-07-04(003).

应未来的发展方向，保证居民高品质的生活和城市生态标准。一是不断更新、改造、完善城市基础设施。维也纳位于多瑙河沿岸，其适宜的气候、宜居的环境很大程度上得益于多瑙河的滋养。水系统的管理一直是城市治理的重点，到2020年，维也纳政府预计将投入13亿欧元用于城市基础设施项目。二是解决能源问题，为首都规模扩大做好充分准备。到2020年，维也纳在现代电力上的投入将达到10亿欧元，并且电力、煤气和远程供热将成为城市热点。此外，维也纳也很重视将科研成果转化为绿色能源技术，为可再生能源的整合提供必要支持，而基础能源网的建设也能为可再生能源准备好续用网络。拓展清洁能源的使用，可以为维也纳减少约3000吨的二氧化碳排放，为减缓气候变化做出积极贡献。三是便捷的公共交通为维也纳的休闲业发展奠定了基础。维也纳一直着力提升公共交通承载量。尽管这个历史悠久的城市已经拥有四通八达的地铁和地面公交系统，并且它们像毛细血管一样遍布全城的步行网络和城市空间，而其后期的道路改造向世界证明，传统的城市形态和路网结构，辅以精细化的"修修补补"，在维持传统城市适宜步行特点的同时，也能很好地满足当代城市的交通需求。

在2015年，维也纳市政府推出了2025年城市发展规划，规划指出私家车出行的比例要从27%降低到20%。与此同时，公共交通、自行车等环保交通工具出行的比例要上升到80%。此外，维也纳还制定了另一份行人交通的战略文件，旨在增加行人数量，同时将交通事故和伤亡人数降低50%。旨在通过提高行人交通的质量标准和城市空间的质量来实现，同时完善步行区域和步行道路，并计划将机动车的车速降至30千米/小时。

（三）以独特的城市文化和鲜明的城市定位为核心吸引力

维也纳城市文化具有世界性影响力。维也纳是神圣罗马帝国、奥地利帝国、奥匈帝国和今天的奥地利的首都，历史和文化遗存丰厚。几个世纪以来，维也纳一直是欧洲古典音乐和歌剧的中心，名家辈出，被誉为"音乐之都"，同时维也纳学派哲学、维也纳圈文学和维也纳空想现实主义学派，乃至维也纳饮食和咖啡等都远近皆知。维也纳的城市文化，是欧洲城市文化的重要代表，具有世界影响力。维也纳生活质量优异，旅游休闲活动和多样性的城市生活紧密嵌套，居民和游客互动频繁，因为维也纳主要的旅游休闲区都在高密度城区之中。此外，维也纳节事密集，内容丰富，这些都令维也纳的休闲活动异彩纷呈。

尤其是对于作为音乐之都的维也纳，游客到此就是为了寻找世界音乐大师们的历史足迹和艺术回音。维也纳宫廷爱乐乐团巡演世界，创造着巨大的社会效应和市场价值，成为维也纳主题产业标志之一。维也纳的"世界音乐"城市主题文化，也让这座城市散发着无穷的艺术魅力。海登、莫扎特、贝多芬、舒伯特、勃拉姆斯、约翰·施特劳斯的音乐，让全世界游客永远痴迷。音乐变成维也纳巨大的文化产业和人文资源，而音乐主题文化也带动了城市旅游，使维也纳永远处于"世界音乐"城市主题文化的魅力之中。

（四）本地居民的日常休闲带动了外来游客的旅游休闲

维也纳人有着强烈的休闲需求，休闲活动已成为人们的生活方式。运动、健身、观看演出、喝咖啡泡吧、看展览等，都是当地人休闲生活的重要组成部分。这些休闲活动带动了相关消费。而对于外来游客而言，在维也纳的消费也是多元的。外来者可以轻松地了解它的科学、艺术、历史、烹饪等文化，这些恐怕只有美国华盛顿的城市布局才能与之媲美。当然，这种优势很大程度上源于19世纪维也纳城市环路的修建，这条路环绕着市中心，上面跑着有轨电车，运行时间十分精确。维也纳主要的艺术和行政机构修建在环形之内，而环路上置有27家休闲咖啡厅，供行人消磨时光。你可以喝点咖啡，吃些糕点，然后参观一下附近的博物馆，逛逛花园和宫殿。正因为这种独特而便利的城市布局，维也纳于2001年被列入世界文化遗产名录。在维也纳，一个人在一天之内可以游览3~4个景点，无论是去参观霍夫堡皇宫、苏黎世市政厅、议会厅或大学，还是花上几个小时去艺术史博物馆或自然史博物馆游玩一番，都要留出一天时间来给新建的维也纳博物馆。这个博物馆是在20世纪90年代由原帝王宫殿改建而成的，其中包括现代艺术馆、利奥波德馆［其中包括20世纪初奥地利绘画巨人埃贡·席勒（Egon Schiele）的作品全集］和建筑馆等100多个艺术馆，"维也纳之子"莫扎特（Mozart）和弗洛伊德（Freud）拥有自己的独特空间。除此之外，该博物馆还设有银器馆、天体馆、罪行馆甚至是假货馆。

对于音乐爱好者的游客，维也纳不仅有许多音乐厅、歌剧院，还可以参加维也纳大师班、维也纳音乐课程，可以和维也纳童声音乐合唱团进行一天的共同演出。在夜晚，游客可去俱乐部、夜店、酒吧、赌场中享乐，还能乘坐浪漫游船夜游多瑙河。维也纳的夏季有露天电影、音乐电影文化节，冬季有各种圣诞市场。同性恋游客能在此参加市政厅的生命舞会，参与环城大道上的彩虹游行、Auersper 宫的玫瑰舞会等活动。总之，游客的旅游消费活动与维也纳市民的休闲消费结构具有高度的一致性，所以，当地居民的休闲生活对外来游客产生了强烈的吸引和示范作用。

（五）以观光为引领带动形成综合型休闲产业体系

维也纳的休闲产业，以观光为带动，逐步形成了集观光、度假、娱乐、会展、购物、演出、节庆等为一体的综合休闲产业。这些行业之间，相互促进、相互补充、协同发展，从而实现了休闲产业的聚集效应。在观光方面，维也纳融合了历史和现代之美，观光旅游非常发达。在度假方面，维也纳的过夜游客位居奥地利第一，其中国际游客占到了84%。在娱乐方面，维也纳作为艺术之都，和艺术相关的娱乐设施林立，内城一区更是维也纳娱乐集聚的"心脏"地区。在维也纳，咖啡馆、迪厅、酒吧遍布全城，更有博彩场所为维也纳娱乐业增添了别样的吸引力。在会展方面，维也纳享有国际会议城市的声誉，连续多年作为会议举办地在全球城市中排名第一。2010年，维也纳国际会议数量为154个，继续位列全球第1。在购物方面，维也纳是时尚天堂。围绕维也纳第一区的坏城大道，街道两旁的购物设施紧密排列。每年圣诞节前，维也纳都会开办多种专门的圣诞市场，享誉世界。在节庆方面，维也纳几乎每个月都会有节庆。

首先，维也纳具备充分的文化培育机制。维也纳历来重视利用文化增强认同感，居民高度认同维也纳的深厚文化。20世纪70年代，政府便开始开展艺术推广活动。维也纳在继承深厚历史传统的同时，新形式的文化层出不穷地出现。在此过程中，维也纳充分意识到兼顾政府引导和市场运行，兼顾产业和公益，兼顾传统和时尚的文化政策的重要性，在文化遗产、文化教育和培训、表演艺术、视觉艺术和美术、文学、音乐、图书出版、广播业、电影业等方面多有投入。其次，维也纳的休闲业发展充分融入科技。在维也纳旅游可以使用各种时尚的信息技术。维也纳大大小小的展览馆、餐厅、酒吧中，都有大量科技元素的运用。再次，维也纳将休闲业的发展植根于城市发展能力之上。维也纳非常注重保持传统城市结构和城市有机更新的结合，注意城市规划中对旅游休闲业的充分强调，对交通、建筑、公共服务设施、休闲旅游场所等多有规划和考虑，城市自身发展与休闲业发展深度结合。最后，维也纳是引领消费时尚的旗帜。维也纳融合了文化、设计、科技、时尚等诸元素，通过不断的文化营造、产业培育和节事展示，引领消费时尚，从而令城市充满魅力。

（六）城市建设高度重视休闲空间和休闲设施布局

相对于那种通过大规模的拆除和新建、急剧改变城市面貌的规划而言，维也纳的这类规划往往是"看不见"的。它更关注城市与市民生活的联系；关注城市活力的激发与可持续，关注城市过去、现在和未来的衔接与共生。其特征是能和市民日常生活相联系，周边城区充满商业、文化、宗教和教育等各种城市功能，尤其重要的是，有足够多居民区存在来保证城市空间的日常使用和活力的可持续性。维也纳的很多城市空间，是很"公共"的。在那里可以看到很多游客，但更多的是维也纳本地市民，他们往往居住在附近城区。城市空间是他们聚会、休闲、购物的场所，是生活的必需品。在由"指环路"（Ring strasse）环绕的"一区"里，经过漫长的中世纪形成的、有机的城市街道，与密集分布的、大大小小的广场一起，形成了一张网络，覆盖着市民生活区域，成为生活不可或缺的一部分。这张网络不仅包括凯恩特纳大街、斯蒂芬大教堂广场、鼠疫纪念碑广场、炭火市场广场和米切尔广场这样著名的城市空间，更包含了无数不那么有名的广场和街道。

维也纳非常注重休闲氛围的营造，在公共休闲设施供给、休闲空间规划方面有诸多举措，旨在使城市本身成为一个大的休闲综合体，所以，维也纳市对整个城区的功能比例和它们的组合方式进行细致研究和规划，这就是一种"看不见的城市规划"。这种"看不见的城市规划"，让城市发展获得了一种弹性，一种过去、当下和未来共生的可能性。尤其是在城市公共休闲空间的改造方面，维也纳证明了重视休闲空间和休闲设施是多么重要。博物馆区（Museumsquartier）改造自原皇家马术学校，在一个三进围合的大院里，塞进了两个极其前卫的当代博物馆，再加上覆盖全年的艺术表演计划，这个"大院"成为维也纳最富艺术气息和青春活力的公共空间。美丽的老市政广场曾受困于活力不足的问题，20世纪90年代以来，每年一度的夏季维也纳市政厅电影节、冬季的圣诞市场和溜冰场，将这里变成全世界游客向往的胜地，大量周边城区的市民来此休闲娱乐。Naschmarkt露天市场在20世纪90年代之前一直是比较萧条的区域。规划决定不对该区域进行物质改造更新，而是指定三项政策：一是允许土耳其人在此摆摊，二是将一部分市场功能转换成餐饮功能，三是制定详细的建筑维修更新导则。第一项政策提高了市场小业主的积极性和商品的特色，实现文化的多样性；第二项保证了广场活力（尤其是在夜间）的充足；第三项则将地区发展与建筑保护结合。基于此，Naschmarkt 实现了华丽复兴，游客和市民络绎不绝，同时带来市场的经济活力，业主积极性也很高，自筹资金进行改造装修，而详尽的规划导则保证了建筑物更新的总体协调和历史价值的延续。

维也纳对城市休闲空间的规划不局限于此，其基于"紧凑城市"的城市规划理念，创建了紧密型的城市休闲空间，例如，重要的公园、花园、绿地等，都要求必须设置户外游憩、运动、聚会、展览等相关的设施，同时邀请公众参与到公园的发展规划中去，以更好地满足其休闲需求。同时，依托优良的自然环境，相关部门在这些公园里设置了诸多服务设施，包括步道、自行车道等，都有明显的标志。维也纳还规划了大量的体育设施，开展各种体育休闲活动。每年来自80个国家的超过25 000名跑步爱好者到维也纳参加奥地利最大的马拉松大赛。维也纳还专门在城市中标出了跑步标记和路线，为爱好者提供参考。维也纳的郊区有两条经典的5~6天的爬山线路。此外，维也纳还有大量的滑冰场、攀岩场、足球场等运动场所。在维也纳，公私部门都提供了大量的游泳池，令居民热爱运动的习俗得以延续。总之，作为城市，维也纳的休闲功能极其完备。城市休闲和城市发展紧密融合在一起，使得城市成为一个大的休闲综合体，满足了当地居民的休闲需求，也吸引着大量的外来游客。

三、现代文明之都——新加坡

新加坡，别称狮城，是东南亚的一个岛国，政治体制实行议会制共和制。新加坡北隔柔佛海峡与马来西亚为邻，南隔新加坡海峡与印度尼西亚相望，毗邻马六甲海峡南口，国土除新加坡岛之外，还包括周围数岛。新加坡国土面积719平方千米，人口560万，人口密度达7600人/平方千米（北京为1300人/平方千米）。历史上新加坡是一个"脏、乱、差"的城市，街道拥挤，公共卫生极差，居住环境恶劣，但通过政府的科学规划与长期的严格监管，这个自然资源缺乏的国家成为著名的"花园城市""宜居城市"。

建设"花园城市"是新加坡的立国之本,新加坡在建国之初,百废待兴的时候,提出了建设"花园城市"的战略,并通过40多年的不断移丘填海,买沙造地,将448平方千米的国土面积增加到现在的719平方千米,持续多年的绿化和各种兰花的培育,最终将新加坡变成了处处是雨树(国树)和处处是兰花(国花)的"花园城市",正是这种超前的定位,成就了花园一样的新加坡,成就了现代休闲之都——新加坡。

新加坡从1965年建国时开始,便进入了"花园城市"理念,并坚持不懈地贯彻实施。20世纪70年代,新加坡制订了道路绿化规划,加强环境绿化中彩色植物的应用,强调特殊空间绿化,在绿地中增加休闲娱乐设施。20世纪80年代,他们开始引进更多色彩丰富、浓郁香气的植物,增设专门的休闲设施。20世纪90年代,他们重点发展各种主题公园,建立大公园生态廊道系统,实现花园城市构想。进入21世纪,他们主张建立5种主题街道,进行空间立体绿化。[1] 近年来,他们又强调建筑空间向上发展,以保护历史建筑和生态环境,并鼓励阳台绿化和屋顶花园建设。与此同时,新加坡还将绿化走廊与步行系统结合,以此形成网络,联系全国的各个公园和组屋区的中心绿化带,从而提升整个城市的生态系统质量。

新加坡的国土面积仅有700多平方千米,在如此小的面积上如何解决一系列城市问题?新加坡政府在土地利用最优化上下足了功夫。为此,新加坡确定了以中心区为主体的星座结构,组团发展的空间布局,以及绿色、山水系统和保护名胜古迹等的城市规划,并按照市中心—次中心—副中心的结构将全新加坡划为55个小区进行建设,组团和小区中的布局合理,功能齐全,使得就业、交通、休闲、居住等功能充分满足居民的需要。除此之外。新加坡将商业网点分为5级,5级商业中心都有明确的功能和要求,对网点的选址、布局、规模具体到卖何类商品都有细则规定,而且新增商业设施不能影响已有商业设施的经营,使城市商业网络有序发展,也节约了土地资源。除了商业网点,大型住宅区的设计依照"城市规划—总体设计—建筑设计—景观设计"的步骤进行。高度一致的城市规划使得新加坡的城市建设和旅游发展井然有序。

---

[1] 易娱竹."花园城市"到"城市花园"——新加坡"花园城市"建设见闻[J].中华建设.2015(08):44-47.

（一）城市绿色建设提供休闲空间

新加坡专门设立了"绿色和蓝色规划"部分。突出城市绿化带网络化，各类绿地系统形成"点，线，面"相结合的合理布局：点是小块绿地；线是道路绿化；面是大公园、规划区内较大面积的林地。据资料显示，新加坡目前有多达340个公园，其中在居民区，每隔500米就会有一个公园。在水环境建设（蓝色规划）方面，新加坡规划修建了14个蓄水池、9座水处理厂、2个自然保护区和生态湿地公园。

新加坡大力建设绿色廊道，把所有的绿地连接起来，为不同年龄层的人提供一个毫无拘束的休闲机会，在园林或开放空间里，进行漫步、骑行等锻炼和其他放松心情、休闲娱乐、有益身心的活动。新加坡于20世纪60年代提出绿化净化新加坡，大力种植行道树，建设公园，为市民提供开放空间；70年代制订了道路绿化规划，加强环境绿化中彩色植物的应用，强调特殊空间的绿化，绿地中增加休闲娱乐设施，对新开发的区域植树造林，进行停车场绿化；80年代提出种植果树，增设专门的休闲设施，制订长期的战略规划，实现机械化操作和计算机化管理，引进更多色彩鲜艳、香气浓郁的植物种类；90年代提出建设生态平衡的公园，发展更多各种各样的主题公园，引入刺激性强的娱乐设施，建设连接各公园的廊道系统，加强人行道的遮阴树的种植，减少维护费用，增加机械化操作。进入21世纪，面向未来，又提出对城区公园干道、森林区的林间道路、海岸线的海岸公路、郊区的乡间公路、主要出入口的迎送公路5种主题街道，进行城市空间立体绿化景观设计。新加坡还主张公共绿地建设模式形成规划、建设、管理一条龙。

为加强绿化管理，新加坡制定了权责十分明晰的管理制度。绿化工作由政府主导，采取种、管、养分离的方式运作。简单的、技术含量较低的绿化管养工作实行社会化，技术含量高的复杂工作归国家公园局专业人员统一管理。

新加坡还利用先进的信息技术进行管理。建立一套完善的园林绿化电子档案制度，计算机信息管理系统的使用，使得操作人员能轻易了解每棵树的生长地点、种类、年龄、修剪等情况，并且有一批专业植物师对植物的病虫害及生态情况进行监控，科学管理。[1]

---

[1] 胡安生；雷厚红.旅游城市规划之我见——以新加坡旅游城市规划建设为例[J].旅游纵览（下半月）：2012（10）：11。

（二）利用有限资源将资源最大化

充分利用有限资源，因地制宜，发展旅游业。利用已有的旅游资源，作为重要港口城市，地理位置的特殊性决定了新加坡的港口贸易十分发达，交通运输业也非常发达。此外，新加坡几乎没有任何发展旅游业所需的资源。即便如此，新加坡政府还是充分利用有限的地理位置优势，发展新加坡的旅游业，尤其是会展旅游和购物旅游。国际会议开支浩繁，与会者多是高收入阶层，有很强的旅游消费能力。会展旅游相比较普通的观光旅游，具有参与人数多、游客素质高、购买力强、停留时间长、旅游经济效益好等特点，重点发展会展旅游是各国旅游业发展的趋势。新加坡政府很早就意识到会展旅游的发展前景，专门设立了国际会议局，建立了100多座国际会议馆。据统计，每年在新加坡召开的国际会议多达百次，与会人员的旅游消费比普通游客高两倍以上。现在新加坡已成为居亚洲首位、世界第五位的国际会议中心。会展旅游带来的不仅仅是旅游经济效益，还大大提高了新加坡的国际知名度和国际地位，对其他产业的发展也有积极的贡献。新加坡政府利用本国得天独厚的地理优势，创建国际通商口岸、免税购物中心、美食天堂、国际会议和国际金融中心，使该国成为东南亚名副其实的区域中心，成为游客的购物天堂，吸引了大量游客。①

为弥补先天旅游资源的不足，新加坡政府不断利用其现有自然条件，因地制宜，人工开发旅游景点并形成旅游胜地。如圣淘沙，原来叫死亡岛，是废弃的军事基地，杂草丛生，新加坡政府大力治理，现已成为游乐王国；利用地处赤道的优越条件，种植各种名贵植物，尤其是其国花"兰花"，出口量占全球第一；利用四面环海的条件，发展码头，如博托码头和克拉克码头，开辟了许多新休闲旅游区。

（三）开发旅游主题产品发展新业态

新加坡利用区位优势大力发展会议会展、体育赛事旅游。利用地处亚欧中心，发展会议展览，努力打造世界最理想的 MICE（会议、展览、奖励旅游）中心。重点开发了新达城、新加坡博览中心、金沙会展中心、圣淘沙会展中心等五

---

① 陆蓓蓓.新加坡旅游业发展中的政府行为对我国的启示[J].旅游纵览（下半月），2015（10）：186-187。

大会议会展中心。①会展设施档次高、规模大、消费高,有力地拉动了新加坡旅游业发展。另外,还注重会议营销,如新加坡旅游局对于能争取到来新加坡召开国际性会议的人员给予一定的资金补助,并派工作人员协助到国外大公司、大企业、学术机构、协会组织等,争取会议主办权。同时,还举办一年一度的夜间F1赛车比赛,吸引了各国F1赛车爱好者汇集新加坡,每逢赛事举办,各大酒店爆满,既带动了当地旅游业发展,又极大地提高了新加坡的对外知名度。

利用其发达的高科技和良好的设施,发展医疗旅游和教育旅游。新加坡高层次人才聚集,医疗设施、教育设施良好。利用其高度发达的医疗水平和教育水平,新加坡旅游局与医疗部门、教育部门合作,开发了医疗旅游和教育旅游。政府积极推动新加坡国际医疗计划,专款、专人、专门机构对外招揽外国病人,并把新加坡公、私立医院及各家酒店纳入整合,提供外国病患者统一的医疗旅游服务窗口,打响新加坡医疗旅游服务的品牌,成为亚洲区域医疗中心。在教育留学方面,出台政策,吸引中国、马来西亚优秀学生来新加坡留学、修学,利用各大院校、各大商会培训机构,举办各种形式的培训班,如仅与山东省举办各种形式的培训班就达86期,既拉动了消费,又吸引了人才。

利用良好的港口优势,大力发展邮轮度假,由新加城旅游局投资新建的国际邮轮中心,将于2018年底开放。投资建设的圣淘沙旅游度假区、金沙旅游度假区,集休闲、娱乐、美食、购物于一体,成为综合性的旅游综合体。同时,还开发了哥斯达沙滩度假村、乌敏湖度假村等。利用其多元的文化和经济贸易中心,发展美食购物旅游。在新加坡可以吃到中餐、马来西亚餐、印度餐、泰国餐、韩国餐等,在许多商场内都有小吃区,提供各种风味的食品。

(四)推行政府动员和全民参与的模式

新加坡城市规划中公民参与是事前参与、主动参与、实质参与的。政府为鼓励公众的参与,在制订"开发指导计划"时,将"开发指导计划"放在人群集中地公示,并将这些规划制成小册子、图解甚至模型,使更多的公众参与规划进程并提供反馈意见,政府对有关规划文本及时公开。

政府要求社会公众从我做起,从政府工作人员到普通市民,都要坚持参加一

---

① 尹德娟.新加坡旅游发展的启示[N].中国旅游报,2012-06-22(006).

年一度的植树运动；各居住小区、学校、企业都要有自己养护的绿地；所有的绿化工程都征求市民的意见和建议；鼓励市民承包或租赁公共绿地、花木、公园设施，推行全民管理方式，形成男女老少共同养护，政府、单位、群众同心协力绿化美化城市的机制和风气。

（五）法律法规健全与严格执法

新加坡城里几乎看不见交警和城管队员在现场执勤管理，但市容整洁、交通畅通，街道上看不见乱停放和摆设摊位的现象。其原因一是法律法规健全。针对城市管理共制定如环境污染控制法、环境公共健康条例、公共设施条例等各种法律383种，世界罕见。不仅对城市建筑物、广告牌、园林绿化等城市硬件环境都做了具体规定，而且对软环境也做了具体规定，随地吐痰、乱丢垃圾、闯红灯甚至不冲厕所都有明确的处罚规定，从而使执法人员对每一项工作都有法可依。二是严格执法。成立了"花园城市行动委员会"，突出城市管理、组织协调和考评监督，建立一支素质精良的执法队伍和遍及社会各阶层的监控网络，执法过程始终突出一个"严"字。在新加坡随地吐痰要罚款500新币，在禁止吸烟的地方吸烟要罚款1000新币，乱丢垃圾初次罚款200新币，累犯者则要被处以3至12小时的劳役，并在媒体上曝光。正是因为严格的执法形成了整洁有序的市容环境，使得市民和旅游者的休闲空间更加干净舒畅。[①]

（六）树立良好的旅游国家形象

新加坡是亚洲最受欢迎的旅游目的地之一，拥有"花园城市"的美誉，这是新加坡政府从一开始就努力塑造的国家形象。国家形象是一个国家旅游业发展最重要的无形资产，对旅游业的发展有着举足轻重的作用。为塑造"花园城市"的形象，新加坡旅游促进局不断投资于绿化美化家园，增辟公园风景区和娱乐场所，整修庙宇，这些举措使得新加坡城市处处绿树成荫，鲜花盛开，旅游者会被美誉吸引，慕名去新加坡观光。在信息技术发达的新时代，"好酒也怕巷子深"。新加坡政府深谙国家营销对旅游业发展的重要性，积极对外推广新加坡旅游产业。旅游促进局已先后在纽约、伦敦、芝加哥、法兰克福、旧金山、悉尼、墨尔本、堪培拉、东京和巴黎等世界主要旅游市场设有办事处，积极从事有关国外旅

---

① 陆蓓蓓.新加坡旅游业发展中的政府行为对我国的启示［J］.旅游纵览（下半月），2015（10）：186-187。

游的调查、研究工作,并通过报刊、电视、广告等媒介招徕更多国外游客。21世纪初,针对庞大的中国市场,新加坡政府在中国打出"非常新加坡"这一极具影响力的旅游品牌,邀请在中国知名的新加坡艺人推广新加坡旅游,成功使"非常新加坡,三天还不够"的理念深入人心。2010年又推出全新旅游品牌"Your Singapore 我行由我新加坡",率先倡导"定制化旅游"概念。作为一个新旅游品牌,"Your Singapore 行由我新加坡"通过数字化媒体展现新加坡的旅游体验,满足个性化旅游需要。[①]

四、时尚浪漫之都——威尼斯

威尼斯(Venice)是意大利东北部著名的旅游城市,世界著名的历史文化名城,13世纪至17世纪末是一个非常重要的商业艺术重镇。威尼斯别名"亚得里亚海的女王""水都""桥之城"及"光之城",堪称世界最浪漫的城市之一。

威尼斯所有的浪漫都有"水",蜿蜒的水巷,流动的清波,宛若脉脉含情的少女,眼底倾泻着温柔。其建筑、绘画、雕塑、歌剧等在世界有着极其重要的地位和影响。威尼斯有着"因水而生,因水而美,因水而兴"的美誉,享有"水城""水上都市""百岛城"等美称。全城有117条纵横交错的大小河道,靠400多座桥梁把它们连接起来。威尼斯始建于公元451年,迄今已有1500多年的历史。威尼斯风光秀美,古迹甚多,有120座哥特式、拜占庭式、文艺复兴式、巴洛克式大教堂,120座钟楼,64座修道院,40座宫殿,是驰名全球的旅游胜地。威尼斯城热闹非凡,但城内没有汽车和自行车,也不见红绿交通灯,小艇就是"公共汽车"。威尼斯的小艇同样闻名于世。威尼斯也是中、意两国人民的友好使者马可·波罗的故乡。

(一)旅游标识设计给人"轻松感"

威尼斯中心城区道路狭窄,街巷大多与拱桥相连,宽不过4~5米,其间运河密布、水域广袤,许多小路径直地通向了水岸、码头。对于旅游者来说,行走在威尼斯,能在最短的时间内找到正确的方向,不绕路或少绕路并不是一件容易的

---

① 陆蓓蓓.新加坡旅游业发展中的政府行为对我国的启示[J].旅游纵览(下半月),2015(10):186–187.

事。由此，威尼斯设计一套完整正确、优美直观、便捷而又富有地域特色的公共标识指示系统。

一是较为古老的嵌入式指示牌。这类指示牌历史悠久，形式传统，其简单、字体明确、字号清晰，指示内容一目了然。除因年代久远而略显陈旧外，它的设计本身基本上不存在阅读障碍。在满足了人们对指示系统最基本要求的同时，其选用的以红白两色为主的主色调与威尼斯本岛上斑驳的大环境相搭配，显得和谐、统一。二是图文并茂的悬挂式指示牌，这类指示牌在本岛上也较为普遍。它们多半色彩醒目，内容清晰，较之第一类指示牌，略显生动。除上述三类相对正式的空间标识指示系统外。威尼斯岛上还存在一批形式多样、风格各异，介于正式与非正式、政府或商业范畴之间的空间指示方式与指示手段。尽管它们多半是零散的，并且大多数指示形式还显得有些过于随意，但其中也不乏闪光的亮点，值得借鉴。如当人们在一条条阡陌交错的小巷中寻找通往 Piazza San Marco（圣马可广场）的捷径时，这处涂鸦似的指示很容易引起大家的注意，它位于本岛桑塔卢西亚火车站附近两条小街的交界处，这里是由火车站出发，选择走陆路的游人去圣马可广场方向的必经之地，人来人往，非常热闹。它也许是经过这里的某位游客或者本岛上的居民自发留下的，在意大利这个具有"涂鸦文化"的国度，这种"DIY"的行为并不少见。[①]但也正是这"轻松一笔"，带给了人们双向而生动的联想。轻松、幽默的图像可以缓解旅游者茫然与不安全的心理，给人一种"轻松感"和"新鲜感"。

（二）节事营销传播城市形象

威尼斯恐怕是利用节事传播旅游品牌的先驱了，几乎每个月都有一场节庆活动，二月的狂欢节、四月的圣周和圣马可节、五月的海亲节、六月两年一次的艺术节、九月的冈多拉节和威尼斯电影节、十一月的拯救节还有不可复制的威尼斯双年展等，"威尼斯——狂欢的水上都会"也因此而得名。

其中最著名当数威尼斯狂欢节。威尼斯狂欢节是当今世界上历史最悠久，规模最大的狂欢节之一。每年冬去春来之际，人们自发地聚集在一起，身着异服，载歌载舞，欢庆节日，这也成为威尼斯吸引全世界游客的一张王牌。

---

① 旅游城市的标识指示系统设计——以威尼斯为例 [J]. 苏州工艺美术职业技术学院学报. 2011-11-15：17-20.

在狂欢的日子里，游客可以将自己打扮成各种稀奇古怪的样子——国王、牧师、屠夫、武士、面包师、占星家，或是男仆听差、乡野村姑、水手、刺客、天使、恶魔——随你怎么装扮都行，只要你玩儿得开心。在狂欢节，面具不仅仅是一种装扮，更是一种伪装。有了面具和一身戏装的遮扮，人们可以充分展示自己的幻想和激情，肆无忌惮地作乐狂欢。那是一种真正意义上的随性和释放，是庸常和平淡生活中一道亮丽的风景。

世界上的水城不止威尼斯，但在人们的印象里，威尼斯是最容易想到的那一个。这就得益于威尼斯的节庆营销，扩大了威尼斯影响。

（三）慢行的城市街道设计

威尼斯的街道设计富有整体性，每条街道纵横交错，俨然是一个精密的集成电路系统，且多以方便步行为主。街道深切，相对较窄，有的地方狭小到只能容许2~3个人同时通过。一般来说，街道整体呈暖色调。街旁房屋的一层一般都是商业店面，多以玻璃的立面为主。几条街道相交的地方视为一个节点，多为一个相对开阔的微型广场围绕。周围的餐厅也在这个地方相对集中，其店面随机摆放的桌椅及休憩的地方会吸引来很多的生意，狭窄的街道，特色休闲安逸的惬意体验充满整个城市。其次，威尼斯街道的立面和地面的铺装多是以朱红色等偏暖的色调为主。因为是水上城市的关系，每走一段就会进入一个边界区域，这些区域多以桥进行连接，并且色调也会逐渐变冷，待进入另外一个区域时色调又会鲜活起来，这样过渡区域的人流和功能性也会得到体现。再次，因为街道设计整体上注意邻里关系的和谐，所以，街道基本不会特别宽，而且大多都和几个公共、宽阔的环境相连，虽然狭窄但在整体的视觉形象上却能产生节奏韵律。时而紧凑时而开阔的视觉感受也展现出街道的魅力。更值得一提的是，由于是水城，所以其街道设计往往和水是交相呼应的，有的时候街的旁边就是水道，有的时候其水上的街道更加别具一格。一边在岸上走，一边看着水道里的贡多拉，这种情调并不是每个城市都能拥有，也并不是每个城市都可以享受这样独有的生活气息的。只有身在威尼斯，才能感受那份设计的巧妙和那份生活的静谧。

威尼斯的街道小而精致，是和谐生活和商业区的经典范式，通过亲近友好的设计方式，快速交通被限制在城市边缘和外围，越接近城市内部，交通方式越由汽车变为自行车，然后到步行，这种由快到慢，由硬到软的交通设计和街道设计方式都可以被引用到大都市的商业区和生活区设计中[1]。这样不仅可以和谐居民邻里关系，而且可以让街道文化为城市发展增加色彩和气氛。城市会让生活更美好，而街道会让城市更加有人情味和活力，让居民和谐地生活，这才是一个城市最重要、最基础的本质和灵魂。

（四）游客管理提供高质量的休闲环境

调控旅游需求。威尼斯是著名的旅游城市，每到旅游旺季，游人如织。为避免旅游交通设施严重超载，游客人流如织，游客食宿困难，服务质量下降，从而导致游客体验质量下降等问题，威尼斯通过威尼斯旅游智能卡借助预订调控旅游需求[2]。旅游者在出游之前可以通过国际互联网订购"智能卡"；在订购的过程中互联网会将威尼斯目前的旅游动态信息传递给旅游者，如游客数量、游客密度、旅游接待设施情况、旅游建议等。旅游者通过这种适时互动的方式，在全面了解威尼斯旅游信息的基础上再进行决策。这在很大程度上分流了一部分旅游旺季的客流。智能卡的另一个重要功能是在方便游客消费的同时，有效地掌控了客流量。游客申请到这种"智能卡"后就可以得到一系列在威尼斯旅游的优惠，游客可以以十分优惠的价格获得"旅游包价服务"。威尼斯还通过开发新的旅游线路，改变旅游者游程，降低城市中心区域的接待压力，实现更合理的游客空间分布。

威尼斯通过"威尼斯旅游智能卡"和旅游路线的设计，不仅有效地调控了客流量，缓解了旅游旺季巨大的客流给城市带来的压力，而且给游客带来了高质量的休闲体验。

（五）独特的艺术魅力和氛围

15世纪后期，威尼斯成为海上霸主，商业一片繁荣，文艺复兴运动也在威尼斯生根发芽，其中最知名的就是"威尼斯画派"，对色彩的大胆运用，描绘动感的生命状态是其最重要的特点，文艺复兴时期，威尼斯还是"威尼斯画派"的营地，由于威尼斯和东方各国的密切交易往来，使得画家们接触到了多种画风，在自己的作品中吸收汲取了拜占庭的金碧辉煌和阿拉伯的精细华丽，创造了一种精巧微妙的牧歌式风格，在当时产生了很大的反响，由此对日后欧洲乃至世界艺术的发展都产生了深厚的影响，甚至对欧洲浪漫主义绘画也产生了深远的影响。

---

[1] 杨锐. 威尼斯城市及街道设计探析 [J]. 美与时代（上）. 2013, 07 (010): 87-89.
[2] 陈雪钧. 威尼斯游客管理的成功经验 [N]. 中国旅游报. 2005-11-11 (011).

威尼斯是文艺复兴的精华所在。

另一个让威尼斯家喻户晓的艺术形式就是电影。威尼斯电影节诞生于1932年，是历史上最古老的电影节，这也和威尼斯古老而怀旧的城市形象不谋而合。

（六）多水环境造就浪漫的城市景观

丰富多样的水环境塑造了鲜明的城市特色与风格，使威尼斯以其独特的水上风情和"水之都""亚德里亚海的女王"等称号举世闻名；这样浪漫而富有诗意的环境孕育了威尼斯自由、民主、和谐的市民精神与地域性格；从最初作为当地居民的衣食之源，到为海上贸易的进行提供资本，再到今日成为城市旅游产业的依托与核心，多水环境为威尼斯的城市发展提供了良好的环境与背景。威尼斯城市中场所空间的分布与布局也凸显着多水环境下的文化特色与活力。城市中的滨水广场通过创造景观丰富、视野开敞的亲水界面，将水体景观引入城市内部，为当地居民和外地游客提供与水和谐共处的休闲游憩场所，如位于圣马可广场南侧、与威尼斯主运河直接相连的狭长滨水空间。威尼斯的街道与河道、水道相依而生，路网在水网的基础上形成了水、陆双层并行的交通系统，塑造了具有亲密感与人性化的滨水空间尺度[①]。另外，威尼斯每一栋临水建筑都有精致的阳台、挑台、屋顶平台或是滨水露台，以便将人们置于水体景观之中，使之从更多视角和形式欣赏美丽浪漫的水体景观。威尼斯还通过建造与水网并生的路网系统，将城市内部的小巷作为步行系统，把快速交通限制在城市边缘和生活及商业区外围，实现了由快速交通到慢行交通的交通过渡和由硬到软的街道设计；这也使得威尼斯的城市中心呈现出水陆并行的无车化、步行化城市景观与一派"慢生活"的城市氛围。

---

① 申佳可；王云才.威尼斯城市景观在多水环境下的适应性发展[J].风景园林.2016（06）：119-126.

第九章　休闲城市旅游度假区案例探析

一、引言

2015年10月9日,国家旅游局在北京召开新闻发布会,宣布17家度假区创建为首批国家级旅游度假区。国家级旅游度假区是指符合国际度假旅游要求、接待海内外旅游者为主的综合性旅游区,有明确的地域界限,适于集中设配套旅游设施,所在地区旅游度假资源丰富,客源基础较好,交通便捷,对外开放工作已有较好的基础。与国家级风景名胜区等自然保护区域不同的是,国家旅游度假区属国家级开发区。创建国家级旅游度假区是促进和引领旅游行业由观光型向休闲度假型转变的一项重要工作,对我国旅游产品体系的建设和完善具有重要意义,对我国旅游业今后长期发展有深远的影响。从地域上看,首批17家国家级旅游度假区分布于11个省直辖市,约占全国行政区划的1/3。其中,大部分分布于中国的东部和中部,西部仅有两家入围。我国的北京、上海、广州三大核心城市没有一个国家级旅游度假区。从类型上看,水域型度假区有10家,温泉型旅游度假区有3家,山岳型旅游度假区有2家。

旅游度假区是休闲城市发展的重要补充,本章以东部华侨城旅游度假区、汤山温泉旅游度假区和长白山旅游度假区为例,归纳其发展路径、发展经验和模式,为其他休闲城市提供发展借鉴。

二、东部华侨城旅游度假区

东部华侨城坐落于中国深圳大梅沙,占地近9平方千米,是以"让都市人回归自然"为宗旨的国家生态旅游示范区。东部华侨城由华侨城集团投资35亿元建设，2004年12月开工，2007年7月一期茶溪开业，2009年8月全面开业。东部华侨城是在汲取华侨城旅游业成功运作的经验基础上，借助滨海山地型自然空间，融合了自然、生态、科普、体验等先进开发理念，打造的超大规模、复合业态、互动主题的生态引领型旅游综合体项目。2015年10月9日，国家旅游局在北京召开新闻发布会，规划财务司司长彭德成宣布东部华侨城创建首批17家国家级旅游度假区之一。

（一）区位分析

东部华侨城位于深圳市东部黄金海岸大梅沙、三洲田片区。周边交通便利，不仅有赣深高铁、广深高铁、珠三角城际轻轨可带来沿线客流量，盐排高速、盐坝高速、深汕高速等也为自驾游的游客提供了便捷的交通。3小时车程可辐射惠州、东莞、中山、广州、佛山、江门、汕头、珠海、肇庆、香港、澳门等，将珠三角区域内最具消费能力的9个城市，外加香港、澳门全部纳入其中。东部华侨城项目优良的选址，为今后市场营销、消费能力挖潜等均打下了良好的基础。

表9-1所示为东部华侨城距主要城市里程。

表9-1 东部华侨城距主要城市里程

城市	里程
深圳主城区	20千米
香港	30千米
惠州	50千米
东莞	70千米
广州	110千米

（二）板块组合

东部华侨城根据主题可分为三大谷园区，"三谷联动"，突出自然景观和游乐体验，体现"生态其外，文化其中"的特色理念。

1. 大峡谷

大峡谷主打生态娱乐，占地面积5平方千米，可以俯览深圳东部黄金海岸线，该区域以"森林、阳光、大地、河流、太空"为主题元素，以人类对自然界广袤未知领域的全方位探索为主线，集山地郊野公园和都市主题公园的特色于一体。大峡谷内包含水公园、峡湾森林、海菲德小镇、生态峡谷、云海高地、华兴寺等六大主题区域 30 多个分项目，如表 9-2 所示。

表 9-2 大峡谷内旅游项目

项目	分项目
水公园	水主题乐园、露天剧场
峡湾森林	大瀑布观光、瀑布漂流
生态峡谷	太空迷航、地心四千里、山崩地裂、世纪海啸、飓风营救、咆哮山洪、童趣乐园
海菲德小镇	餐饮、购物、剧场（与瀑布酒店共享配套）
大型表演	《咆哮山洪》

2. 茶溪谷

茶溪谷主推休闲度假，占地 2 平方千米，海拔 330 米，坐落在三洲田的青山、绿水、茶田、湿地之间。该区域借助山水、茶艺、花卉、风情等资源背景，首次创新融入"茶禅文化"元素，让都市人感受远离喧嚣、享受自然的度假旅游文化。茶溪谷内包含茵特拉根小镇、湿地花园、茶翁古镇和三洲茶园等主题区域，如表 9-3 所示。

表 9-3 茶溪谷内旅游项目

项目	分项目
茵特拉根小镇	各式餐饮、购物街、酒吧、大剧院、酒店
茵特拉根温泉	国内最大的温泉度假庄园。有 22 个山林露天大汤池，国内规模最大的室内动感 SPA 馆，总投资额 2 亿元
大型表演	茶禅主题秀——《天禅》、花车巡游表演
湿地花园	四季花园、四季植物馆、旋转花车、游船、氢气球、山地自行车、湿地廊桥、水上高尔夫练习场十大项目
茶翁古镇	古镇戏台及表演、餐饮、民间工艺、陶艺
三洲茶园	茶艺博览、采茶、茶园观光、茶疗保健

3. 云海谷

云海谷主打户外运动，位于东部华侨城的北端，占地 2.5 平方千米，海拔 324~451 米，地势起伏落差达 127 米，由国际著名设计师 Neilson Haworth 设计，分为公共球场和会员球场，曾经荣获"2007年度深圳地标球场"及"十佳球场质量奖"等殊荣，如表9-4所示。

表9-4 茶溪谷内旅游项目

项目	分项目
云海谷高尔夫	1座18洞会员专属球场，1座18洞公众球场
云海谷体育公园	休闲健身、生态探险、时尚运动、休闲娱乐、奥运军体运动、山地体育活动

4. 大华兴寺

大华兴寺位于深圳东部华侨城内海拔486米的"观音坐莲"山上，项目占地12 000平方米，是一处展示中国传统佛教文化，极具禅意，启迪心智，教化人生的宗教文化旅游园区。表9-5所示为大华兴寺旅游项目。

表9-5 大华兴寺旅游项目

功能	景点
观光	菩提广场、妙相禅境、无量天梯、观音坐莲、归一阁等
购物	众香界，作为寺庙区前的集市沿街，店铺主售茶、花、手工艺品、开光法器等佛文化流通商铺

（三）业态组合

1. 主题酒店群

东部华侨城酒店群现拥有八大主题酒店，拥有约1400间客房，是中国首个主题度假酒店。其中包括以瑞士文化为主题的茵特拉根酒店、展现"禅宗"大乘境界的大华兴寺菩提宾舍、以房车为设计理念的房车酒店、以"水"元素为主题的瀑布酒店、集合欧洲经典城堡文化的城堡酒店、以"火车"为主题的火车营地、以德国黑森林咕咕钟为主题的黑森林酒店和以集装箱概念为主题的咖酷旅馆。表9-6所示为主题酒店基本情况。

表9-6 主题酒店基本情况

酒店	去哪儿价格	房间数	入住率
城堡酒店	—	25	—
茵特拉根酒店	1727起	288	旺季70%、淡季40%

续表

酒店	去哪儿价格	房间数	入住率
菩提宾舍	1294 起	22	—
瀑布酒店	720 起	331	旺季 70%、淡季 40%
黑森林酒店	827 起	312	旺季 80%、淡季 40%
房车酒店	662 起	180	旺季 80%、淡季 40%
火车营地	—	—	—
咖酷旅馆	442 起	180	旺季 80%、淡季 40%

2. 天麓大宅

东部华侨城地产项目——天麓，总建筑面积 12.8 万平方米，其中包括新加坡设计师理查德迈耶的设计。天麓大宅有 9 个区分布在东部华侨城"三谷"的不同区域，与山、海、林、球场等景观资源相融合。表 9-7 所示为天麓大宅情况表。

表 9-7 天麓大宅情况表

	一区	二区	三区	六区	七区	八区	九区
占地面积（万㎡）	8	9	5	12	14	12	1.5
体量	20 栋	44 栋	51 套	126 套	56 户	44 栋	9 栋
容积率	0.1	0.18	0.17	0.25	0.12	0.12	0.61
户型面积（㎡）	241~730 独栋山海大宅	250~680 独栋别墅	180~290 叠加别墅	188~305 双拼/叠拼/洋房	247~1100 独栋/161 双拼别墅	270~360 双拼别墅	260~270 联排
开盘均价（万/㎡）	12	8	8.5	13	8	12	10
开盘时间	2007.12.20	2008.6.28	2011.9	2009.8.8	2008.5.28	2010.1.10	2009.8.2

（四）开发时序

2003 年，华侨城集团以 3.5 亿元的价格拿下深圳东部郊区三洲片约 9 平方千米土地，进行东部华侨城项目开发，2004 年 12 月项目动工建设，秉持分主题园区分阶段开发的理念，项目开发分为3个阶段：一是先期进行环境塑造与形象主题展示，二是随后进行文化旅游产品的开发，三是进行惊险性主题体验项目的开发。

1. 2007年开放的项目

2007年7月项目一期开放，主要开放景区如下：茶溪谷的三洲茶园和湿地公园、大峡谷的瀑布和风车、观音坐莲、茵特拉根小镇。主要的配套酒店项目如下：五星级茵特拉根温泉酒店。主要的配套休闲项目如下：5200平方米室外山林矿泉SPA、18洞公众高尔夫球场和66打高尔夫练习场。

该阶段景区开发特征是以低投入的景观项目、体验项目及展示项目为主，通过一期项目的开发，重新塑造了景区环境，聚拢了项目人气，初步树立了东部华侨城的形象。采取此种策略的主要原因如下：一是基础建设投入巨大，前期旅游项目低投入可以减轻财务压力；二是旅游地产客户比较关注环境和形象，先从这两点入手为今后的地产销售做铺垫；三是景观展示项目受众层面广泛，没有较强的客户细分，可以起到聚拢人气的作用。该阶段五星级茵特拉根温泉酒店的建设是为了满足项目前期商务、政务客人考察的需求，同时借助高端酒店树立项目形象。室外山林矿泉SPA和18洞公众高尔夫球场的建设是为了先期向公众进行高尔夫球运动与温泉休闲理念价值观的培育，为项目建成后的应用积累客源数量、培育消费习惯。

2. 2008年开放的项目

2008年主要开放景区为大峡谷的云中部落、华兴寺、茶翁古镇。主要的配套项目为18洞会员高尔夫球场、6000平方米因特拉根室内矿泉SPA和健康管理中心。开始出售的地产项目有天麓大宅1、2、7区的高端地产120余套。

该阶段景区开发特征是以高投入的主题文化体验项目为主，通过主题文化体验项目细分游客，区分游客的兴趣、爱好、信仰的特质，建立圈层，实现客户价值。

3. 2009年开放的项目

2009年8月东部华侨城开放项目有海德菲小镇、大峡谷的海洋之心、探索之旅、黎明乐园及大峡谷的天街。开放的主题酒店有大峡谷瀑布主题酒店、云海谷房车主题酒店、华兴寺菩提宾舍，至此，东部华侨城实现了全面开业。在此期间出售的地产项目有天麓大宅 6、9 区高端地产 130 余套。

该阶段的开发以高投入的主题体验项目、主题娱乐项目、主题酒店群为主，通过众多主题娱乐项目的开放营业，使游客停留时间延长，产生留夜需求，发挥酒店群的接待功能，增加收入，实现区域价值。

4. 2010 年、2011 年开放的项目

2010 年、2011 年东部华侨城在硬件建设完毕之后，积极举办各类文化节庆活动，强化了区域内的娱乐功能、服务功能，增强游客的停留欲望，提升住宿需求，进而拉动整个旅游综合体内的整体收入水平和区域价值。在此期间，东部华侨城陆续开始出售天麓大宅的 3、4、5、8 区项目。

表 9-8 所示为东部华侨城开发时序。

表 9-8　东部华侨城开发时序

阶段	2003—2006 年基建整治期	2007 年营业项目区域启动期	2008 年营业项目培育发展期	2009 年营业项目快速发展期	2010 年、2011 年营业项目深化发展期
旅游	景观恢复和基建期	茶溪谷：三洲茶园、湿地公园 大峡谷：瀑布、风车 天禅：观音莲座 小镇：茵特拉根 云海谷：18 洞公众球场	大峡谷：云中部落 天禅：华兴寺 小镇：茶翁古镇	大峡谷：海洋之心探索之旅、黎明乐园、大峡谷天街 小镇：海德菲小镇	深化、举办各种文化庆典
地产	—	—	天麓 1、2、7 区	天麓 6、9 区	天麓 3、4、5、8 区
酒店		5 星级茵特拉根酒店 森林矿泉及活力矿泉 SPA	菩提宾舍	大峡谷瀑布酒店 房车主题酒店 华兴寺檀越酒店 城堡酒店	黑森林酒店 咖酷旅馆

（五）东部华侨城模式分析

1. 东部华侨城产生的背景

（1）华侨城集团产品结构的诉求

华侨城集团是隶属于国务院国资委的大型中央企业，1985 年成立，历经 32 年的发展已成为一个跨区域、跨行业的大型国有企业集团，主营业务有旅游文化

产业、房地产业、酒店业、电子及配套包装制造业等。2009年11月,华侨城主营业务实现整体上市。至此,其几大核心业务和优质资源得到充分整合,经营机制创新迈上新的台阶。

旅游业是华侨城最具社会影响力的业务,连续多年进入全球旅游集团前八强。众多产品中主题公园仍旧是华侨城集团的重中之重,特别是主推的欢乐谷品牌得到各地方政府的大力支持,迅速在国内进行布局,但近年随着广州长隆、深圳华强、杭州宋城、大连海昌等民营企业在主题公园领域内的崛起。华侨城已有的产品内容和商业模式被竞争对手不断模仿和超越,市场份额不断被蚕食,主题公园产品趋供大于求的局面,使各项目重游率下降,此种情形下,华侨城人深刻意识到主题公园产品深化及更新换代的紧迫性,于是结合环保节能、低碳发展的大背景,主打生态旅游的东部华侨城项目就此诞生。综上所述,东部华侨城项目的建设开发使华侨城主题公园系列产品内容得以升级、产品结构得以丰富、产品模式得以优化。表9-9所示为华侨城旅游产品情况。

表9-9 华侨城旅游产品情况

	初期产品	现阶段产品		未来产品
主要类型	微缩景观类	刺激乘骑式	生态休闲类	
代表公园	世界之窗、中华锦绣民族村	欢乐谷	东部华侨城	
后期增值方式	节事策划、文艺表演	扩大公园面积	更新园区场景、文化表演增加文化内涵	文化产业链
成熟期年人均客流	250万人左右	300万人左右	300万人左右	
公园数	3	5	4	
目标人群	旅游观光游客	15~45岁中青年游客	辐射本地及周边省市的全年龄段游客	
重游率	10%~20%	50%	50%	

(2)休闲度假需求的升级

随着经济的持续发展、和平环境的相对稳定、消费观念的渐渐转变、闲暇时间的逐步增多及政府的政策推动,人们旅游休闲需求正从观光旅游向休闲度假旅游发生转变。据相关数据显示,21世纪人们在就学、社交、休闲、旅游等方面所花费的时间为38.8万小时，比20世纪增加了13.8万小时，可自由支配的时间是工作时间的7倍以上。人们有了更多的时间投入旅游休闲之中，通过旅游实现精神层面的更多收获，例如，获得新奇体验、缓解压力、陶冶情操、增进知识、结交朋友、抚慰心灵、品味美食、满足购物等。总之，旅游休闲对普通居民而言已不再是某些少数人的专利，或是某种奢侈的想法，旅游休闲已成为大众常生活中的有机组成部分，是调剂现实生活、聚集能量、放松身心的一种常用方法、一种面对生活的态度。

（3）生态旅游的回归

近年来主题公园型旅游项目的泛滥，让人们逐步厌倦了那种人工堆砌出来的、毫无文化底蕴和自然清新度的娱乐方式。在环保理念的广泛普及下，人们越来越意识到人与自然之间和谐发展的重要性，越来越多的人选择去原生态的环境中放松自我，汲取能量。以自然山水生态为基础的休闲度假旅游越来越受欢迎。在物质水平提升、精神压力增大、生活节奏加快的都市人群之中，生态旅游观念重新回归，逃离都市、寄情山水自然之间已经成为人们放松身心的一种方式。生态旅游的回归既是旅游者从寻求感官刺激、奢华享受，向追求天人合一、自然均衡的思想观念的转变，更对旅游开发理念提出了突破、升级的要求。在这种背景下，东部华侨城项目选址于深圳三洲片区的山山水水，不但契合了人们对山水旅游的向往，更通过全新的生态旅游开发理念，实现了山水旅游项目的有益升级。

2. 东部华侨城的开发模式

东部华侨城介于"主题公园导向型"的开发模式与"休闲度假导向型"的复合开发模式之间。"主题公园导向型"的开发模式是指以文化、娱乐设施作为主要吸引物，酒店、商场、餐饮等各种功能为辅，代表项目有迪士尼乐园、深圳华侨城、横店影视城。这一模式的特点如下：具有鲜明的主题和突出的娱乐性；参与互动性高；对于产品的更新换代及创新性趣味性有较高的要求；选址常位于经济发达区域。"休闲度假导向型"的开发模式是指以度假酒店群为服务中心，区域内配置商业、餐饮等其他辅助功能，代表项目有西溪天堂国际旅游综合体、珠海海泉湾度假城等。这一模式的特点如下：旅游资源优越，一般位于非城市中心区域；目标客源消费能力强且具有一定的审美标准和文化背景；区域内配备中高端酒店；对生态环境的保护与可持续发展要求高。

3. 东部华侨城模式特点分析

(1) "旅游+地产"综合盈利模式

华侨城集团是"旅游+地产"模式的鼻祖，在其欢乐谷产品的迅速复制中，地产板块起到了重要作用。不例外，东部华侨城项目中的天麓大宅同样为整个项目现金流的平衡起到支撑，就如华侨城董秘李柯辉说的"东部华侨城虽然也是旅游园区，但近期业绩迅速增长的主要动力，还是来自与景区同步开发的地产销售"。东部华侨城以做旅游开发为契机，获得成本低廉的房地产土地，同时以绿化城市、美化环境等优势说服政府给予其他优惠条件。然后，以环境良好的主题公园、人文环境为依托，旅游业务带来稳定的现金流，同一时期建设成本低、环境优美的住宅别墅群，再以高价出售，地产业务快速回笼资金。

(2) 多元的产品体系

东部华侨城现在已经形成一套自主产品体系，包括主题公园、主题小镇、主题酒店、主题演艺、主题地产等，满足了游客多元化的消费需求，这种产品体系的建设源自华侨城在旅游业内多年的经营积累，每种产品都根据特定消费群体的需求不断完善与发展，这一过程也使华侨城锻炼出一批优秀的团队，总结出一套适应市场的运作经验、管理理念。总之，多元的产品体系是成就东部华侨城的重要因素之一。

(3) 复合的旅游方式

东部华侨城集成了生态观光游、科普教育游、佛教文化游、康体健身游、休闲度假游、网络虚拟游等多种旅游方式，带给游客全方位的旅游体验。这种从"单一型"向"复合型"旅游方式的突破，是旅游产业升级、旅游需求多元、旅游消费实力提升、旅游业态丰富、旅游元素重组等多重因素共同作用的结果。例如，东部华侨城中的佛教文化游，满足了人们精神层面寻求寄托与安抚的需求；康体健身游，满足了人们健康养生理念增强的需求；网络虚拟游是网络信息时代的产物，通过虚实互动的体验，满足了游客特别是年轻游客追求时尚新奇的需求。

(4) 文化的创新融合

东部华侨城吸纳瑞士阿尔卑斯山畔小镇文化的灵感，集聚东方千年茶文化的精髓，将东方茶翁古镇和西方茵特拉根小镇巧妙结合。不仅如此，区域内还实现了多层面现代科技、虚拟互动产品与传统茶禅主题的相互交融，最终形成了东部华侨城"博采古今、汇集东西"的独特文化魅力，这种结合形式，不仅丰富了景区的内容，深化了景区度假产品的内涵，更使得景区具有历史纵深感和时空感，克服了以往旅游项目中本地文化来不及沉淀，外来文化来不及融合的困局。总之，东部华侨城从世界各地采集文化细节，加以融合与创新，最终形成自身开发模式的一大特色。

（六）与西溪天堂国际旅游综合体的对比

西溪天堂国际旅游综合体位于西溪国家湿地公园东南角，占地面积26公顷，地上地下总建筑面积达30万平方米，总投资达30亿元，为杭州西溪国家湿地公园主入口之地标性建筑群，主要包括酒店集群区（悦榕度假酒店、西溪喜来登度假酒店、悦椿度假酒店、曦轩现代艺术精品酒店、布鲁克酒店和国际青年旅舍）、旅游集散中心、中国湿地博物馆等。

表9-10所示为西溪天堂国际旅游综合体情况介绍。

表9-10 西溪天堂国际旅游综合体情况介绍

项目类型	性质用途	运营说明	建筑面积（㎡）	百分比
西溪天堂	旅游综合体	投资主体为国资企业	30万	100%
度假酒店集群	住宿、会议	引入国际知名酒店管理品牌	11.35万	37.8%
文化设施	湿地博物馆（科普、教育、研究）	创先申报国家级湿地博物馆	2万	6%
精品商业街	娱乐、购物、餐饮	招商租赁	4.5万	15%
酒店式物业	地产销售	分期开发、售卖	8.5万	28.3%

1. 地理位置

东部华侨城生态旅游项目位于深圳市东部盐田大梅沙、三洲田片区，西通盐田港，南临大梅沙，东接小梅沙，北面与横岗、坪山相通。其距深圳市中心20千米，2小时车程范围。

内可辐射深圳、香港、东莞及珠江三角洲地区，具备独特的滨海山地旅游资源优势。西溪天堂国际旅游综合体位于杭州西溪国家湿地公园的东南角，紫金港路和天目山路口，距离西湖不足 5 千米，距离市中心（武林广场）约 7.5 千米，项目占地面积 26 公顷，地上地下总建筑面积达 30 万平方米。

相较之下，深圳东部华侨城项目占地面积大，多以山地为主，体现深圳土地资源的匮乏。而西溪天堂更靠近城市中心，但项目面积和体量较小，地势平坦。

2. 开发理念

东部华侨城以"让都市人回归自然"为开发理念，定位于建设成为集生态旅游、娱乐休闲、郊野度假、户外运动等多个主题于一体的综合性都市型山地主题休闲度假区。在规划设计时，华侨城充分利用现有自然资源，包括地形地貌、植被、自然水系、山体、自然景观等，以保护自然、保护生态、建设自然特色的生态旅游区为总的规划指导思想，充分利用自然条件，为人们提供一个以生态旅游、娱乐休闲、郊野度假和户外运动为主要内容的生态旅游环境。始终坚持生态、环保、循环的开发理念，在项目规划时，尽量利用原来的地形地貌；在开发建设时，注重对原生态的保护；在产品选择时，充分使用无污染、可循环的产品。

西溪天堂的整体构思即缘起于西溪湿地保护工程中"配套停车场"的概念，后演变成酒店加停车场的"大型旅游公共服务中心"，通过国际酒店咨询公司的可行性分析及开发团队的不断演进，提出"酒店集群"的概念，随之演变成以高档酒店集群为核心，融合中国湿地博物馆、国际俱乐部、西溪天堂商业街、酒店式公寓、产权式酒店、旅游公共服务设施为一体的旅游综合体。

西溪天堂国际旅游综合体项目开创了西溪天堂与项目所在地杭州互利双赢的格局。正如上文所言，西溪天堂距离杭州市中心距离极近，作为城市的重要组成部分，西溪天堂的创新之处即它在城市中的独特性。西溪天堂对杭州市的城市有机更新理论进行实践并做出了进一步发展。通过对旅游综合体项目的不断拓展，不但提升了项目本身的价值，拓展了自身更大的发展空间，也使西溪湿地的旅游形态从观光向休闲度假拓展。

3. 开发项目

华侨城根据自然、交通等综合条件，将生态旅游项目分为三大功能区：一是大峡谷。靠近大梅沙区域和有自然峡谷特色的大水坑片区，利用良好的自然生态环境、变化丰富的空间和优越的交通条件建设生态旅游区，集山地郊野公园和都市主题公园的优点于一体，实现了自然景观、生态理念与娱乐体验、科普教育的创新结合。二是云海谷。依托湖光山色和浅谷丘陵洼地的自然环境，建成高品位的山地高尔夫运动健身区，包括两个18洞的山地球场、水上高尔夫练习场及屋顶可开合的网球馆。三是茶溪谷。利用原有茶田和幽静生态的山水环境，建成深圳最具特色的世界茶艺博览区，包括茵特拉根小镇、茶翁古镇、三洲茶园和湿地花园4个游览区。东部华侨城整个项目由这3个不同文化主题特色的园区组成。其中"大峡谷"体现生态旅游文化，"茶溪谷"体现休闲度假旅游文化，"云海谷"体现户外运动旅游文化。

西溪天堂以酒店为主体，配套有湿地博物馆、旅游集散中心、大师建筑群及西溪国家湿地公园。其中，中国湿地博物馆是西溪天堂项目的独特与重要的组成部分，总建筑面积16 000余平方米，其内展厅面积约6000平方米，主要包括世界湿地厅、中国湿地厅、西溪湿地厅三大组成部分。西溪湿地博物馆以"湿地与人类"为主题，研究与展览并重，以先进的智能设备对西溪湿地进行实时监控。大师建筑群是由国际一流建筑设计师斯蒂文·霍尔（美）、哈维尔·皮奥兹（西班牙）、大卫·奇普菲尔德（英）、马里奥·博塔（瑞士）、矶崎新（日）设计的西溪天堂国际俱乐部。不出国门，可以看到世界大师迥异的设计风格。

东部华侨城以大型主题公园为开发蓝本，体现了项目多、投资大的特点。而西溪天堂国际旅游综合体则以酒店集群及湿地博物馆为主要卖点，体现远离喧嚣城市休闲度假的理念。

4. 小结

东部华侨城将互动性与游客参与性较强的主题公园融入生态环境中，通过游人的积极参与，使旅游具有生命力。设计让游客参与的互动性节目，让游客能感觉到公园营造的体验氛围，得到游客较高的认同感。通过文化的独特性来提高对游客的吸引度，用文化来建设主题公园，独特的文化也构成了华侨城主题公园的核心能力。在模式上进行创新，建设了设施配套、功能齐全、内涵丰富的综合性旅游综合体，实现了从静态景观展示到艺术表演欣赏到动态娱乐参与的转变。同时投入资金进行更新改造和维修维护，从外观上给人们带来新奇的体验，定期引入最新项目或者进行主题区域的改造，创新各种节庆活动，保持主题公园的常看常新。

不同于东部华侨城的以生态旅游度假为主打卖点，西溪天堂国际旅游综合体将地产项目与周边丰富的旅游自然资源整合在一起，在带动周边发展、提高城市形象的同时，更提升了自身项目的价值。随着旅游资源的开发，地产业也逐渐由满足本地住房需求向休闲养生过渡，而西溪天堂以其优美的自然环境和完善的配套设施，成为吸引置业投资和旅游度假者的优势。

（七）国家级旅游度假区之东部华侨城模式的启示

结合东部华侨城的实例，参考相关文献，可以看出旅游投资企业进行国家级旅游度假区的创建应当从以下4个方面着手。

1. 综合打造为指引

首先是土地的综合发。旅游休闲导向型的土地综合开发，是国家级旅游度假区打造的本质所在，所谓"复合型资源、综合性利用"的思想，具体是指对当地的自然、历史、文化、生态、物产等各个方面进行开发，整合出独特的资源魅力，在此基础上开发休闲、度假、娱乐、运动、体验等多种功能，针对不同的市场体现不同主体功能，例如，对中端是休闲、度假功能；对高端是运动、体验功能。其次是产业的综合发展。旅游综合体，是从单个旅游项目到综合旅游聚集区的转变，囊括了地产、贸易、会展、创意、体育、文化等在内的泛旅游产业的综合发展架构，不同的旅游综合体产业侧重多有不同，例如，东部华侨城侧重生态休闲，而西溪湿地国际旅游综合体侧重主题酒店。

2. 定位突破为先导

强调度假区的区域功能定位，即在区域旅游一体化的结构中，发挥自身的比较优势，明确自身在区域发展格局中的定位，这是旅游综合体融进大区域旅游发展的必要条件。例如，东部华侨城有山有水，但山水资源品质普通，它突出的优势是距离珠三角、港澳等经济发达、生活节奏快速的城市路途近，可以很好地满足这些城市人们的休闲需求。

3. 功能构架为核心

在功能构架上，不是各种功能简单地堆砌和罗列，而是要充分研究其主要作用、内在关系和互动模式。成功的旅游度假区在功能构架上需由核心吸引中心、休闲聚集中心和延伸发展中心三大部分构成。打造核心吸引中心，是面向市场需求,创新整合开发核心资源,创造一个或多个独特的核心吸引物;构造休闲聚集中心,是为满足由核心吸引物带来的客源的各种休闲需求,而创造的综合休闲产品体系,是在泛旅游产业构架下各种休闲业态的聚集;创造延伸发展中心,主要是延伸发展地产业、泛旅游产业、现代服务业等相关产业,这是获取土地开发巨大收益的重中之重。在目前没有更好的商业模式下,地产是弥补旅游微利状态的较好抓手。

三、汤山温泉旅游度假区

江苏省汤山温泉旅游度假区位于南京东郊江宁汤山镇,距南京约29千米,规划面积为29.74平方千米,东至337省道,南至122省道,西至南京规划三环公路,北至京沪高铁。三国时期,因"山有温泉四时如汤"而得"汤山"之名。汤山温泉资源品质优异,水温常年保持在60℃~65℃,含有32种矿物质和5种微量元素,早在1500年前的南朝时期,即被封为"圣汤",是国内唯一获得欧洲、日本温泉水质国际双认证的温泉,位列我国四大疗养温泉之首。汤山温泉先后荣获"中国温泉开发利用示范区""中国十大休闲温泉基地""中国温泉之乡""2010年度中国最佳温泉""2011年度中国十大休闲胜地""江苏省旅游度假区"等称号,2012年获"世温联"颁发世界著名温泉小镇称号,并于2015年成功创建国家级旅游度假区。

汤山温泉旅游度假区集"山、水、泉、林、碑、洞、寺"于一体,自然与人文景观丰富。在大力发展温泉旅游的基础上,汤山温泉旅游度假区积极引进休闲度假项目,统筹推进国家旅游度假区、国家文化产业园、国家化石遗址考古公园和国家地质公园4个国家级品牌,致力于建成我国最大的集度假游乐、购物休闲、养生保健、会议会展于一体的高端旅游度假区。

(一)发展历程

汤山已有1500多年的历史,自古以来便是南京东郊著名的旅游胜地,近代更成为民国要人聚会、休闲、定居之地。汤山温泉旅游度假区自2007年正式启动规划建设,经历了从少量温泉宾馆、疗养院到成功建成国家级旅游度假区的历史发展过程,这一过程呈现阶段性演进特征。根据度假区游客量、旅游收入、旅游吸引物、旅游设施等发展特征，10年发展可分成3个阶段，呈现出不同的发展面貌。

第一阶段为探索起步期（2007—2011年）。汤山新城于2007年正式启动建设，规划面积为60.1平方千米，其中核心启动区面积为18.14平方千米[①]。在规划建设初期，由于旅游服务及设施不完善等原因，2007—2009年游客量及旅游收入处于较低水平。随着旅游投资项目不断引进，汤山旅游发展水平逐年提高。2011年汤山更名为"汤山温泉旅游度假区"，将两条省道交会处原为居住用地性质的土地调整为旅游用地，引进了华夏主题乐园、度假酒店，建成汤水河公园，成为度假区重要的旅游吸引物。2011年实现游客量与旅游收入大幅增长，游客接待量达到450万人次，旅游收入达25.3亿元。

第二阶段为充实发展期（2012—2014年）。经过探索起步期的积累，汤山温泉度假区在发展温泉旅游的基础上，不断引进度假、游乐、住宿等业态。2012年，南京欢乐水魔方正式开业，填补了南京大型水上乐园的空白，盘活了汤山夏季旅游市场；同时，汤山七坊、湿地公园、汤家家民宿、农家乐等纷纷于2012年开放营业，接待游客量同比增长22.2%，旅游综合收入同比增长1倍左右。2012年，汤山获得"世温联"颁发的世界著名温泉小镇称号，并确定为"世界温泉论坛"永久会址，升级为全省最大的省级旅游度假区。2014年，汤山还获得"中国最佳休闲度假旅游目的地"荣誉，当年接待游客820万人次，实现旅游综合收入98亿元，过夜游客和外省游客占比均达到50%以上。可见，该阶段是汤山旅游度假区充实发展、名利双收的阶段。

第三阶段为稳定发展期（2015年至今）。第二阶段的全力冲刺使得汤山温泉旅游度假区成功跻身"国字号"，成为首批国家级旅游度假区行列，这既是第二阶段的成果，也是第三阶段的开始。2015年，汤山温泉旅游度假区累计完成投资约40亿元，建成并集聚一批优质项目，南京直立人化石遗址公园、汤山历史文化展示中心、温泉文化中心、协众汽车文化产业园一期、紫清湖度假村二期等项目建成运营。占地160亩、投资超过10亿元，集购物、休闲、体验、娱乐等功能于一体的百联奥特莱斯购物广场也于2015年9月建成运营，目前已有近

---

① 杨海哨.基于IPA模型的温泉养生旅游产品满意度调查分析——以汤山温泉旅游度假区为例[D].东南大学.2015.

200家国际一线品牌入驻。在此阶段，汤山温泉旅游度假区已构筑起"温泉＋健康养生、休闲度假、乡村旅游、文化体验、运动娱乐"五大旅游产品体系，旅游市场潜力巨大。目前接待游客中过夜游客、省外游客分别占52.2%、54.8%，省外过夜游客占到过夜游客总量的81.9%，位居江苏省旅游度假区前列[①]。在当前和今后一段时期，汤山温泉旅游度假区表示，将积极巩固和深化国家旅游度假区创建成果，主动对接并落实国际旅游服务质量管理标准，全方位打造国际温泉休旅度假胜地[②]。图9-1所示为汤山温泉旅游度假区年接待游客人次及年旅游综合收入。

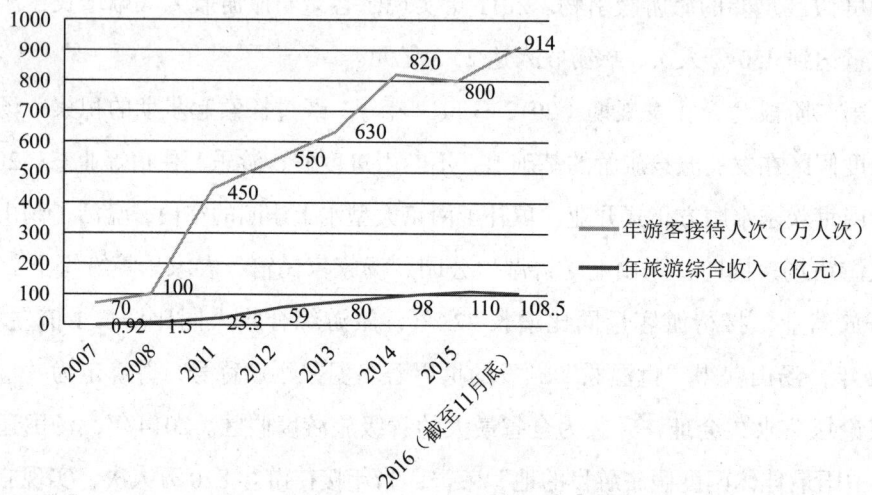

图9-1 汤山温泉旅游度假区年接待游客人次及年旅游综合收入

资料来源：2007、2008、2011、2012、2013年数据来源杨海哨（2015）；2015、2016年数据来源新华网。

（二）旅游发展分析

基于英国学者布哈里斯（1993）提出的旅游目的地框架模型，即从可进入性（Accessibility）、吸引物（Attraction）、食宿接待设施（Accomodation）、旅游活动（Activity）、附属服务（Ancillary Service）等方面分析汤山温泉旅游度假区的

---

① 袁才方，马龙祥．汤山：擦亮国家级度假区品牌 彰显世界著名温泉小镇特质［EB/OL］．新华日报．2016-11-22. http：//news.cqnews.net/html/2016-11/22/content_39560954.html.
② 南京汤山温泉旅游度假区晋级"国字号"行列［EB/OL］．人民网．2015-10-12. http：//js.people.com.cn/n/2015/1012/c360311-26758006.html.

旅游发展现状。

1. 区位条件及可进入性

汤山地处南京市江宁区东北部，是南京市通往苏锡常经济圈和上海都市圈的重要门户地区，区位优势较显著。如图 9-2 所示，汤山距离上海、杭州分别为 270 千米、280 千米，2.5 小时车程；镇江、扬州、马鞍山、常州、滁州等地都大致位于汤山 1 小时车程圈范围；且距南京主城 30 千米，距离南京禄口国际机场 48 千米，境内有沪宁高速、宁杭公路等便捷的对外交通联系，规划南京二环、三环等市内重要交通通道均经过汤山，与主城、仙林新市区、东山新市区、龙潭新城及其他城镇交通便捷。

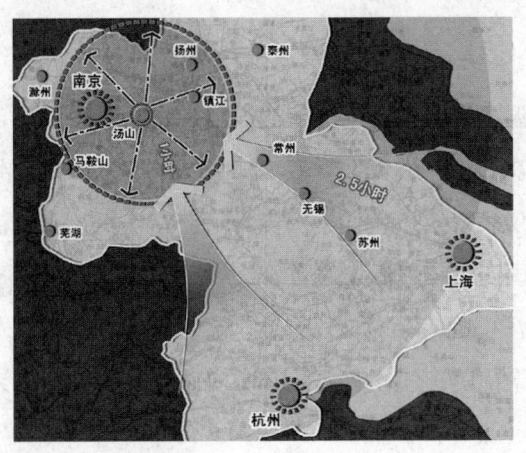

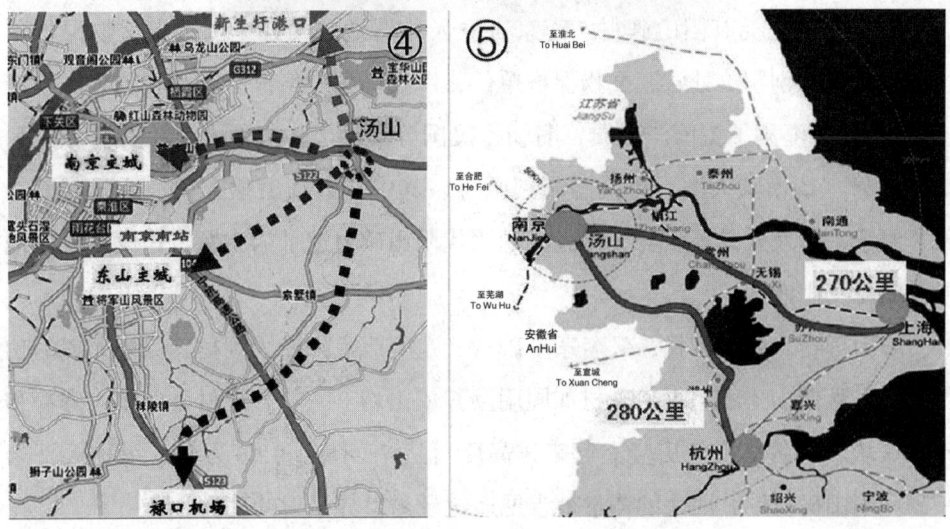

图 9-2 汤山区位条件及可进入性情况

在内部可进入性上，汤山温泉旅游度假区具有旅游直通车、环线公交巴士、公共自行车、慢行绿道等交通及慢行系统。途经汤山的公交车有123路、123路拥军线、208路、837路、宁句线、汤孟线、汤桦线、汤湖线、汤龙线，以及南京南站至汤山的旅游直通车，此外，汤山镇内拥有旅游专线环线和旅游专线环二线，连接着汤山温泉旅游度假区的各大景点景区，可进入性与便捷性较好。

2. 旅游吸引物

汤山温泉旅游度假区集"山、水、泉、林、碑、洞、寺"于一体，自然与人文景观丰富。旅游吸引物体现在自然与人文旅游资源，以及依托其资源所打造的旅游休闲项目。

（1）自然资源

①温泉资源。温泉资源是汤山温泉旅游度假区核心资源，温泉日出水量5千吨，水温常年保持在60℃~65℃，含有32种矿物质和5种微量元素，对关节炎、风湿症、高血压等疾病疗效显著，是国内唯一获得欧洲、日本温泉水质国际双认证的温泉，位列全国四大疗养温泉之首。

②山水湖泊。汤山拥有山林15万亩，汤泉湖、龙尚湖、安基湖、紫清湖分布在山林之中，风景优美，气候宜人，其中安基湖被称为"南京的小九寨沟"。

（2）人文旅游资源

汤山目前已拥有阳山碑材、南京直立人化石地点两处全国重点文物保护单位，蒋氏温泉别墅1处省级文物保护单位，以及民国碉堡群、南朝石刻等历史遗迹10余处，汇集了史前、地质、明朝、民国等文化。代表性人文旅游资源点为阳山碑材、汤山猿人洞、蒋氏温泉别墅等，其中，以汤山猿人洞、地质剖面走廊、温泉，以及兼具地质与文化意义的明代阳山碑材遗址为主题，建设了国家地质公园（汤山园区）。

阳山碑材。阳山碑材，又名孝陵碑材，是明成祖朱棣为颂扬其父朱元璋的功德而凿。从阳山一侧望去，碑材如同用巨斧依山切下一般。碑材分碑座、碑身和碑额3块，若将其拼合后竖立起来，高度可达78米，重2.6万吨，堪称天下第一碑。阳山碑材因其巨大的体量被吉尼斯纪录为世界最大的碑材。

汤山猿人洞。汤山猿人洞位于汤山北坡，溶洞发育于奥陶系红花园组灰岩中。1933年开山采石时发现此洞，因其形似葫芦而称为"葫芦洞"。分为大厅及支洞两部分，均有第四纪堆积物，在堆积物中富含哺乳动物化石。闻名于世的南京直立人头盖骨化石即发现于支洞堆积物中，于1993年出土，为大约出生于30万年前的南京猿人，南京地区人类史因此向前推进了20多万年，并证实了长江流域是中华民族发祥地之一。

蒋氏温泉别墅。由于汤山优美的自然环境，历史上有很多名人曾在此驻足，蒋介石、于右任、张静江等人在汤山均修有别墅。其中以蒋式温泉别墅较为有名。蒋介石温泉别墅兴建于1902年，原属于国民党元老张静江，1927年张将别墅作为民国政府成立的贺礼赠予蒋介石夫妇。该别墅中西结合，庄重典雅，为典型民国时期的建筑风格。

（3）旅游休闲项目

依托并整合汤山丰富的自然与人文旅游资源，汤山温泉旅游度假区积极引进旅游投资项目，形成了不同主题的休闲项目，如表9-11所示。

表9-11 汤山温泉旅游度假区主要休闲项目

主题	项目	具体情况
度假休闲	南京汤山欢乐水魔方水上主题乐园	亚洲规模最大、设施最先进；由激情冲浪区、儿童戏水区、梦境漂流区、SPA水疗区组成，可容纳3万人
	紫清湖扬子鳄生态主题公园	全国最大集珍稀扬子鳄和娃娃鱼繁殖、饲养、研发及生态旅游温泉度假于一体的大型产业园
	汤山金陵马术场	具有马术场及马术俱乐部服务
	欢乐动物汇	动物毛绒制品展馆
文化休闲	阳山碑材	世界上最大的碑材
	明文化村	围绕阳山碑材而建展现明朝建筑与文化
	古猿人洞	南京东郊最具特色的溶洞景观，江南迄今为止发现的唯一完整古猿人活动遗址
	南京直立人大遗址博物馆	基于汤山古猿人洞、南京直立人化石遗址展现史前文化
	汤山历史文化展示中心	以一民国遗留建筑为中心而建、展现汤山历史文化的地下展览馆
	蒋介石温泉别墅	典型民国建筑风格

续表

主题	项目	具体情况
生态休闲	汤泉湖公园	位于汤山集镇东面1里处的冈峦间
	南京汤山方山国家地质公园	以汤山猿人洞、地质剖面走廊、温泉,以及兼具地质与文化意义的明代阳山碑材遗址为主题
	南京汤山翠谷现代农业观光园	以赏花、尝果、品茶、垂钓为主题的农业观光休闲园
	汤山七坊	以展现民间豆腐坊、酱坊、油坊、粉丝坊、炒米坊、糕坊、茶坊等传统工艺流程为特色
商务休闲	温泉酒店会议会展设施	各大酒店推出"温泉+会议"服务

资料来源:根据文献及网络资料整理。

3.食宿接待设施

汤山温泉旅游度假区汇集了印尼香樟华苹、中国香港御庭精品、御豪国际、颐尚温泉、沃阁·巴黎原墅、新加坡悦榕庄、新加坡阿丽拉、温德姆豪生等近10家国际品牌、国际水准的温泉度假酒店和紫清湖、柏华丽致、天沐温泉等特色温泉酒店,以及美泉、兰花里、勐拉汤屋等一批具有欧洲风情、日式风格的民宿客栈,如表9-12所示。

表9-12 汤山温泉旅游度假区住宿设施情况

酒店类型	酒店名称	营业时间	客房间数	特点
国际品牌	香港御庭精品酒店	2011	100	客房配有独立温泉泡池;中式、西式、泰式精致美食
	印尼香樟华苹温泉度假别墅酒店	2007	21	温泉别墅,每幢设有温泉按摩池、私人泳池和院落,风格各异
	御豪温泉国际酒店	2010	128	民国建筑风格;屋顶花园内的各式露天温泉汤池
	颐尚温泉度假村	2005	198	华东最大的露天温泉基地,50多个露天温泉池
	沃阁·巴黎原墅	2007	41	半山原生态,巴厘岛原味风情;巴厘岛精油按摩;具有登山步道

续表

酒店类型	酒店名称	营业时间	客房间数	特点
国内老牌	汤山工人疗养院	1995	200	是江苏省总工会投资兴建的、具有较高档次的泳浴健身、娱乐休闲中心
国内老牌	汤山一号温泉旅游度假区	2002	160	50多个露天温泉泡池,由露天温泉区、宾馆别墅区、餐饮娱乐区、会议体检区组成
特色温泉酒店	圣泉酒店	2001	80	圣泉火山泥浴
特色温泉酒店	紫清湖温泉度假村	2010	80	山体温泉;拥有较为丰富的休闲娱乐设施
特色温泉酒店	柏华丽致	2012	70	汽车风格装饰
民宿客栈	美泉	2016	暂缺	以"温泉沐浴文化"为主题打造不同国家沐浴文化主题客房
民宿客栈	勐拉汤屋	2014	暂缺	日式风格
民宿客栈	汤家家温泉	2013	暂缺	温泉村,由当地居民经营温泉客栈及地道农家土菜

资料来源:根据汤山国际级旅游度假区官方网站(http://www.tsdjq.com/)整理。

汤山温泉旅游度假区汇集了从国内老牌温泉宾馆、民宿客栈、特色温泉酒店到国际品牌的住宿设施,呈现出规模不断扩大、日益精致高端的趋势。这些住宿设施围绕温泉资源,提供"温泉+住宿"特色化服务,已形成一定的接待能力,并主要定位于中高端旅游市场。

随着自驾车旅游的不断发展,房车露营近年来逐渐成为人们休闲度假的方式之一,丰富了住宿产品体系。汤山于2015年打造汤山房车露营基地,是华东地区首家休闲养生自驾温泉房车露营地,首次将温泉与房车露营结合起来。该露营地项目规划326亩,一期工程占地150亩,总投资3.2亿元,背靠狼山,环境优越,交通便利,距沪宁高速出口仅2千米。该营地融合温泉养生理念,加入房车主题元素,设有自驾房车营位40个、房车体验营位50个、帐篷露营区30个、温泉房车木屋50间、自驾游停车位150个。2016年5月,汤山温泉房车露营地正式开营,成为汤山温泉旅游度假区一大吸引物及住宿接待产品的补充。

4. 旅游活动

汤山温泉旅游度假区依托温泉资源打造涵盖"食住行游购娱"的旅游服务,

集度假娱乐、购物休闲、养生保健、会议会展活动于一体。

在打造旅游活动上，汤山温泉旅游度假区自 2007 年开始每年举行汤山温泉旅游季活动，至今已举办 8 届。每届温泉旅游季围绕汤山温泉旅游度假区旅游资源展开，具有产品推介与营销性质。第八届汤山旅游季共 4 大类 12 个子活动，历时 3 个月，以缤纷嘉年华、马术公开赛、温泉趣味游泳、圣诞狂欢节等体验性活动吸引游客参与，整合温泉企业系列活动和美丽乡村的亲子游、体验游、研学游。而第七届汤山温泉文化旅游节则包括汤山温泉旅游度假区"十三五"暨首届国际中医温泉养生高峰论坛、跟着"跑男"去汤山、百联奥特莱斯国际食品展和唱响圣诞欢乐颂、紫清湖首届跨年新春欢乐节、汤山温泉度假区吉祥物征集、汤山旅游产品展销会和民国艺术展等，以多样化形式丰富汤山温泉旅游度假区的旅游活动。同时，旅游季期间，汤山各大温泉酒店和景点景区通过网络促销、联动促销、活动促销等多种途径，开展大力度优惠促销活动，为旅游度假区集聚人气。

5. 附属服务

附属服务包括度假区配套服务设施及游客信息服务。在配套服务设施上，汤山温泉旅游度假区内旅游厕所、停车场、导览系统等公共配套较为完善，拥有污水处理厂、变电站、消防站、管养中心等服务配套。在度假区内交通上，汤山投放一批低碳环保电动车，游客可通过手机 APP 便捷取用和归还，完善交通体验。在旅游信息服务上，度假区设有游客服务中心、4008016016 客服电话、智慧汤山等公共服务体系，游客服务点、Wi-Fi 实现重点景区全覆盖，为游客提供较为便捷的服务。

（三）旅游发展对比分析

随着休闲度假时代的到来，人们对休闲度假、康体疗养等需求逐渐增加，温泉旅游在全国各地悄然升温，温泉旅游度假区建设日益普遍。汤山温泉旅游度假区在国内温泉旅游市场中发展如何？与国外其他温泉旅游度假区相比如何？本文将汤山温泉旅游度假区与中国台湾四大温泉之一——北投温泉，以及日本第一温泉地——别府温泉进行对比，分析国内外温泉旅游度假区在开发温泉资源上的差异，以更好地分析汤山温泉旅游度假区的定位、存在问题及未来发展方向。

1. 发展现状比较

汤山开发温泉历史由来已久,自2007年建设温泉旅游度假区以来,温泉旅游快速发展,从单一的疗养功能向观光、娱乐、休闲、体验等多功能方向发展,目前已建设成国际级旅游度假区。而中国台湾对温泉开发同样历史悠久,早在17世纪末,来自福建的人们即在北投温泉区利用温泉水沐浴及医治皮肤病。抗日战争期间,日本人对温泉的偏爱促使中国台湾温泉大规模开发,使得北投温泉受到日本文化的影响。北投温泉区著名的温泉主要为地热谷温泉、行义路温泉、凤凰温泉、龙凤温泉、湖山里温泉,目前已发展成为国际著名的"温泉之乡"。而日本温泉旅游开发不仅历史悠久,而且水平高,具有"温泉王国"的美誉,具有独特的泡汤文化。别府温泉以涌出量巨大、品种多而著名,其中"别府八汤""别府八地狱"(日本将热汤称为"地狱")最为有名。别府因温泉旅游每年接待游客1200~1400万人次,第三产业人口占在业人口80%以上。可以看出,这三大温泉度假区中,汤山温泉仍处于发展阶段,中国台湾北投温泉及日本别府温泉发展较为成熟。

具体来看,如表9-13所示,汤山温泉在区位、交通条件、历史、特殊荣誉、自然环境上与北投温泉及别府温泉相比相差无几,各有特色。三者温泉资源都较为丰富,泉质好,具有较高的疗养价值,但三者特色有所不同。其中汤山温泉水质好,北投温泉以硫黄泉为特色,别府温泉种类多。其次,三者依托不同区位,客源市场有所不同。汤山温泉位于长三角地区,具有较广阔的市场腹地且消费能力较高;北投温泉则能吸引上海、杭州、港澳地区及周边地区的市场,别府则定位于国内及周边国家,我国也成为其重要的客源国。因此,汤山温泉相比需要进一步拓展国内与国际市场。同时应该看到,良好的社会经济条件能够为温泉旅游开发交通、服务设施提供经济保证。汤山的经济水平相比北投、别府仍具有一定的差距,因此,也影响着汤山温泉的发展水平。

综合来看,汤山温泉旅游度假区在温泉旅游资源禀赋上与北投、别府温泉各有特色,但汤山温泉相比北投、别府较成熟的温泉旅游仍处于发展阶段,在温泉产品、服务设施、温泉文化、客源市场、区域经济条件等方面仍存在差异,影响着汤山温泉旅游度假区的发展水平。

表 9-13　汤山、北投、别府温泉基本发展情况比较

对比项目	汤山温泉	北投温泉	别府温泉
区位	江苏南京江宁区汤山镇	中国台湾省台北市北投区	日本西南部九州岛，隶属于大分县
交通条件	距沪、杭分别为270千米、280千米，2.5小时车程；镇江、扬州、马鞍山、常州、滁州等地大致位于1小时车程内；距南京主城30千米，距南京禄口国际机场48千米	距台北市12千米	距大分机场约40分钟车程，距大阪伊丹机场1小时40分钟车程，距东京羽田机场2小时20分钟车程
历史	1500年前被封为"圣汤"	早在日据时代温泉公共浴场即享有盛名	奈良时代（公元710-794年）即负盛名
特殊荣誉	我国四大疗养温泉之首、"中国温泉之乡"等	"台湾温泉之冠""台湾好莱坞"	"泉都""温泉天堂"
自然环境	山、水、泉、林、湖错落分布，坐拥15万亩山林，世界级断层	位于大屯火山群，金山断层上，七星、纱帽诸峰环绕，南面淡水河蜿蜒	拥有世外桃源般的美景，东临别府海湾，西接阿苏国立公园的鹤见山脉，为山海环绕的温泉胜地
泉质对比	水温常年保持60~65℃，含32种矿物质、5种微量元素；国内唯一获得欧洲、日本国际双认证	3类泉源：铁汤无色透明，略带酸味，59℃；泷汤为酸性绿矾泉，65℃；腥汤水色浊白，略带硫黄味，48℃	世界上温泉种类最集中的地区，日涌出量世界第二
客源市场	南京都市圈、沪宁城市带及泛长三角地区	上海、杭州、港澳地区及周边地区	日本国内及周边国家

资料来源：根据文献及网络资料整理。

2. 产品开发与环境营造比较

汤山温泉旅游度假区开发初期主要依托温泉资源开发少量的温泉宾馆、温泉疗养院等旅游接待设施，以住宿、治病疗养为主。汤山温泉以政府主导、企业为市场主体推动度假区的开发，以小规模集聚的形式来利用温泉资源。目前已围绕温泉资源构筑"温泉+健康养生、休闲度假、乡村旅游、文化体验、运动娱乐"五大旅游产品体系，以综合性开发模式形成不同主题的休闲项目。不仅具有阳山碑材、南京直立人化石遗址、古猿人洞等可观可游的景点，且拥有欢乐水魔方、欢乐动物汇、马术场、汤山七坊、汤山翠谷、奥特莱斯等休闲娱乐项目，形成涵

盖"食住行游购娱"多要素的产业体系。汤山温泉旅游产品主要体现在温泉酒店所提供的服务上。汤山温泉旅游度假区通过引进不同国际酒店品牌，提供不同风格的温泉产品，如欧洲、日本、东南亚等，在环境营造上也体现出异国情调，主要定位于中高端市场。但汤山温泉在温泉沐浴文化氛围的营造上仍显不足，温泉特色不太鲜明，游客对于温泉旅游仍局限于泡澡体验。

北投温泉在温泉旅游产品及环境营造上受日本的影响较大，在引进日本温泉旅游开发经验的基础上，则更多注入中国台湾本土特色。在温泉资源开发上，由政府、企业、民众共同主导推动，民众开发温泉积极性较高，且温泉资源以集约共享的形式加以利用。在温泉文化上，注重对中国台湾本土文化的挖掘，将台湾的服饰、饮食文化融入其中。在温泉产品上，开发疗养、休闲、娱乐、观光、美容美体、健身等多功能，将泡汤结合SPA与芳香疗法，提升泡汤、温泉浴体验。同时设有温泉博物馆以介绍北投温泉的历史发展，设有露天剧场，进行表演活动。在景观建筑上，中国台湾温泉建筑是日本与中国台湾建筑相结合的产物；在环境营造上，注重温泉开发与环境协调，用竹、木、石等天然材料装饰，营造自然和谐的环境。

别府温泉旅游开发历史悠久，从景观建筑的设计到洗浴环境的营造，从服饰、饮食到纪念品，都体现其独特的地域文化。别府温泉融合了日本泡汤文化，在服务与建筑构造上，让游客有"家"的感觉，充满人情味。走进庭院，服务人员早已等在门边，服侍来客换上拖鞋。木造建筑营造质朴的氛围，并且，别府温泉注重温泉功能的多样化，从基础治疗到高级娱乐观光、休闲体验、美容美体等较完善，度假区配套设施完善，包括游憩、露营、土特产展示等。同时，注重消费的多样性，既有低价位的大众浴池，也设有高消费的露天风情吧，开发方式多样，既有温泉酒店，也具有当地居民所开的家庭旅馆等。别府利用温泉形成了一系列特色产业，除温泉疗养外，还用于发电、蔬菜与植物种植、养殖。更具特色的是通过温泉水制作美食，游客可制作"温泉蛋"、鸡蛋布丁、馒头等，当地乡土料理也利用地热制作[①]。

综上所述，汤山温泉旅游度假区目前已形成较为完善的旅游产品体系，但相

---

① 百度百科.别府温泉［EB/OL］. http：//baike.so.com/doc/6430890-6644566.html.

比北投、别府温泉，仍存在一定的差异。如表9-14所示，在温泉文化上，缺乏地域特色，体现在景观建筑与环境氛围的营造上，同时温泉产品服务仍停留在泡澡这种较为浅层的体验，服务人员不够专业，无法让游客深层次体验温泉文化。北投、别府温泉则在温泉服务及环境上更为精细，融入温泉文化、地方特色，服务人员更为专业。在温泉资源的利用上，汤山温泉以小规模集聚的方式，对不同利用主体缺乏统一管理，且利用方式较为粗放。别府温泉以集约共享的方式，集中分配管理，提高温泉利用率，且利用温泉形成产业链，提高附加值。在温泉旅游市场定位上，汤山温泉定位主要为中高端旅游市场群体，但对不同等级的消费市场缺乏明确的定位。而北投、别府温泉打造不同等级的温泉产品对应不同市场，市场辐射面更广。此外，汤山温泉主要以政府主导、企业为市场主体的方式推动，而北投、别府温泉则形成了社会共建共享的开发模式。

表9-14 汤山、北投、别府温泉产品开发及环境营造比较

对比项目	汤山温泉	北投温泉	别府温泉
温泉文化	仅停留在较为浅层的泡澡文化，在温泉文化的挖掘、宣传及展示上仍需完善	基于日本温泉文化融入本土服饰、饮食文化	历史悠久、大众化，洗浴礼仪、礼节、程序、浴衣穿戴皆有讲究，形成与温泉相关的宗教、饮食与景观文化
温泉产品	温泉+健康养生、休闲度假、乡村旅游、文化体验、运动娱乐	核心：各式温泉 共生：健身、美食、会议 延伸：与观光、乡村农业休闲、健康等融合	温泉+健康、美食、观光、娱乐等
温泉服务	不够完善细致，服务人员不够专业	精细化、人性化，专业的服务人员	体贴周到，专业的服务人员
场所建造风格	日式、欧洲、东南亚等异国情调	和谐、精致、日式风格融入当地特色	日式风格
温泉利用方式	小规模集聚，较为粗放	资源共享式的规模集约化，集聚效应	集约共享，集中分配管理；形成特色产业
温泉市场定位	主要为中高端市场，但定位不明确	不同产品对应不同等级市场	不同产品对应不同等级市场
发展推动力	政府主导、企业参与	民间、政府、财团多重力量，民间力量突出	政府、企业、居民共同开发

资料来源：根据文献及网络资料整理。

3. 温泉旅游开发与管理制度比较

日本有悠久的温泉旅游开发利用历史，使之形成了一套相对规范、有效的开发管理机制，制定了相应的政策法规来开发管理温泉旅游。日本在1948年制定了《温泉法》，涉及温泉资源的行政认定、开发主体资格认定与终止、对环境破坏的恢复义务，以及有关组织与技术操作要求等。日本对温泉保护、开发采取严格的许可制，为了保护资源，将温泉地划分为特别保护、保护、一般地域，特别保护地域禁止提水和挖掘新井，并禁止在已有温泉井100~150米挖掘新井。为防止温泉开采的负面影响，还规定恢复义务，将企业利益与责任捆绑。同时，日本严格执行技术标准，规范行业行为。对温泉原水使用严格管理，防止温泉资源滥用，对大型用水设施使用回水净化处理再使用系统；设置温泉管理机构，必要时可限制或取消开采者、设施管理者的使用权，经营者必须向温泉管理机构提交关于温泉涌出量、温度、成分、利用状况等的报告[①]。可见，日本对于温泉资源开发与管理制度非常完善且严格。

中国台湾在温泉开发初期曾出现缺乏整体规划、配套设施不完善、温泉资源与土地所有权归属不清、未考虑温泉永续性利用等问题。为此，中国台湾于1999年推出了"温泉开发管理方案"，将台湾温泉区分为"示范温泉区"与"改建温泉区"进行管理。为引导温泉开发合法化、规范化，中国台湾于2003年6月公布《温泉草案》规范温泉行业经营管理，并制定13项授权子法，涵盖了水权取得、温泉取用规范管理、证照申请、温泉区土地建筑、环境保护、安全、观光、文化农业等范畴[②]。

我国同样对于温泉资源的开发保护制定了相应的管理制度。2011年6月1日，我国首部温泉行业标准《温泉企业服务质量等级划分与评定》正式实施，规范了温泉企业中温泉水质、场所、服务质量、管理、安全管理要求及星级划分条件[③]。但我国并没有专门针对温泉立法。2012年江苏省颁布了《南京市汤山旅游

---

① 唐晴.日本温泉旅游研究［D］.上海：上海师范大学.2013.
② 邹芳芳，郑耀星.借鉴日本、中国台湾经验发展福州温泉旅游［J］.台湾农业探索.2009，（3）：34-36.
③ 国家旅游局.中华人民共和国旅游行业标准LB/T 016-2011.温泉企业服务质量等级划分与评定［EB/OL］.2011. http：//www.doc88.com/p-579886190202.html.

资源保护条例》，在第三章中对汤山温泉资源的保护与管理进行了规范[①]。该条例提出应设立汤山温泉资源保护区，对温泉开采项目依据该条例及政府审查采取审批制。管理机构对已有井权单位必须监督检查，加以指导，而井权单位必须按规定向管理机构和相关部门提交报告，接受监督检查。且对温泉用水实行严格的总量控制与计划管理，规定污水排放，明确禁止行为，这与日本温泉管理制度一致。

可以看出，汤山温泉资源的开发与管理制度不及日本、中国台湾完善。日本、中国台湾专门出台温泉法，不仅体现对温泉资源的重视，也增强了对温泉资源管理严格的效力，且涉及范围更广，规定更为明确，使得温泉企业在实际经营中有法可依，温泉资源可持续利用。而我国缺乏完善的温泉立法，管理力度不强，导致汤山温泉实际开发与管理制度规定有所背离，出现了温泉资源浪费、污染等问题，将影响其可持续利用。

4. 宣传营销比较

北投、别府温泉在旅游宣传营销手段上，充分利用广播、电视、杂志、网络等媒体形成立体交叉的宣传网络，同时还出版发行相关的书籍、旅游指南等，介绍温泉的基础知识、温泉浴的注意事项、温泉旅游地（包括交通、美食、住宿、收费、泉质、功能等），全面服务于游客。

汤山温泉打造智慧汤山的信息服务体系，一方面，借助官方网站、微博、微信等媒体进行网络营销。其中，度假区设有微信服务号与公众号，服务号设有"印象汤山"（以我要抽奖、汤山史话、汤山诗赋、汤山故事介绍汤山文化）、"温泉汤山"（包括温泉简介、名人与温泉、温泉酒店介绍）、"玩转汤山"（介绍汤山景点、乡村旅游、汤山美食、交通等）功能；而"汤山旅游"公众号则以"游汤山"介绍景点、酒店、攻略、交通，以"全景展示"提供空中看汤山的VR全景和语音讲解，并以"微服务"设有江宁旅游、票务服务、酒店预订。另一方面，举办温泉旅游季活动推介。度假区自2007年每年举行汤山温泉旅游季活动，至今已举办8届，每届都设有形式多样的活动吸引游客参与，旅游季期间推出促销活动，不仅扩大宣传，提高影响力，也丰富度假区旅游活动，缓和季节性。

---

① 江苏省南京市人大常委会. 南京市汤山旅游资源保护条例［EB/OL］.2012. http：//www.law-lib.com/law/law_view.asp?id=405152.

综合来看，在宣传营销方式上，汤山温泉并不比北投、别府温泉差，在智慧汤山的建设、新媒体运用上具有一定的效果。但汤山温泉品牌知名度及影响力都要低于北投、别府温泉，根本在于温泉产品及其服务体验。北投、别府温泉更加注重体验式营销，营造良好环境氛围，提供优质的服务，自然而然地形成口碑营销。因此，汤山温泉需更加注重满足游客体验性需求，以更加优质的产品及其服务取胜。

（四）存在问题

通过对比汤山温泉与北投、别府温泉在发展现状、产品开发与环境营造、温泉资源开发与管理制度、宣传营销等方面情况，可以总结出汤山温泉目前所存在的问题。

1.旅游产业链不均衡，衍生效应不足

温泉旅游产业链根据企业间密切程度和满足游客需求重要性，划分为内部和外部产业链。目前汤山旅游内部产业链发展不均衡，旅游活动基本集中于温泉酒店及度假村，以"吃、住、娱"为主，"住"占比较大。而汤山旅游外部产业链也缺乏联动，未充分发挥衍生效应，对度假区其他类型的景点未形成良性互动，且对第一、二、三产业带动力有限[①]。日本温泉基于温泉资源则形成一系列特色产业，如发电、蔬菜与植物种植、养殖与餐饮，值得汤山温泉借鉴。

2.旅游产品缺乏特色，文化体验性不强

汤山温泉品质突出，但其实际资源开发仅停留在单纯"泡汤"、疗养，未深入挖掘温泉旅游产品的保养、修养、观光、娱乐等多功能，产品附加值较低。目前，汤山温泉虽正在集聚建设"温泉+健康养生、休闲度假、乡村旅游、文化体验、运动娱乐"旅游产品体系，但仍处于初步阶段，旅游项目相比其他地区特色不突出，具有同质性。在温泉产品的打造上，有些酒店仅以温泉洗浴为噱头，实际内容和服务内容仍为餐饮、住宿、娱乐等，与一般酒店、度假区并无差异，缺乏对温泉主题文化的挖掘。并且，忽视了与汤山地方特色与传统文化的结合，主题不够鲜明。同时，温泉文化体验性不足。相比中国台湾、日本温泉丰富多样的洗浴体验与顶级的服务，汤山温泉则体验浅层化、服务不够细致。

---

① 吴婧，张川.从单一资源依托走向复合利用发展的转型探索——以南京市汤山温泉小镇为例.规划60年：成就与挑战——2016中国城市规划年会论文集（小城镇规划）.2016-09-24.

3. 旅游市场定位不明确，缺乏针对性

目前汤山客源市场主要为长三角地区，游客主要为商务人士及周末休闲的中产阶级家庭，既有高端市场需求，也有大众消费需求。随着汤山高端休闲度假项目的入驻，旅游消费大幅增长，但消费市场针对性不强。在消费档次上，针对中高端市场的温泉酒店，缺乏专业化、品质化、品牌化的温泉产品及服务，无法满足高端市场需求。同时，面向大众消费市场的温泉由于年代较早、设施老旧及品质较低而失去市场竞争力。在消费人群上，也未针对细分人群打造不同温泉旅游产品，如中老年人和亚健康人群。

4. 温泉旅游资源利用粗放，管理制度不健全

温泉资源属于"恢复性"资源，只要开发合理，就能够实现补给平衡。同时也是脆弱性资源，极易被污染。温泉资源是汤山温泉旅游度假区最为核心的资源，但由于近年来度假区迅速发展，温泉酒店、游客量不断增加，温泉使用量大大增加，在秋冬旺季甚至出现供不应求的情况。未来将有更多温泉酒店及相关项目入驻，将对温泉产生更大的需求量。而当地对温泉资源的使用较为粗放，缺乏统一的调配管理，缺乏先进的回水净化再使用系统，利用效率较低。且度假区对污水的不合理处理、地下水位下降等问题都对温泉资源造成了破坏，影响汤山温泉的可持续发展[①]。目前的管理制度不够具体，不够规范严格，需要进一步完善，并加强管理力度。

5. 当地社区参与度不强，社会共建共享机制不完善

汤山温泉旅游度假区建设主要以政府及企业主导，本地社区参与度较低，只能分享到边缘化的旅游红利，社区参与方式、参与度及获利途径较单一，主要来自农家乐经营、输出劳务、销售农副产品等。当地社区参与度较低，将影响对度假区发展的认知，难以形成社会共建共享的局面。像中国台湾、日本温泉注重发挥民众力量，不仅激发民众参与旅游开发的积极性，也吸收社会资本分散投资风险，做活市场。

（五）未来发展措施

针对汤山温泉旅游度假区所存在的问题，借鉴中国台湾北投、日本别府温泉

---

① 丁风芹. 南京汤山温泉旅游开发探讨[J]. 学术探讨. 2012.（02）：366-367.

成功经验，提出未来的发展举措。

1. 延长旅游产业链，促进产业融合

一是促进汤山旅游内部产业链均衡发展。在"吃住行游购娱"传统要素基础上，拓展"商养学闲情奇"要素发展；控制"住"的规模，朝精品化发展。二是发挥汤山旅游外部产业链的联动效应，丰富温泉旅游衍生品。如利用汤山温泉水资源，借助薇姿温泉理疗度假项目，促进温泉的深度开发。可创建一个自主温泉水品牌，将科研开发与生产相结合，研发生产饮用矿泉水、美容矿泉水喷雾及护肤品等温泉相关产品。也可研发高科技的医疗配套产品，如康疗可穿戴设备、物联网技术开发运用等。同时，可借鉴日本发展温泉特色产业，将利用的温泉水用于生态农业、餐饮业、电力等，丰富温泉附加值。

2. 挖掘温泉文化内涵，打造体验式产品与服务

温泉旅游度假区的文化包括地域文化特色、人工建筑文化、沐浴文化和服务文化[①]，温泉旅游的实质就是游客对这些文化的体验。从中国台湾、日本温泉的成功经验来看，汤山温泉需要从温泉文化挖掘、温泉体验产品多样化、服务人性化、环境氛围营造等方面不断完善。首先，汤山温泉需在借鉴国外温泉文化的基础上融入地方特色。目前，汤山温泉风格多以日本、欧美、东南亚为主，可挖掘中国传统园林建筑文化，打造地方特色的温泉景观；也可融入地方特色的饮食、服饰文化等。其次，采取"$1+N$"的温泉旅游产品开发方式，结合不同主题、功能打造多样化的深层次体验项目，将温泉沐浴与康体、美容美体等结合，配套休闲娱乐、健康疗养设施等。同时，要注重人性化的服务理念，提供更为专业、细致、周到的服务。这需要通过培训、校企合作等方式加强从业人员的服务意识与水平，创新温泉企业的管理经营方式。最后，要营造良好的环境氛围，以提高游客体验质量。单一的温泉资源已经不能满足游客需求，而需要更多与周围自然和人文环境综合开发，在景观材料上多使用自然材料，给游客一种"汤境界"的体验、感受，注重露天特色温泉的建设[②]。

---

① 王华, 彭华, 吴立瀚. 国内外温泉旅游度假区发展演化模式的探讨. 世界地理研究, 2004, 13(3): 79-84.

② 彭秀芬, 向云波. 广东、台湾地区与日本温泉旅游开发比较研究. 经济论坛. 2011, (02): 97-99.

3. 进行市场细分与定位，紧扣市场需求

注重市场研究，了解度假区的客源市场群体，并进行市场细分，明确度假区的目标市场，分析目标市场对度假区产品的需求及满意度情况。进一步地，基于目标市场需求情况，开发、设计、完善度假区旅游产品体系。一方面，丰富旅游产品的内容与形式，与其他旅游产品综合开发。目前度假区虽具有观光、休闲度假、温泉疗养、运动娱乐等休闲项目，但需实现深入的整合，相互补充满足目标市场多样化的需求。另一方面，在市场定位上应扩大客源市场，针对细分市场推出适销对路的旅游产品。如根据中老年人设计健康养生、医疗、中医疗养等产品，开发符合年轻人喜好的产品，在娱乐、体育运动、文化演艺等项目上不断创新。

4. 加强温泉资源管理，促进可持续发展

一方面，完善温泉资源管理制度建设。借鉴日本、中国台湾等温泉法制，完善目前汤山温泉的管理制度，弥补目前体系存在的管理漏洞，对温泉资源与土地归属问题、审批制度、温泉资源取用、温泉污染处理等进行具体详细的规范。另一方面，加强温泉资源管理的力度。积极引导当地温泉开发主体，科学合理利用温泉资源，倡导集约共享、生态环保的温泉利用方式；鼓励温泉企业采用回流再利用系统与技术，提高温泉利用效率。同时实行严格的监督检查，对违反温泉资源保护与经营的行为给予惩罚，如取消温泉开发权。也可引导汤山温泉形成区域性温泉行业协会，发挥行业自律效应。

5. 提高社区参与度，推进社会共建共享

首先，注重当地居民权益保护，提高社区参与度。可采取拓宽社区参与途径、加强居民就业培训、资金技术扶持、制定政策制度优惠等方式，激发当地居民共建共享度假区旅游发展的积极性，丰富旅游产品供给。如度假区内汤家家温泉村的建设，即需引导当地居民如何参与温泉旅游的开发，加强当地居民的培训，提高其服务水平，汤家家将能作为汤山温泉市场的一大有力补充。同时，引导社会资本的投入，探索旅游PPP项目。汤山温泉项目具有高投资、回收期较长的特点，通过旅游PPP项目、加强企业合作、探讨轻资产运营等方式将能分散开发风险，促进度假区的经营管理效率。

四、长白山旅游度假区

(一) 世界滑雪度假目的地分布

世界知名品牌滑雪场除澳大利亚占据一席之地之外,均位于欧洲和北美地区。全球滑雪旅游发展格局主要集中于三大区域,即欧洲(瑞士、挪威、瑞典、芬兰)、北美(加拿大)、东亚(日本、韩国)及太平洋(澳大利亚),这三大区域也是世界范围内主要的滑雪旅游目的地和客源地,是全球滑雪产业最为发达的地区。此外,在非洲北部、南非及南美洲西部的安第斯山脉也有滑雪场的零星分布。

从地理位置上来说,滑雪目的地最好位于北纬40~50度,那里四季分明,有着天然的自然环境和条件。世界上做得好的度假区,如加拿大的惠斯勒、阿尔卑斯的达沃斯等,都是位于北纬40~50度,如图9-3所示。

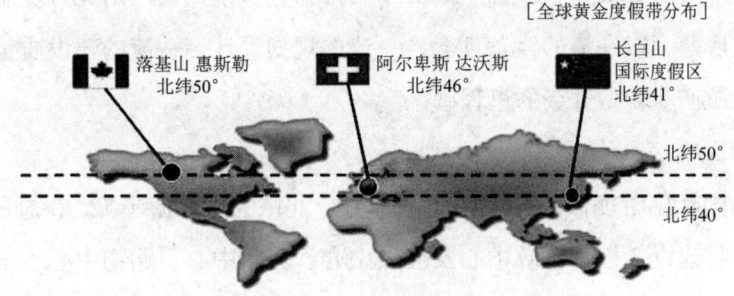

图9-3 全球滑雪度假黄金带分布

这些国外知名品牌滑雪场最大的特征是让滑雪爱好者感到满意,能够在滑雪过程中真正享受滑雪的乐趣,但每一个知名品牌滑雪场除了拥有其国际级的滑雪条件和配套设施外,还有着其独特的、不同于别处的魅力。

(二) 项目概况

长白山国际度假区是中国旅游由观光到度假升级的代表项目,从规划建设、管理、服务到设备均达到世界一流水准,代表了国内休闲度假旅游项目的最高水平,是国内唯一的高端山地度假体验地,现已成为世界级度假目的地。

1. 基本情况

长白山国际度假区位于吉林省白山市抚松县松江河镇,以长白山这一稀缺旅游资源为依托,将观光、休闲、度假、娱乐、运动、商务、会展、居住、购物等不同功能的产品项目进行整合,从而在长白山构筑了融观光休闲于一体的旅游度假新模式,打造出了一个适合游客各种消费需求的旅游综合体[①],将西欧、北美国家历经百年沉淀的山地度假生活方式,在长白山给予演绎与超越。

长白山国际度假区开发商是长白山国际旅游度假区开发有限公司(由万达、泛海、一方、亿利、联想、用友六家集团共同注册),是由万达集团(28%)领衔,泛海集团(27%)、一方集团(20%)、亿利资源集团(10%)、联想控股(6%)、用友科技(5%)、融科物业(4%)共同投资230亿元建设而成的国内著名民营企业合作的区域旅游开发项目,也是中国投资最大的单个旅游项目,项目总占地共18平方千米。

长白山国际度假区位于北纬41度的黄金滑雪避暑度假带,距闻名的长白山天池仅25千米,距营抚高速公路出入口仅5千米,距长白山机场约14千米。项目于2008年签约、2009年开工、2012年7月开业,依托长白山无可复制的自然风光和文化底蕴,以一流的经营理念、一流的规划设计、一流的建设质量,已成为吉林省旅游产业转型升级的里程碑。

2. 规划区域

长白山国际旅游度假区分为南北两部分。北区为"旅游新城",总用地约5平方千米,将建设抚松县行政中心及会议中心、文化中心、购物中心、学校、医院、住宅区旅游地产等生活设施,该区域已于2009年8月28日开工。南区为国际旅游度假区,规划范围为302省道以西,规划营抚高速公路以南,头道松花江以北,总占地约13平方千米,拥有完善的配套体系,该区域已于2012年7月开业。

3. 北区旅游新城功能

北区的规划功能为旅游、商业、行政办公、居住、医疗、教育;涵盖行政中心、学校、医院、小区、超市、影院、百货等物业形态,是抚松县行政中心和

---

① 王文君(2010)提出:旅游综合体是指在特定的空间尺度中,依托相应资源,将酒店、景区、居住、展览、餐饮、会议、商业、文娱和交通等满足游客"吃、住、游、购、娱"需求的功能空间进行三项以上有机结合,达到旅游服务要素的高效复合,从而形成具有一定规模及建筑体量且各部分空间依存、价值互补、功能呼应的街区群体。

城市副中心，未来本区域可容纳30万人居住和生活，房地产项目产品类型主要有城市公寓、多层住宅、景观洋房等。其中长白山万达广场总建筑面积约为5.48万平方米。

北区以"一带、三心、五区"为规划特征。"一带"是指沿交通廊道形成的城市发展带。"三心"是指以长白山旅游服务区为主中心，以松江河、抚松镇各为副中心，"五区"包括抚松镇教育文化生活区、兴隆生态农业服务区、长白山旅游服务区、松江河临港物流加工区、长白山体育休闲度假区。最终形成在一片行政区域中，县城及多个镇区以一个商业旅游项目相连，并以项目为核心的新城。

4. 南区长白山国际旅游度假区功能

长白山国际度假区全方位、多角度利用了长白山的多种资源和优势，开发出了极具特色的休闲度假项目，具有很高的市场竞争力和影响力。长白山国际度假区集旅游、会议、休闲、商业、娱乐等功能于一体，规划为滑雪场、高尔夫、高端度假酒店群、度假小镇、森林别墅5个主要功能区，涵盖了休闲、商业、娱乐、康体等多种旅游休闲业态。整个度假区形成了"一环、三轴、六区、一村"的空间结构形态，以度假服务中心为核心，通过"半环"形的度假区，两条主要道路和三条空间联系轴线将"六区、一村"有机联系起来，成为枝脉状悬挂式的群体结构。

滑雪场：冬季的长白山国际度假区是世界顶级滑雪胜地，度假区内丰富多彩的雪地娱乐项目、儿童滑雪场等娱乐设施能满足不同年龄游客的需求。长白山滑雪场是亚洲最大的滑雪场，占地面积7平方千米，共有43条滑雪道，包括9条满足冬奥会比赛要求的高级雪道，以及14条中级雪道，20条初级雪道，雪道总长度约30千米，总面积93.5万平方米，可同时容纳8000位滑雪者，能够举办各种国际级赛事。由世界排名第1、设计过5届冬奥会比赛场地的滑雪场设计公司加拿大伊克斯公司担纲设计，滑雪场设施由世界顶尖索道公司法国波马提供。

高尔夫：夏季的长白山国际度假区是高尔夫度假胜地，最佳避暑胜地。高尔夫项目则为国际顶级高尔夫团队设计的白桦森林球场和松谷高尔夫，两个球场的规划设计和建设投资均达到世界顶级水平。

高端度假酒店群：从柏悦酒店、威斯汀酒店到凯悦酒店、喜来登酒店、假日度假酒店、套房假日酒店，度假区内9家国际品牌酒店，从准四星级至白金五星级共有 3000 余套客房，加之度假别墅与公寓，可容纳近万人同时度假；同时还拥有大中小型会议室、宴会厅，适合各种度假、会议与商务活动。

度假小镇：度假小镇位于长白山国际旅游度假区的中心。功能齐备的度假小镇集购物、休闲、餐饮、娱乐、文化等功能于一体，由滑雪服务中心、大剧院、商业街、娱乐中心、温泉洗浴中心、公寓式酒店及人工湖等设施组成。还有大型梦幻情景传奇秀《天地长白》上演。

霞慕尼森林公馆：约 2 平方千米的度假森林公馆别墅区，为木质结构北美风情建筑，共计约 600 套 200~400 平方米精装修奢华大宅。

5. 主要业态

表 9-15 所示为长白山国际旅游度假区主要业态。

表 9-15 长白山国际旅游度假区主要业态

业态类别	名称	主要描述
酒店	柏悦酒店（六星）	凯悦酒店集团旗下顶级奢华品牌
	威斯汀酒店（六星）	喜达屋酒店集团旗下顶级品牌
	凯悦酒店（五星）	美食为特色，体现北美风情
	喜来登酒店（五星）	以温馨优雅为特色
	假日度假酒店（四星）	洲际酒店集团旗下著名品牌，以舒适愉悦为特色
	套房假日酒店（四星）	私密惬意为主打
	智选假日酒店	经济型，风格时尚简单
	宜必思尚品酒店	经济型
	汉拿山温泉度假酒店	温泉
休闲	汉拿山温泉	19 个室外雪地温泉泡池，6 个室内温泉泡池，40 多间 6 星级客房
	水乐园	戏水、SPA、养生、餐饮一体的室内大型水上乐园
	山地车、射击、徒步越野、高山滑道、斗牛机等	
商业	度假小镇	共有商铺 60 余家，包括餐饮、服装、人参品牌店、精品店等
康体	滑雪场	占地面积 7 平方千米，亚洲最大的滑雪胜地，共有滑雪道 43 条，可同时容纳 8000 位滑雪者
	高尔夫	白桦和松谷两个高尔夫球场

续表

业态类别	名称	主要描述
娱乐	万达影院	
	大歌星 KTV	
文化	长白山原声大剧院	高标准配置,共 600 多个座席
	萨满文化馆	满族非物质文化遗产文化体验

6. 首创度假助理服务模式

度假助理的服务模式使长白山国际旅游度假区管理服务水平跃上新高。长白山的度假助理模式不仅仅是长白山国际度假区首创的度假服务模式,也成为中国旅游行业的一个新兴职业,将影响中国度假产业的未来走向。

长白山国际度假区每年从全国众多院校精心挑选优秀毕业生,为他们提供一个有利的职业发展平台。经过近乎苛刻的技能、礼仪、业务培训后,成为集滑雪服务、高尔夫服务与营销服务等多种技能于一身的高级度假师,从客人订场开始跟踪服务,提供接机、安排酒店入住、预订打球或滑雪、送回酒店、餐饮的安排等全程式陪同服务,度假助理不仅让客人舒心,还能感受到长白山的服务品质。

度假助理拥有着"权威技术,服务心态"。就拿打高尔夫来说,他们以服务心态,通过权威技术,协助客人打好每一杆、每一洞、每一场球;而球童往往因自身击球水平有限,无法提供权威参考意见,即使服务再好,也不一定赢得客人的赞同。对于滑雪来讲,客人滑雪追求的是娱乐,而非竞技。度假助理服务可以根据度假客人的需求特点,以专业技能(权威技术),在保证客人安全的前提下,让客人舒适地完成度假娱乐体验。此外,度假助理站在客人的角度,为其提供权威参谋意见,增加客人体验值,心情愉快,这样客人将选择再次体验。[1]

7. 价格、渠道、促销其余 3P 分析

(1)价格偏高,主要面向中高端市场

长白山国际旅游度假区产品价格多样,不仅推出度假会员卡,也针对滑雪客户推出滑雪会员卡,同时将滑雪会员卡划分为多种类型,从单次体验卡到为期 20 年的贵宾卡,供顾客选择面广。酒店客房一天市场价格在 2000~4000 元/间不等。其他休闲娱乐项目,如山地车、射击、徒步穿越的价格为 100~200 元不等。

滑雪卡88（体验卡）~20000元不等。可见长白山国际旅游度假区产品价格偏高，主要面向中高端市场，包括中高端家庭度假市场和中高端会议市场。

（2）线上线下渠道全面覆盖

①自身渠道（设立官网直接销售；外地派驻销售人员；开通免费电话预订产品）。

②电商平台（与知名电商合作，设计新销售产品；加强与团购等代理商合作）。

③旅行社（与本地几家大型旅行社合作，签订战略合作协议，如中青旅）。

（3）宣传促销多元化

除了在央视1套、高尔夫杂志、东航南航杂志等报刊投放广告之外，还覆盖了全国的万达影院，同时还举办各类营销活动，吸引受众眼球，持续保持关注度。而且，借鉴达沃斯、博鳌模式，打造固定论坛品牌，"中国民营企业家发展论坛"永久会址在此落户，每年举办"中国民营企业家发展论坛"，以企业为主体的高端访问团，将成为重要客源。

各类营销活动列举：举办不同层次的招商大会，吸引各类投资商和合作商；参加各地旅游节推介会，提高项目知名度；邀请各媒体到项目考察，扩大宣传效果；邀请知名艺人到项目地举办活动，增强项目影响力；合拍电视剧现场取景拍摄，提高知名度……

（三）惠斯勒（Whistler）度假村案例分析

被誉为全球十佳滑雪胜地之一的惠斯勒度假村（Whistler Resort），地处加拿大境内，位于温哥华北部地区，是世界著名的滑雪胜地，拥有优良的设施和完美的自然条件，是世界各地的无数滑雪运动爱好者向往的地方。1992年到1995年，惠斯勒度假村连续4年被滑雪杂志Snow Country评为"北美第一滑雪旅游胜地"。

惠斯勒度假村拥有常住人口9000多人，季节性和临时居民约4500人，有四大功能空间，分别为户外活动区、旅游住宿片区、商业及公共服务区（商业中心、游客中心、医疗中心、集散地、停车场、夜生活街区、广场等）、生活居住区（销售型物业区）。惠斯勒度假村环抱于黑梳山和惠斯勒山，包含惠斯勒村和上村两大主要部分，周边还设有高尔夫球场、湖泊、公园等设施，风景如画，旅游四季皆宜，其最大的特色是只许行人通行，一切车辆禁止通行。上村建有城堡度假饭店和维多利亚的女皇饭店、温哥华饭店,饭店大厅宽敞豪华,还配有会议厅和高尔夫球场地品牌。每年,这里会吸引超过 220 万访客,惠斯勒度假村之所以可以做得如此成功,主要得益于以下几个因素。

1. 产品丰富,且针对核心客源家庭游客打造了特色性的产品体系

惠斯勒作为成熟的滑雪度假地,家庭游客占绝对优势,占到 58% 以上,其次是专业发烧友或爱好者人群,旅游团商务会议、高端度假人群比例不高。

惠斯勒度假村面向游乐需求主要形成六大功能体系产品:针对专业爱好者的专业运动产品、针对家庭游客的休闲活动产品、针对高端度假和家庭的温泉养生产品、针对团队和家庭的游览服务产品,还有针对全部旅游人群的特色商业体验和文化节庆活动。惠斯勒滑雪场在 1966 年正式对外开放,占地约为 3657 英亩,高度约为 1530 公尺,大约有 100 多条滑雪道,是加拿大滑雪道数量最多的滑雪场之一。其中约有 25% 的专业滑雪道、55% 为中级滑雪者设计的滑雪道、20% 适合初学者所用的滑雪道。除了滑雪场之外,惠斯勒度假村还有 3 座高尔夫球锦标赛球场,以及丰富多样的休闲娱乐项目供人们选择。

针对核心客源家庭游客,惠斯勒推出了"家庭认证",还会标示出适宜儿童的活动区,也有面向 4~12 岁少年儿童的低强度、高趣味性运动,还有面向 12~16 岁少年儿童的具有一定挑战性的运动。这些运动不仅包括滑雪,还有众多面向儿童的室内活动设施。除此之外,温泉养生是户外运动和家庭活动的重要消费环节,惠斯勒至少有 8 个温泉养生项目,形成整体区域的养生氛围。

2. 四季滑发展模式,注重夏季品牌营销

作为世界级的山地度假目的地,惠斯勒除了是被选为全球最佳的"滑雪乐园",也是世界闻名的理想度假胜地,其受欢迎的程度完全不受季节限制,冬季和夏季的游客总量差别较小。春季滑雪一般开放到 5 月底左右,由于黑梳山山顶终年积雪,想要享受滑雪乐趣,不一定要等到冬季,夏季也可以到黑梳山山顶享受在冰河上滑行的乐趣。冬季活动有空中鸟瞰、越野滑雪、狗拉雪橇、直升机-双板滑雪等,除了冬季活动之外,惠斯勒的夏天也很精彩,一系列的夏季庆典让惠斯勒村洋溢音乐、充满热情。地处山区的惠斯勒,夏季是避暑胜地,夏季多样化的户外运动吸引了无数游客前来,使这里的夏季和冬季一样热闹。夏季可以观赏熊和野生动物、探索黑冠山基地探险区、泛舟水面、打高尔夫球、骑山地自行

车、漂流、登山攀岩等，并且可以把雪道改成障碍道进行障碍山地车骑行等。惠斯勒滑雪场的夏季经营，无疑是最成功的滑雪场之一，如表9-16所示。

表9-16 惠斯勒村一系列的夏季活动[2]

夏季活动项目	夏季活动项目简述
高尔夫	惠斯勒度假村拥有世界著名设计师设计的4个合乎国际标准的世界级高尔夫球场，吸引了众多职业、非职业高尔夫球手来此健身
钓鱼及其他水上活动	惠斯勒拥有5个美丽的湖泊，分别是Lost Lake、Alta Lake、Alpha Lake、Nita Lake、Green Lake，其中Lost Lake和Alta Lake非常适合游泳、划独木舟或驾驶风帆等其他水上活动
健行	惠斯勒村周围拥有许多健行步道，并且可以在风景优美、空气清新的高山中锻炼身体，这里还提供私人导游服务
夏日滑雪	黑梳山顶几乎终年积雪，在夏季也可以体验滑雪及在冰河上滑行的乐趣
缆车观景	在非滑雪期，游客可以乘坐快速缆车在空中饱览惠斯勒山或黑梳山的自然风光，山上有许多能够散步的小路，还可以在山上进行野餐，享受自然的美好
单车	惠斯勒度假村附近有许多通往惠斯勒山的蜿蜒小径，小径途经高尔夫球场、湖泊、溪流，非常适合骑单车欣赏沿途风景

3. 特色商业服务丰富

特色商业服务以餐饮美食和夜间娱乐为吸引核，具备旅游购物、零售商业、家庭旅馆等要素，为游客提供多元化选择。其中购物占比40%，餐饮占比25%，住宿占比15%，休闲占比13%，夜间娱乐占比7%。餐厅有100多家，夜间娱乐虽然占比不高，但是人气最高的消费场所。

村中的建筑为欧式风格，铺着圆石的购物广场上，点缀着数家小餐馆及露天咖啡座。各种精品店、特殊商店及国际化的商店，为滑雪游客购物提供了便利。滑雪游客还可以品尝到各种不同风味的食物，包括中餐、法国餐、希腊餐、意大利餐、地中海风味、墨西哥餐及泰国餐。此外，还有画廊、咖啡馆、酒吧、夜总会等丰富游客的夜生活。这些丰富的餐饮文化为惠斯勒赢得了"全球最佳滑雪胜地"的美名。

4. 节庆活动源源不断

不同季节、不同特色的节庆活动是惠斯勒度假村最突出的功能之一。惠斯勒度假村全年节庆活动多达260个，针对冬夏季的不同游客，活动节庆主题有所变化。其中夏季面向当地游客，节庆活动以户外运动、商业活动为主。冬季面向国际旅游，节庆主题以文化艺术、传统节日为主，如表9-17所示。

表9-17　惠斯勒主要节庆活动

月份	节庆活动
2	惠斯勒艺术节：各种歌舞演出、文学活动、电影放映、艺术展览、街头表演……
4	研科电讯世界滑雪节
7	kokanee crankworx（世界最重要的山地自行车节之一）
7~11	冰火表演
12	惠斯勒电影节

5.举办各种专业运动赛事提高知名度

惠斯勒度假村举办国际级专业竞技比赛的高尔夫球场、山地自行车赛场、滑雪场是惠斯勒成名的关键。惠斯勒奥林匹克公园不仅是2010年温哥华冬奥会场地之一，还承办过国际雪联越野滑雪、北欧两项和跳台滑雪世界杯；拥有4个可举办冠军大赛的高尔夫球场，是高尔夫运动的天堂；被公认为世界最佳山地自行车公园，有200多千米长且附有座骑升降服务的车道，还有3个技艺中心和两个跳跃公园区。这些国际级的专业竞技场地和比赛项目，极大地提升了惠斯勒的知名度，吸引大量来自全球各地的专业爱好者和高端度假人群。

（四）借鉴之处

1.特色商业、特色活动、特色建筑三大载体使得文化的表达生活化

长白山脚下的满族、朝鲜族的饮食习惯、居住习俗、服饰、礼仪及禁忌等都有自己鲜明的特点，对于外来游客有着巨大的吸引力。但长白山国际旅游度假区的整体规划当中并没有针对民俗文化旅游的规划，民俗文化旅游只在少数项目当中稍有体现[3]，如萨满文化馆，这就使长白山国际度假区在与其他类目的竞争当中失去了本应存在、标志性的最鲜明特色。其实虽然长白山国际度假区标榜国际化，但是国际化与民族民俗并不矛盾，在国际化商品当中适当地体现民俗性，反而可以事半功倍，给客人以更丰富的选择，使自己的特色更加鲜明，得到意想不到的效果。

长白山国际度假区在后期项目建设中应该表现当地的文化特色。例如，酒店

建设项目中凸显民俗文化特色，从建筑风格入手，建立民俗特色房间；增加民俗文化展示区；开设民俗风味餐厅朝餐馆、满餐馆；开辟民俗文化旅游纪念品一条街或在商场中单独开辟民俗文化旅游纪念品专柜或专区等；举办满族的节庆活动……

2. 持续不断的节庆聚集人气

节庆活动可以保持社会关注度，增加曝光度。其实不只是一个滑雪度假区这样做而已，一些知名的滑雪度假城市都会举办节庆活动，例如，加拿大的魁北克冬季狂欢节和渥太华冬令节；瑞士的阿尔卑斯山山地旅游节和格林德尔瓦尔德国际滑雪节；日本的札幌雪节（世界四大滑雪节之一）和北海道滑雪节；挪威的挪威奥斯陆滑雪节（世界四大滑雪节之一）等。

长白山国际度假区也可以效仿惠斯勒，针对不同季节、不同节庆主题有变化，不管是具有当地文化色彩的节庆活动，还是专业的滑雪节。

3. 专业运动赛事形成名气

国外的很多知名滑雪场都是通过举办专业运动赛事来提高知名度的，国内同样如此。亚布力滑雪场就是经典一例，亚布力滑雪场历经35年的数次大开发、大建设、提档升级，迄今为止已成功举办了4届全国冬季运动会、第三届亚洲冬季运动会、第24届世界大学生冬季运动会、2010—2011年国际雪联单板滑雪世界杯（中国站）及2015年国际雪联单板滑雪世界青年锦标赛8次国内、国际的重大赛事，打开了市场。

长白山国际度假区的滑雪场和高尔夫球场的建设都是属于世界级的，完全具有举办各种国际级赛事的能力。

4. 小结

以上是长白山国际度假区可以主要借鉴的几点，长白山国际度假区于2012年开业，而且有的项目还处于建设中，正处于发展期，仍然有很多不足之处需要摸索，具体的情况需要经过几年的发展，结合中国、国际市场的实际情况来做出适当的调整。

不过，旅游综合体是当今世界度假发展的大趋势。长白山国际度假区，以稀缺资源为依托，将观光、休闲、度假、娱乐、运动、商业、会展、居住、购物等不同功能的产品项目进行整合，形成链条和集聚，这一打造理念，与世界主要发达国家的度假发展完全一致，并适度超前和创新；长白山国际度假区的建成使得中国开始拥有堪比法国、瑞士、美国、加拿大等欧美著名山地度假项目的胜地。相信依靠万达强大的商业地产运营能力，将会使长白山国际度假区成为具有影响力的世界级旅游度假胜地。

第十章　中国休闲城市发展趋势

一、发展趋势

（一）生态环境保护与优化成为休闲城市发展的必备条件

随着城市化进程加快，城市常住人口持续增长，在水资源、耕地和能源供需矛盾更加突出的压力下，城市内部的植被、水环境、空气质量、垃圾处理、生态系统等方面都出现了不少问题，如果不解决好城市生态问题，城市休闲也就无从说起。在休闲城市建设过程中，城市生态环境保护是城市可持续发展必不可少的重要举措。习近平指出，要把生态环境保护放在更加突出位置，像保护眼睛一样保护生态环境，像对待生命一样对待生态环境。环境也是生产力，保护城市生态环境，是城市发展的基础，良好的生态环境是城市经济增长最好的助推力。对于任何一个城市而言，改善城市的生态环境，加强对自然环境的保护、绿化和建设，可以促进生态文明建设与城市休闲产业全面对接，有利于实现生态环境保护与城市可持续发展的良性互动和彼此融合，也为成为休闲城市奠定了坚实的基础。

（二）多元文化与人文关怀是休闲城市独特魅力的体现

城市是文化的产物，文化是城市的灵魂。深厚的休闲文化底蕴体现着城市的个性，是发展休闲经济的主要动力。休闲是城市记录和保存着历史文化的印痕，传承着本地民俗的文化基因，记录着本地文化发展的脉络。文化是城市发展的重要基础，也是城市实力的象征，城市的繁荣依赖文化的繁荣，正是有了人文精神的赋予，城市才有了长远发展的动力。休闲城市之所以能区别于一般的城市，就是其具有的独特的活力和魅力。因此，休闲城市需要浓郁的人文环境，强调城市的人文关怀、体现城市居民的友善态度、创建一个和谐的社会环境，处处都要

"以人为本"。多元文化百花齐放，人文关怀深入人心，能更加展现休闲城市的人性光辉，增强休闲城市的魅力与亲和力。未来的休闲城市必定拥有这样的城市性格：既有现代都市的快节奏，又有休闲城市的慢生活；既有传统文化的优雅从容，又有现代文明的前卫时尚；既有崇尚创新的基因，又有兼容并蓄的气度；既有聪慧勤巧的秉性，又有友善互助的美德。

（三）提高居民幸福感成为增强休闲城市竞争力的途径

从休闲的角度增强城市竞争力一定要有3个关键词，第一个是有安全感，第二个是有幸福感，第三个是有归属感，这3个指标既象征着休闲城市的最高境界，又描绘了休闲城市未来的模样。居民的幸福感不仅是对物质生活的一种追求，更多的是人性化的需求。提升休闲城市竞争力，不仅要加快经济建设，不断满足人们的物质需求，更多的是关注满足人们幸福感的人文因素。十九大报告指出，中国特色社会主义进入新时代，社会主要矛盾已经转化为人民日益增长的美好生活需要和不平衡不充分的发展之间的矛盾，人民对美好生活的向往更加强烈，人民群众的需要呈现多样化、多层次、多方面的特点，期盼有更舒适的居住条件、更优美的环境、更丰富的精神文化生活等，而这都与城市休闲发展的要义紧密结合，因此，休闲城市的发展呈现出新的阶段性特征。

（四）移动互联网通过改变休闲需求重构城市休闲风格

我国移动互联网发展已进入全民时代，在移动互联网获取信息的比例占个人信息量的81%。移动互联网上便捷的社交媒体鼓励着人们更多地自我表达和分享快乐，从而促进了休闲信息的快速扩散和休闲行为的流行，逐渐成为人们生活中不可缺少的一部分。移动互联网改变了人们的生活习惯，也全面渗透到人们的现实生活，极大地影响着居民的休闲行为和需求，从而重构了居民对城市休闲空间的要求。信息的碎片化和线上线下活动的交互，导致产生了更为多元的休闲形式，并对城市休闲空间进行重构，进而塑造专属的城市休闲风格。未来移动互联网有望应用到城市休闲中的每个角落，从而进入一个有别于以往的"移动休闲形态"的时代，同时城市居民更多新的休闲行为和需求对城市休闲空间的建设提出了更多新的要求。

（五）休闲品质与层次的提升将成为休闲城市发展方向

城市就像一个生命体，景观面貌是城市的"形"，功能内涵是城市的"神"，只有形神兼备、秀外慧中的城市，才是有品位的城市，才是"让人来了还想再来"的城市。随着后工业社会"休闲时代"的到来，人们对城市的要求也朝着追求人的自我实现、提高人的生活质量、达成与自然共生共融的方向发展，所以，满足人的发展需要、提升人的生活品质，是未来休闲城市发展的重要方向。从当今人类社会文明进步的整体视野来看，休闲已成为社会大众日常社会生活中的重要元素，各类休闲活动可以将相对丰实的物质生活条件与人们对精神世界的内在追求结合起来，从而构成提高生活质量和生活品质的重要前提条件。可以说，休闲发展既是特定生活质量和生活品质的一种客观显现，又是生活质量和生活品质提高的重要途径。品质休闲对于任何一个休闲城市而言，不仅仅是一种生活方式，更是千年传统文化传承与创新的结合体，是城市文化的最佳体现。因此，只有不断提升城市休闲品质和层次，才能成为高品位的、让人流连忘返的休闲城市。

（六）政府主导有力促进休闲相关产业的发展

休闲是人的幸福之本，休闲产业涉及居民生活的方方面面。在全面建设小康社会，增加居民幸福感、获得感的大背景下，国家及各个城市的相关政府部门通过科学地制订休闲城市发展规划，积极推动休闲城市的建设，大力支持餐饮业、住宿业、文化体育产业等休闲相关产业的发展来提高居民的幸福感、获得感。如2013年的《国民旅游休闲纲要（2013-2020年）》，2017年的《全域旅游示范区创建工作导则》《旅游民宿基本要求与评价》和《上海市人民政府关于加快发展体育产业促进体育消费的实施意见》《深圳市体育产业发展专项资金管理办法》等一系列促进休闲相关产业发展的政策。此外，各地方政府还通过加大投入，建设和完善公共休闲设施，从大产业、大旅游、大休闲的角度统筹考虑休闲产业的发展和要素配置。

（七）东部地区一枝独秀，中、西部地区奋起直追

我国的东部地区城市在休闲发展水平上一直处于领跑地位，无论是在城市发展的综合指数上，还是在城市形象与美誉指数、休闲空间与环境指数、休闲设施与服务指数、休闲经济与产业指数、休闲生活与消费指数、休闲关注度这6个分项指数上，都领先于中、西部地区。这与东部地区的经济发展水平和综合实力领先于中、西部地区密切相关。近年来，中、西部地区也开始加大对旅游业、会展

业、住宿业、餐饮业、文化体育等休闲相关产业的发展力度，加快休闲城市的建设，进一步提高中、西部地区人民的休闲生活水平。

二、对策建议

（一）促进城市生态改善与优化，创造宜居休闲环境

紧扣"十三五"规划中的城市化战略格局，以绿色发展为导向，大力开展城市环境治理和生态修复。要打造优质生态环境，从根本上杜绝先污染、后治理的现象，着力推进绿色发展、循环发展、低碳发展。在改善水环境方面，加大雨污分流攻坚力度，统筹开展河道及重要水体整治、污水处理设施、引水补水等工程建设，不断改善城市水环境质量；在治理空气污染方面，大力实施"蓝天工程"，加快垃圾处理设施和集疏运体系建设，提高城市垃圾处理能力和粪便无害化处理设施的投入。加大大气污染治理力度，淘汰城市中排污量大的车辆，积极采取先进技术，减少车辆的尾气排放量，从而改善城市空气质量；在改善生态环境上，加大城市公园及绿化建设，不断提升城市宜居环境品质。践行"还地于绿、还绿于景、还景于民"的原则，不断扩大总体绿量，完善绿地布局，优化绿地结构，增强桂林生态效益。增加城市建成区绿化覆盖率达，大力建设城市绿道，为人们进入绿色空间提供便捷、舒适的通道，使得园林绿地分布更均衡、结构更合理、功能更完善、景观更优美、人居生态环境更加舒适宜人。在生态环境管理上，要强力优化宜居宜游的生态环境，实行严格的环境质量达标管理，面对生态环境客观存在的污染现象，必须解决重投入、轻管理的问题，从而创造宜居的生态环境。

（二）拓展人文关怀的休闲空间，促进城市和谐发展

深挖本地民间文化、民俗文化，在城市建筑设计上注重体现自己的文化风貌，积极营造浓郁的人文环境和休闲氛围。针对城市人口密度普遍偏大、城市休闲空间狭小、休闲需求呈现井喷状增长的问题，可通过打通并发展城市步行系统和水滨空间，并参照《城市公共休闲空间分类与要求》，将现有的重点街区、社区、道路、经济开发区、商业区、广场等场所纳入景区标准规范体系中，让其具备旅游休闲功能和文化主题特色，还可以利用新技术提升文化休闲空间的创意性

品位，塑造更多的新型文化休闲空间形态，实现文化休闲理念的精深化和促进文化休闲虚拟空间与实体空间的无缝对接与融合。对于休闲城市来说，其本质回归人文关怀与注重人们生活品质的提升，城市休闲空间是人建设的，也是为人服务的，因而，休闲城市的发展必将趋向人性化发展，城市休闲空间的发展也就必将在功能、价值方面顺应人们对休闲生活的利益和价值诉求，而逐渐向体验与人性化的方向发展。站在城市居民的角度创造良好的人文关怀的硬件环境，保护好城市的天际线、水际线和街景线，走出一条具有时尚感、人情味和原生态的休闲发展路线。

（三）全方位保障城市安全环境，提高居民幸福指数

通过打造美丽、有序、安全的休闲生活环境，提高城市安全感和幸福感，增强居民的归属感，正成为休闲城市发展的前提。如何通过保障城市安全提高居民休闲品质？政府是强有力的推手，可通过推出一些包括食品、住房、交通、医疗、环卫、治安等在内的城市安全保障政策，同时加大城市治理，实现全民共享城市休闲发展的便利。如加强对食品安全监测的力度，并使检查结果通过有效的平台公开化、透明化，使居民吃得放心；近年来，城市房价的一路飙升严重影响居民的幸福感。为了使居民住得安心，政府应积极采取一系列措施稳定房价，增加保障性住房建设数量；在交通方面，应大力发展公共交通，增加地铁、公交车的线路，缓解城市的拥堵状况，方便居民的日常出行；在医疗方面，扩大医疗保险的保险范围，增加医疗的报销力度，并加大医院的建设，增加医院、医生、病床的数量，鼓励开展家庭医生服务。

（四）把握信息时代的潮流风尚，契合城市休闲风格

在这追求品位时尚生活的时代，与时尚休闲相关的资讯层出不穷，同时，休闲方式风云变幻，各种时尚元素撞击出新的潮流趋势，这些时尚流行文化的变化对城市居民的休闲提出新的要求。因此，包括城市景区、购物中心、健身娱乐、影剧院等城市休闲配套设施必须与时尚文化融合，要从休闲的角度去定位，而不是从满足一般日常消费的角度定位，不断满足大众追求时尚潮流的心理满足感。要充分利用现代科技，巧妙地结合本地的传统美与现代的潮流风尚，让行走在城市中的每个人都能在欣赏传统神韵的同时，感受到这座城市的现代魅力，能随时在古朴与现代间切换，一静一动，乐享休闲时光。

（五）梳理产业发展范围和脉络，重视休闲品质提升

发挥政府主导作用，加强休闲管理与服务，通过对本地的休闲产业进行细分，提出针对性的发展目标、任务、重点、产业体系、规划措施、技术标准等。合理调整产业结构，改善休闲经济结构，采用政府引导、社会参与、多元投入、市场运作的方式，以休闲项目为载体，加大招商引资力度，搭建融资平台，提升城市开发档次和运营水平，形成新的经济增长点，全方位促进休闲城市的构建。培养更多的休闲旅游人才，为从业人员在就业培训、经营条件限制上创造一个较为宽松的环境，促进劳动力、资本等要素的自由流动。休闲业是一个综合性强、关联度高的产业，休闲城市的构建需要合理配置现有资源，强调与旅游、会展、度假、娱乐、商务等活动结合起来，多方位、多角度地提升城市休闲品质。

参考文献

[1] 吕宁. 基于城市休闲指数的中国休闲城市发展研究 [D]. 北京：中央民族大学，2009.

[2] 周荣华，郭凌，王志章. 城市休闲背景下开放式城市公园建设研究 [J]. 学术交流，2013，231（6）：180-183.

[3] 田里，旅游经济学 [M]. 北京：高等教育出版社，2002.

[4] 深圳市旅游业发展"十三五"规划.

[5] http://news.163.com/18/0131/07/D9FB1RPU000187VI.html.

[6] 白骅. 快城市、慢生活 闲不住的休闲成都 [N]. 中国旅游报 2015-3-16（16）.

[7] 楼嘉军，李丽梅. 成都城市休闲化演变过程及其影响因素 [J]. 旅游科学. 2017，3（1）：12-27.

[8] 成都市旅游业发展"十三五"规划.

[9] 王来. 北京旅游产业发展研究 [D]. 北京交通大学，2013.

[10] https://baike.baidu.com/item/%E5%8C%97%E4%BA%AC/128981?fr=aladdin.

[11] 北京市 2017 年国民经济和社会发展统计公报.

[12] 吴承忠，韩光辉. 明清北京休闲空间格局研究 [J]. 地理学报，2012，67（6）：804-816.

[13] 吴承忠，韩光辉. 明清北京休闲文化发展的分期及其影响因素 [J]. 江汉学术，2013，32（3）：56-62.

[14] 北京市"十三五"时期旅游和会展业发展规划.

[15] 北京旅游发展报告（2014）.

［16］任保国.后奥运时代北京旅游遗产资源的开发利用［J］.滨州学院学报，2010，26（1）：62-67.

［17］程文阁，刘彤.北京古村落文化旅游发展状况调研与思考［J］.北京印刷学院学报，2017，25（1）：73-76.

［18］维基百科：https：//en.wikipedia.org/wiki/Orlando，Florida.

［19］《全球休闲范例城市研究》，社会科学文献出版社，2012.

［20］《休闲之都：美国佛罗里达奥兰多》旅游研究院，2015-07-30.

［21］赵铭.小城中的大世界 奥兰多会议业速览［J］.中国会展(中国会议)，2017（16）：74-79.

［22］任国才.旅游IP是怎样炼成的［N］.中国旅游报，2017-07-04（3）.

［23］任淑华.世界主题公园之都——奥兰多对我国中小城镇特色发展之路的借鉴意义［J］.艺术科技，2017，30（6）：325.

［24］陆蓓蓓.新加坡旅游业发展中的政府行为对我国的启示［J］.旅游纵览（下半月），2015（10）：186-187.

［25］《全球休闲范例城市研究》，社会科学文献出版社，2012.

［26］罗文标.新加坡旅游业政策发展评析［J］.旅游纵览（下半月），2016（11）：164-165.

［27］尹德娟.新加坡旅游发展的启示［N］.中国旅游报，2012-06-22（6）.

［28］冯希亮.广州、香港和新加坡城市立体绿化案例分析比较［J］.广东园林，2015，37（5）：41-45.

［29］承建文.学习新加坡立体绿化经验再造上海城市绿色空间［J］.上海建设科技，2008（1）：61-64.

［30］何建民.我国旅游公共服务体系的构建及优化研究——基于新加坡与中国香港经验及上海案例分析［J］.旅游导刊，2017，1（1）：21-41+121.

［31］易娱竹."花园城市"到"城市花园"——新加坡"花园城市"建设见闻［J］.中华建设.2015（8）：44-47.

［32］胡安生；雷厚红.旅游城市规划之我见——以新加坡旅游城市规划建设为例［J］.旅游纵览（下半月）：2012（10）：11.

［33］王永波，韩玮，肖艾华.浅谈新加坡城市规划［J］.重庆建筑，

2009，08（68）：1-4.

[34] 聂艳梅，张昱翔，张文迪.生命之源 城市之魂——"水上城市"形象传播策略探析[J].广告大观（综合版）.2012（37）：109-122.

[35] 廖晨晨.旅游城市的标识指示系统设计——以威尼斯为例[J].苏州工艺美术职业技术学院学报.2011-11-15：17-20.

[36] 杨锐.威尼斯城市及街道设计探析[J].美与时代（上）.2013，07（10）：87-89.

[37] 陈雪钧.威尼斯游客管理的成功经验[N].中国旅游报.2005-11-11（11）.

[38] 申佳可，王云才.威尼斯城市景观在多水环境下的适应性发展[J].风景园林.2016（6）：119-126.

[39] 陈海明，陈芳.旅游综合体开发的集聚模式分析——以深圳东部华侨城为例[J].西安建筑科技大学学报（社会科学版），2014，（4）：54-57+75.

[40] 谢琼.深圳东部华侨城低碳景区建设经验与启示[J].对外经贸，2013，（6）：94-95+124.

[41] 韩环环，彭莎.基于低碳理念的东部华侨城景区建设探讨[J].乐山师范学院学报，2013，（4）：72-76.

[42] 杨益，隋健好.广州、深圳周边大型旅游项目的对比研究——以深圳东部华侨城与恒大清远世纪旅游城为例[J].特区经济，2013，（2）：96-97.

[43] 肖明.旅游综合体项目开发研究[D].山东大学，2012.

[44] 朱江琼.主题公园盈利模式研究[D].山东大学，2012.

[45] 肖嫦婧.论低碳旅游景区的建设——以深圳东部华侨城景区为例[J].东方企业文化，2011，（24）：240-241.

[46] 黄其新.生态导向的旅游地产发展策略研究——以深圳东部华侨城为例[J].江苏商论，2010，（10）：100-102.

[47] 田军.浅谈东部华侨城天麓山海大宅项目[J].华中建筑，2009，（12）：11-13.

[48] 郑岩，王松江，祖峰.山地生态旅游度假区规划——以深圳东部华侨城生态旅游区为例[J].华中建筑，2009，（6）：149-152.

［49］胡卫华，石强.循环经济理论在公园选址和设施上的应用——以深圳东部华侨城为例［J］.广东园林，2009，（1）：35-38.

［50］林健，李英群.试论循环经济模式下绿色景区的建设——以深圳东部华侨城景区为例［J］.消费导刊，2008，（15）：46-47.

［51］周悦.东部华侨城开创旅游地产新模式［N］.证券时报，2007-03-01（C05）.

［52］杨晓艳.打造世界级旅游综合体——万达长白山国际度假区旅游样板透视［N］.吉林日报，2014-5-22（12）.

［53］叶燕.黑龙江省滑雪场品牌战略研究［D］.黑龙江：哈尔滨体育学院，2014.

［54］王月.长白山国际旅游度假区民俗文化旅游开发现状与问题分析［J］.现代经济信息，2013：477.